T0067920

LA VERDADERA HISTORIA DE LA HUMANIDAD

LA VERDADERA HISTORIA DE LA HUMANIDAD

MARY LUZ BERMÚDEZ

Número de Control de la Biblioteca del Congreso de EE. UU.:   2017913361
ISBN: Tapa Dura   978-1-5065-2187-9
                Tapa Blanda   978-1-5065-2186-2
                Libro Electrónico   978-1-5065-2185-5

Información de la imprenta disponible en la última página.

Fecha de revisión: 13/10/2017

Para realizar pedidos de este libro, contacte con:
Palibrio
1663 Liberty Drive
Suite 200
Bloomington, IN 47403
Gratis desde EE. UU. al 877.407.5847
Gratis desde México al 01.800.288.2243
Gratis desde España al 900.866.949
Desde otro país al +1.812.671.9757
Fax: 01.812.355.1576
ventas@palibrio.com
766789

ÍNDICE

INTRODUCCIÓN

Este libro está dedicado a todos los que quieran saber la verdadera historia de la humanidad.

Leyendo este libro te enteraras: de dónde vienes, de que estas hecho, a que viniste y para dónde vas, despúes de lo que llaman muerte.

Por increíbles que sean las palabras que estas a punto de leer, date la oportunidad de utilizar tu lógica y raciocinio, de cuestionarlo todo y de permitir que sea tu corazón y la razón la que elija creer o no creer.

Para los que elijan creer, descubrirán la gran mentira en la que hemos vivido y abrirán la puerta al conocimiento y a la luz que acompaña el ser parte del saber quien verdaderamente eres.

Para el que elija no creer, habrá usado su derecho divino a elegir seguir donde quiere estar, hasta cuando quiera estar.

Estas palabras van dirigidas a todos los que me quieran escuchar, sin importar quien habla, pues el mensajero es lo de menos, es el contenido del libro lo que importa, el mensaje detrás de las palabras es lo verdaderamente valioso, pues como ya esta dicho en libros sagrados:

¡"La verdad te hará libre"!

Deja que las palabras aquí escritas, se conecten con tu corazón no las enjuicies, solo ponles lógica y te daras cuenta que tienen sentido, pues aunque la lógica humana es muy limitada y la mente te puede engañar, el corazón conectado a la lógica sabe el camino, y aunque los humanos nos encontramos en diferentes niveles de entendimiento, el principio único que nos rige es el mismo y ese principio es el amor que vive en tu corazón.

Todos somos hermanos y nadie es mas ni menos que otro, solo tenemos diferentes talentos y virtudes que nos ayudan a cumplir la misión que se nos encomendo.

Quiero que quede claro, que yo no sé nada que tú no sepas, solo he recordado cosas que tal vez tú no recuerdas y mi trabajo es ayudarte a recordar.

Tampoco soy más ni menos que tu, solo uso mis talentos y virtudes para hacer mi trabajo y lucho cada dia por superar mis debilidades y aprender a través de la experiencia y de la corrección del error.

Cualquiera que sea tu sentir al leer este libro, considérate como alguien a quien se le ha informado de algo que necesitaba saber consciente o inconscientemente, pues por alguna razón llego este libro a tus manos.

Como lo digo en todos mis libros, cuando mensione la palabra Dios, me refiero a cualquiera que sea la idea que tengas de Dios.

Con Amor les digo: Tengo un mensaje para ti ¡para quien lo entienda cambiara el curso de su vida!

¡El que quiera creer que crea, el que quiera negarse a creer que no crea!

¡CREE!

Han pasado 3 años desde el día que llego Janny Chávez a mi oficina con sus fantásticas habilidades de médium, que sirvieron para darle un mensaje a la humanidad sobre la reencarnación, el vasto universo que nos rodea y la importancia de creer para dar paso al saber.

En este transcurso de tiempo, han nacido otros libros que tienen como objetivo educar a la humanidad, acerca de sus orígenes divinos y de la necesidad de desarrollar virtudes espirituales que nos ayuden a encontrar el camino de vuelta a casa.

También he aprendido y me he educado más sobre los misterios de la mente humana, y la correlación directa con el mundo del espíritu.

Cada cliente que ha llegado a mi oficina, me ha dejado el regalo maravilloso de la experiencia y el conocimiento. Los que han estado más despiertos han recibido el mensaje que yo les he querido dar acerca del retorno del alma, con otros; por lo menos se les ha sembrado la semilla de que existe vida más allá de la "muerte" y sé, que cuando lo vuelvan a oír en el futuro, recordaran que en algún lugar ya habían oído de esto.

Pero hay otros que han llegado a mi oficina para confirmarme una vez más de que esto es real, que trascendemos mas allá de lo que llaman "muerte", que en realidad la muerte no existe, hasta el punto de tener acceso a comunicarnos con los muertos o desencarnados.

Este es el caso de Kelly Melisa, una chica Hondureña de 26 años de edad, que llego a mi oficina solicitando ayuda para entender que era lo que le estaba sucediendo, ella prefiere que le digan Melisa, por lo tanto la llamaremos por su segundo nombre, y aunque ella no lo solicito pues dio autorización que se diera su nombre completo, ignoraremos su apellido

Melisa es una mujer de baja estatura, delgada, con rasgos faciales delicados, de piel blanca, cabello negro y ojos grandes cafés, una mujer como dirían en francés "petit", pero muy bonita.

Melisa lucia muy seria, tímida, desconfiada y me dio la impresión de no estar segura de querer estar en mi oficina.

Al preguntarle cómo podía ayudarle, ella simplemente contesto tímidamente, que estaba teniendo algunos problemas de entendimiento con su esposo.

Note que daba vueltas al quererme explicar lo que le pasaba, yo insistía en que fuera más especifica acerca de lo que le sucedía, pues... no le estaba entendiendo. Ella continuo dando rodeos y vueltas a sus palabras, hablando muy poco sin llegar a ningún punto, entonces fue cuando note que no es que no me supiera explicar que le pasaba, sino que simplemente tenía miedo de contarme lo que le sucedía.

Recordé que su hermana a quien llamaremos Omaira, pues ella prefirió mantener en secreto su nombre, quien era mi cliente y quien me la había referido, una vez me dijo: que

Melisa le había dicho en varias ocasiones que ella "veía gente en su casa que ya había fallecido", pero que ella no le creía, y que ahora su hermanita menor había salido con la misma historia, pero que ella estaba segura que era porque había oído a Melisa con ese cuento; entonces me arriesgue y le dije a Melisa:

¿Has visto a gente muerta en tu casa? Yo sé que existe vida después de la "muerte" esa es mi especialidad, tranquila, conmigo puedes hablar.

¡Melisa abrió sus ya grandes y lindos ojos! se quito los dedos de la boca, se enderezo, pues estaba sentada pero agachada, como protegiéndose, casi en posición fetal y dijo:

¡¿Verdad?! ¡¿Usted si cree?!

Le dije:

¡Oh si! de eso es de lo que yo hablo en mis libros y hago regresión a mis clientes a vidas pasadas, todos los días lo confirmo una y otra vez con cada cliente que llega a mi oficina; además platico en mi segundo libro, como hemos ayudado a desencarnados que se quedan atrapados en esta dimensión a cruzar el portal de la luz.

A partir de ese momento, la tímida Melisa dejo de ser tímida, soltó todo lo que le pasaba, hasta el punto de no dejarme hablar. Yo solo era alguien que la escuchaba y escribía todo lo que me reportaba.

Melisa hablaba casi con las frases atropelladas, tenía mucho que decir, transcurrió más de una hora y Melisa no paraba de hablar, me explicaba con lujo de detalles las interacciones que había tenido hasta el momento, con personas fallecidas, las podía ver, escuchar y sentir, hablaba con los espíritus, algunos le pedían ayuda y otros la molestaban, además podía ver las cosas antes de que sucedieran.

Sí, es correcto lo que algunos están pensando, así como en la famosa película **SIXTH SENSE (Sexto sentido)** y la inolvidable frase que dijo el niño protagonista **"I see dead people" ("Yo veo gente muerta")** eso era lo que le pasaba a Melisa, ella tenía el poder de comunicarse con los "muertos" que a partir de este momento les llamaremos como verdaderamente se les debe decir y como ellos piden y merecen que les digan: **"desencarnados",** pues ellos están tan vivos como tú y como yo, solo que han desencarnado, ya no tienen un cuerpo físico, así de simple y sencillo, aunque sea para algunos difícil de creer, esa es la verdad lo crean o no.

Melisa reporto que desde chica le sucedían estas cosas, que tuvo una niñez muy difícil llena de abuso físico y verbal de parte de un primo, hijo de una tía con la que vivía por temporadas en Honduras, pues sus padres la habían dejado junto con su hermanita menor, a cargo de otras personas y ellos habían emigrado a USA.

Melisa no tenía un hogar estable, en ocasiones vivía con la tía y con el primo abusivo y en otras ocasiones con una señora amiga de la familia, que era muy estricta y exigente.

Esta señora, le ponía a Melisa, muchas responsabilidades para su edad, que era 9 años, esas responsabilidades eran como por ejemplo:

Cuidar las nietas de la señora, que eran bebes de 3 y 6 meses de edad, irse temprano como a las 6 am a traer la leche a varias cuadras de la casa. Tenía que lavar, limpiar, atender los perros y ayudar en todo lo que se necesitaba en la casa. Si Melisa no lo hacía, las hijas de la señora se enojaban con ella y no solamente se desquitaban con Melisa sino con su hermanita menor, así que Melisa cumplía con sus obligaciones lo mejor que podía, para que no se desquitaran con su hermanita.

Hasta los 11 años estuvo en esta situación yendo y viniendo de la casa de su tía a la casa de la otra señora, pues luego de esa edad, ya cumplidos los 12 la trajeron sus padres a vivir a Houston.

Al preguntarle cómo había sido su vida en Honduras antes de los 9 años de edad con sus padres, antes de que viajaran a USA, ella contesto que no se acordaba, que solo tenía 2 recuerdos.

Uno, que se había ido a comer algo con su papá, y él la había tratado bien, y otro, donde había visto a su papá, golpeando a la mamá, vio a su mamá con sus ojos morados y muy golpeada.

A los 12 años de edad sus padres la trajeron a Houston, ella estaba contenta, ya que por fin iba a tener un lugar estable con sus padres, pues de niña en sus momentos de sufrimiento en Honduras, soñaba que ellos llegaban a recogerla y que estaría bien con ellos; pero para su pesar, estaba muy lejos ese sueño de ser realidad, pues sintió al llegar a Houston con sus padres, que solo había cambiado de verdugos, ya que ellos también la maltrataban con abuso físico, emocional y verbal.

Reporto que la encerraban por largos periodos de tiempo, vivian aisladas ella y sus dos hermanas, no solamente la aislaban de otras personas, sino que además, las encerraban en un cuarto como castigo.

No podían salir de la casa, solo era de la casa a la escuela y de la escuela a la casa, y ni siquiera les estaba permitido salir a sacar la basura, mucho menos socializar con otros niños de su edad, su tiempo transcurría solo haciendo oficios en la casa y aguantando muchos golpes, abusos y malas palabras de sus padres, aparte de la violencia y peleas diarias que veían de sus padres.

A los 14 años conoció a su esposo en la escuela, tenían sus amoríos pero solo en la escuela, puesto que ella no podía salir a ninguna otra parte, su mamá la descubrió y le dijo al chico que se alejara de ella, porque no le podía ofrecer nada, y le dijo a Melisa que era mejor que se fijara en un hombre mayor que le pudiera dar estabilidad.

Entonces, un día en una fiesta familiar, donde Melisa había sido dama de compañía de una quinceañera, conoció a un hombre de 28 años y su mamá le insinuó que este hombre si le convenía, que con él si le dejaría ser su novia, Melisa se negó.

También me conto, que muy confundida y buscando una explicación para lo que le pasaba, le había, dicho aunque muy pocas veces a la señora que la cuidaba en Honduras, que podía ver y escuchar gente muerta, pero, la mujer le había pegado y dicho: ¡mentirosa y loca! además la amenazo que la iba a llevar a un psiquiatra, para que la llevaran a un manicomio, entonces, ella muy asustada prefirió callar y sufrir en silencio.

Melisa quedo tan asustada con estas amenazas, que jamás le dijo nada a nadie después de eso, la única que sabía era su hermana menor, e hicieron una promesa de nunca decirle nada a nadie, para que no las separaran, pues eran solo ellas dos, ya que su otra hermana, Omaira, la hermana mayor no era hermana de sangre era hermana adoptiva y estaba en un internado.

En mi opinión, gracias al silencio de Melisa y para su suerte, nunca la llevaron a un psiquiatra o profesional de la salud mental, pues no dudo que la hubieran diagnosticado si es que bien le iba, por lo menos con lo que diagnosticaron al niño de sixth sense: esquizofrenia, paranoia, alucinaciones, entre otras cosas...

Según Melisa, mientras sufría en silencio, lo único que hacía era rezar y pedirle a Dios que por favor le pusiera en su camino, las personas que le explicarían y le ayudarían a entender que era lo que le pasaba.

En una ocasión cuando tenía 9 años, y sintiendo mucho miedo de que las palabras de la señora que la cuidaba, cuando le dijo que era una loca fueran realidad, se puso a rezar pidiéndole a Dios respuestas, preguntaba el por qué le pasaba esto, ella estaba rezando, pidiendo una señal para saber si lo que ella hacía, o sea, hablar con los muertos era o pertenecía al bien o al mal, entonces... Melisa sintió un resplandor de luz atrás de ella y vino a su mente lo siguiente:

Pensó, que de los 26 a los 29 años iban a suceder muchas cosas que le habrían de explicar el porqué y a que vino, y allí estaría la respuesta, además que no iba a ser en Honduras sino en USA, donde recibiría la respuesta; esto la tranquilizo.

Melisa me conto, que anteriormente ella había llamado a pedir información a mi oficina y hasta había hecho cita conmigo, pero por alguna u otra razón, siempre se complicaba con problemas para llegar a la cita y la tenía que cancelar.

Más adelante leerán con más detalle los sufrimientos por los que paso Melisa, por la confusión de no saber qué era lo que le sucedía.

Dentro de lo que me conto, que fue bastante, y que luego lo compartiré con ustedes, me dijo las maldades que algunos de los desencarnados le hacían; aclaro, no se asusten, no es que todos hacen maldades, lo que pasa es simplemente, que así como te encuentras gente encarnada: pacifica, amorosa, comprensiva, alegre, compasiva, positiva, o por el contrario, puedes encontrar gente, confundida, enojada, agresiva, triste, negativa, violenta o llenos de conflictos, así mismo; te encuentras desencarnados con las mismas características y te dan de los sentimientos que tienen.

Melisa seguía hablando, hasta que yo al mirar el reloj, vi, que había pasado hora y media, entonces le dije sutilmente, que ya habría tiempo para que me contara mas y la invite a sentarse en mi "silla pensadora" para hacer una corta sesión de hipnosis.

Como les comente en mi segundo libro CREE, en la primera sesión de hipnosis, el objetivo es buscar un lugar seguro para la persona a nivel mental, para luego en las próximas sesiones empezar a trabajar en resolver lo que se tenga que resolver.

Melisa eligió un jardín de rosas como su lugar seguro, y estuvo en este jardín lleno de paz, pero no duro mucho allí… pues empezó a hablar diciendo lo siguiente:

Nota:

Bajo hipnosis las personas empiezan a hablar, con frases que a ellos les hacen mucho sentido, pero para los que escuchamos aunque tiene sentido todo lo que dicen, de pronto no tiene la construcción gramática perfecta que nosotros quisiéramos escuchar, pero al final de su relato todo empieza a tener sentido.

Notaran que a lo largo del desarrollo de la historia, irán entendiendo la concordancia que tiene cada palabra, e ira todo tomando forma y observaran, como todas las piezas van cayendo en su lugar.

Además en algunas partes del libro, describiré el momento exacto en el que yo intervengo haciendo las preguntas a Melisa bajo hipnosis, y en otras ocasiones solo verán el relato de Melisa, que se debe asumir es producto de mis preguntas, también en varias partes, simplemente ella soltaba toda la información de corrido sin necesidad de preguntar.

Se ha usado este estilo de narración, para apegarnos lo mejor posible a los acontecimientos tal y como sucedieron, y para facilitar el entendimiento de la historia, así que estas fueron sus palabras.

La niña que me hablaba en mi casa murió en 1954 a los 5 años, fue ahogada por su mamá, se llamaba Alisha Ferrer y se quedo asustada allí... por eso no se fue a la luz.

La niña ya no está allí, pues ya la ayude a pasar a la luz con la ayuda de una curandera, pero la sombra de la madre y la de un hombre, siguen allí, ellos no han pasado a la luz.

Nota:

Más adelante en el libro descubriremos, que en verdad la niña no logro pasar a la luz, no pudo llegar, pues se quedo a mitad de camino.

Mis perros y mis gatos que murieron están bien, pero no encuentro el gatito de mi niño... es mi abuela Cándida la que mata mis animales, se venga de mi con mis anímales, le dice cosas a mi esposo que lo influencian negativamente hacia mí y hacia él mismo, es como si entrara en su pensamiento y le hace creer que no sirve, que no vale nada, que no lo quiero, ella también desea verme en un manicomio y a mí me insulta todo el tiempo, mi abuela me trata mal.

Esta penando. Me persigue desde niña, quiere adueñarse de mí, pero mi otra abuela y bisabuela por parte de papá me cuidan.

La bisabuela Saba, me cuido cuando Cándida me hizo un daño, cuando yo era pequeña y me dejo sin caminar, lo que hizo fue que me tapo una vena del cerebro... cuando era pequeña. Yo tenía como 4 años.

También fue ella la que me causo llagas en la cabeza y en la piel, cuando yo era un bebe. Yo era solo un bebe, estaba en la cuna, me visito Cándida y me salieron granos, ahora entiendo… ¡era ella, era ella!

Siempre me atemoriza, quiere paz y no sabe cómo encontrarla, es una forma de vengarse de mí, ¡porque no la quiero, no la acepto, no la quiero, me hizo mucho mal!…

Melisa a este punto se movia y hablaba angustiosamente, al verla tan alterada le di la instrucción de que se calmara y poco a poco se fue calmando, luego siguió hablando:

Por dinero enterraba cosas, muñecos rojos y negros, vivió cerca de un cementerio, busco especialmente esa casa donde vivió con mi mamá cerca al cementerio, para poder hacer sus trabajos de brujería negra.

Está enojada conmigo porque yo no acepto sus peticiones, quiere que yo le ayude a seguir haciendo maldades, pero yo me rehúso, yo no nací para eso.

Me dice que yo no sirvo para nada, que me mate, ella es mala, muy mala, en vida hizo mal a hombres, mujeres y niños…con brujería negra.

Me dice que grite y le pegue a mis hijos, le gusta ver el dolor ajeno, se alimenta del dolor de otros y también mentalmente le manda mensajes a mi mamá influenciándola, ¡no la quiero… no la quiero!, ella fue la que mato a mis animales.

Se quiere adueñar de mí, pero tengo ángeles que me ayudan, mis abuelos, Marcelo, Tello y Saba, ellos me cuidan… Saba era curandera.

Yo soy la número 7, mi hija es la 9, Hilda mi hermana menor (cambiamos el nombre para proteger su identidad) es la 8, lo que yo puedo hacer es algo que se hereda por mujeres a mujeres, pero nos saltamos una… no sé quién es.

Lo que heredamos es un ojo… mi abuela Saba me dice: ¡cuida ese ojo!

Alguien me dice, no sé quién, que hay que cortar los arboles de mi casa pues se van a caer y hay uno cerca del cuarto de mis hijos y los va a lastimar.

Cándida quiere que le ayude a seguir haciendo brujería y como no le ayudo me quiere volver loca, no quiere a mis hijos y todo el tiempo me dice que los regañe, quiere que enloquezca y me quede sola, ella es una sombra negra, la veo como me sigue…Mary Luz, no quiere que me ayudes…

¡Oh, ahora entiendo! por eso siempre había un problema para poder llegar a la cita contigo, siempre que hacia una cita algo pasaba inusual y no podía venir…era ella, ella ha intervenido.

Me dice que no te quiere a ti, que ya no vuelva más después de hoy, quiere que trabaje para ella y haga dinero malo, me dice que me puede ayudar a hacer mucho dinero, tiene las manos manchadas, me dice no quiero que busques ayuda.

Es como un pájaro negro que me persigue desde que estaba en el vientre de mi madre, yo no la conocí, pues cuando nací ella ya había muerto, pero en realidad ha estado presente toda mi vida, influenciado a mi mamá para que hable cosas buenas de ella y yo la acepte, pues quiere usarme para su maldad.

Murió hace mas de 37 años y desde el primer día de su muerte esta penando y sigue siendo mala al igual que mi madre, pues mi madre tampoco nunca me ha querido, siempre me pegó y maltrató.

Melisa estaba un poco alterada, así que pensé que ya había sido suficiente, entonces, le indique que se fuera a su lugar seguro a descansar, o sea a su jardín, ella estuvo allí y luego de unos minutos la saque del trance hipnótico.

Le pregunté, como había fallecido su abuela Cándida, me conto que tuvo un accidente automovilístico, y que el carro había dado vueltas de tal forma, que la parte donde estaba la gasolina del auto había quedado enfrente de su boca, y ella se había bebido la gasolina, añadió que había sido una muerte espantosa.

Nos despedimos y me dijo que me llamaría luego para otra cita, yo le dije que a la orden, que cuando quisiera regresar sería bienvenida.

Melisa llego a su segunda cita triste, me conto que el día anterior había muerto otro de sus animales, una perrita que estaba preñada, pues la mordio una serpiente en el vientre y murió, lo dijo con mucha tristeza.

También reporto, que seguía viendo a su abuela desencarnada Cándida, en su casa y afuera de la casa, en forma de sombra, otras veces como un pájaro negro y perros, que todos los días la molestaba.

Yo escuchaba atenta y tomaba nota de lo que me decía, se expresaba con mucha tristeza por la pérdida de sus animales, y con enojo hacia su abuela fallecida.

La consolé diciéndole que recordara, que morir es solamente un hasta luego, que después se reencontraría con el alma de sus animalitos, ella asintió con la cabeza en señal de que entendía.

Sin embargo aunque estaba más calmada, había mucho enojo en ella con la abuela, al ver su angustia, le dije que en vez de alimentar esa energía de dolor y resentimiento hacia su abuela Cándida, que le sugería devolverle energía amorosa, puesto que las personas dan de lo que tienen y que muy seguramente Cándida tenía mucho dolor y sufrimiento y por eso se comportaba de esta forma, ya que la salpicaba con su dolor, le estaba dando de lo que tenia, le daba de su dolor.

De pronto Melisa se quedo mirándome muy seria, y abrió sus ojos muy grande, yo confundida le dije: ¿estas bien? ella trato de hablar, abrió la boca para hablar pero no pudo decir nada, solo salían sonidos de su boca abierta tratando de hablar e hizo un gesto como pidiendo algo con que escribir.

Yo estaba confundida, pero guarde la calma, le dije: ¿que quieres? ¿un lápiz ? ella asintió con la cabeza en señal de si, rápidamente le pase lápiz y papel, ella apresuradamente empezó a escribir con letras enormes, entonces yo le puse mucho papel debajo de las hojas que le había dado, pues cada hoja era llenada con 3 o 4 palabras de lo grande que escribía, yo le ayudaba a pasar hoja por hoja, pues ella no paraba de escribir, lo hacía con mucha prisa, después de haber escrito varias hojas puso un punto final y soltó el lápiz bruscamente, su mano se cayó sobre lo escrito exhalando un suspiro.

Yo sorprendida me asegure de que ella estaba bien y le dije: ¿Melisa como te sientes? ella contesto con cara de sorprendida, dijo: estoy bien.

¿Me permites mirar que escribiste? si, me dijo ella.

Esto es lo que había escrito:

Nota:

La puntación no estaba escrita y tenía muchos errores de ortografía, se le puso puntuación y corrección de la ortografía, para efectos de que se pueda entender el mensaje, pero no se cambio ninguna palabra.

Si, por favor ayúdame, no quiero ser mala, nada mas quiero paz, quiero mi luz, ya pague lo que hice, pero no quiero penar mas, por favor, piedad de mi alma, sé que hice mal, mucho mal, ya no voy a hacer mal, ¡ayuda!… perdón por tus animales, pero era la única forma de llamar tu atención, para que pidas ayuda y me ayudes a pasar a otro nivel, ya es tiempo.

Los números te los di yo, fue una travesura porque me dijiste que ibas a escupir en mi tumba y también fui yo la que tumbe tus fotos… Mary Luz ayúdala, que no está loca.

Yo solo miraba estas enormes y deformes letras y atine a decirle a Melisa, ¿es la primera vez que haces esto? Melisa contesto: no, lo he hecho varias veces, me toman de la mano y escriben a través de mí.

Inmediatamente vino a mi mente la palabra: **psicografía,** yo había visto una película Brasileña de un hombre que podía comunicarse con los desencarnados y escribían mensajes a sus seres queridos por medio de él, le dije a Melisa: esto se llama psicografía, desencarnados que se comunican a través de ti por medio de la escritura.

¿Qué sientes cuando esto sucede? le pregunté.

Siento que alguien me toma de la mano y la fuerte necesidad de escribir, por más que yo trate de detener mi mano no puedo, escriben lo que quieren, algunos me insultan y luego me sueltan, es entonces cuando dejo caer el lápiz o la pluma, hay unos que escriben con mi mano derecha y otros con mi mano izquierda.

Yo estaba sorprendida, le pedí que por favor trajera lo que había escrito para la próxima sesión, ella estuvo de acuerdo.

En mi no existía ninguna duda de la veracidad de lo que estaba sucediendo, pero para confirmar aun mas que esto era realidad ocurrió más adelante algo, que no me dejo lugar a dudas.

Luego de la psicografía, empezamos la sesión de hipnosis, por medio de una inducción hipnótica rápida, Melisa cayó fácilmente en un profundo estado de hipnosis y dijo:

Mi esposo y yo estamos vestidos como gente de la india, tengo un diamante rojo en medio de mis ojos, eso quiere decir que soy una mujer casada.

Mary Luz: mira a los ojos a tu esposo y dime si reconoces esa alma en esta vida.

Melisa: si, lo reconozco, es mi esposo de esta vida, en todas mis reencarnaciones hemos sido esposos.

Yo soy la segunda esposa, él me compro en 1821… Estoy triste, mis padres en esa vida me vendieron a él, y son mis mismos padres en esta vida.

Además en esta vida también querían hacer lo mismo, cuando tenía 14 años me querían dar con un hombre de 28, casi se repite la historia.

Alima es mi nombre, me vendieron a los 12 años, les pagaron a mis padres con camellos. Cuando cumplí 14 años él se enamoro de mí y yo me enamore de él, entonces me hizo su primera esposa y a la primera la convirtió en la segunda.

La que era la primera esposa es mi prima Raquel (es un nombre ficticio para proteger su identidad) en esta vida… ahora entiendo; cuando estamos bien con mi esposo actual, que es el mismo esposo de esta vida en la India, mi prima Raquel intenta separarnos, inventa cosas para que peleemos.

En mi vida como Alima, la primera esposa por celos, de que él me había convertido en la primera esposa, me enveneno, yo estaba embarazada, me asesino con un hijo en el vientre, yo ya tenía la niña, venia el niño en camino…Mary Luz las almas de mis hijos como Alima, son las mismas almas de mis hijos de esta vida.

La que era la primera esposa, Raquel, mi prima en esta vida, puso veneno en mi comida, luego de morir, ella se quedo con mi hija y la hizo su esclava.

Mi prima Raquel quería que yo me volviera loca en esta vida, para volverse a quedar con mi hija y me puso también algo en mi comida, yo me empecé a sentir muy mal, ya de por si todo el mundo me decía loca por decir que veía y oía a los muertos… perdón, a los desencarnados y con lo que me puso en la comida me puse peor.

Raquel está casada, pero no puede ser feliz porque me mato a mí y a mi hijo en la India, el alma del niño que mato es mi mismo hijo en esta vida, me morí con mi hijo en el vientre, en los brazos de mi esposo Mohamed, ella quiere que se repita la misma historia en esta vida.

Melisa se quedo por unos pocos minutos en silencio, yo aprovechaba para terminar mis notas, mientras la miraba descansando, pero ella rompió el corto silencio diciendo:

Melisa: mi abuela Cándida, me trajo mi gata que estaba perdida.

Mary Luz: ¿que quieres decir con que te la trajo?

Melisa: me la muestra, pues no sabía dónde estaba, además me pide perdón por haber matado a mis animales y por haber usado mi cuerpo.

Mary Luz: ¿a qué te refieres con haber usado tu cuerpo?

Melisa: no se explicarlo, simplemente ellos... los desencarnados, pueden usar mi cuerpo cuando se quieren comunicar, por eso es que escriben con mi mano y hablan a través de mí.

También te pide perdón por haberse metido en tu casa y en tus sueños Mary Luz, dice que solo quería asustarte.

Nota:

En ese momento caí en cuenta de algo que había sucedido la noche anterior.

Omaira la hermana de Melisa me llamo para pedir la cita de Melisa al día siguiente temprano en la mañana; yo le había dado la cita y extrañamente al colgar el teléfono sentí un escalofrió y el ambiente pesado alrededor mío; los vellos de mis brazos estaban erizados.

Como les conté en mi libro anterior CREE, los colores son frecuencias vibratorias y he aprendido a usarlos de diferentes formas, yo como medida de precaución hice un círculo azul de protección alrededor mío y dije con fuerza: lo que seas, aléjate, fuera de mi casa, no eres bienvenido aquí, e inmediatamente sentí como se alivianaba el ambiente y yo me sentía más tranquila.

Como lo escribí en mi libro anterior yo no veo nada, pero soy muy perceptiva, no veo, pero si puedo sentir y poco a poco voy desarrollando mas mi percepción, de ese mundo invisible que sé, que existe, y aun no puedo ver.

Les cuento también que mis sueños no son nada especiales y que además son aburridos y hasta ridículos, muy rara vez me acuerdo de ellos, pero el sueño de esa noche, lo recordaba perfectamente y había sido intimidante.

Me veía a mi misma acostada en mi cama, viendo una serpiente verde, que salía del techo de mi cuarto a punto de alcanzarme, pues estaba sobre mi cabeza, cuando de pronto mi madre agarraba la serpiente por el cuello y la jalaba hacia ella, hasta estrangularla y tirarla al piso.

Luego salía otra serpiente verde con amarillo, del mismo hueco en el techo, mi mamá volvía a hacer la misma operación con esta serpiente, hasta que la tiraba muerta al piso.

Yo volvía a mirar el techo y veía una serpiente negra, que salía del mismo hueco, mi mamá trato de agarrarla pero la serpiente esta vez fue más hábil y escapó, la buscamos por todos lados, para al final llegar a la conclusión que la serpiente podría estar en cualquier lugar de la casa, entonces yo fui hacia la puerta y al abrirla, veo el mar con agua negra cruzando en frente de mi puerta, en ese momento me despierto asustada y lo primero que pensé fue... ¿Que significa esto? luego de meditarlo, me acorde de haber leído alguna vez, que hay desencarnados que se pueden meter en tus sueños, pero al rato, yo ya me había olvidado de todo.

Al oír que Cándida me pedía perdón por haberse metido en mi sueño, todo me quedo muy claro:

1. Melisa al llegar a la oficina me comento, que a su perrita la había matado una serpiente.

2. Melisa me informaba que su abuela Cándida me pedía perdón, por haberse metido en mis sueños, que solo quería asustarme.

¿Como podía, saber Melisa que yo había tenido un mal sueño la noche anterior?

3. ¿Qué quiso decir Cándida con haberse metido en mi casa?

Entonces le pregunté precisamente eso a Melisa, ¿cómo así que se metió en mi casa?

Melisa: Cándida te dice que fue ella, la que estuvo en tu casa anoche, pero que se tuvo que ir pues tu sabes cómo protegerte, pero después volvió para meterse en tus sueños.

¡Wow! pensé, esto definitivamente es real, no hay forma de que Melisa pudiera saber esto.

Entonces le dije a Cándida que la perdonaba y le pregunté:

Mary Luz: ¿estas listas para irte a la luz?

Melisa: si, aunque me da pesar dejar a mis hermanas y además ellas están enojadas conmigo porque yo he decidido irme.

Mary Luz: si te quieres ir hoy debes estar segura de lo que quieres hacer, es tu decisión, ellas también tienen el poder de elegir, no depende de ti que estén bien o no.

Melisa: Cándida dice que está preocupada porque sus hermanas se quedan solas, le dicen que no las abandone, que además están muy enojadas.

Mary Luz: bueno, hoy tienes la oportunidad de irte, pero si no quieres y crees que ayudas a tus hermanas quedándote esa es tu elección, si prefieres quedarte a sufrir más, estas en todo tu derecho de hacerlo, puedes buscarnos cuando estés lista.

Melisa: Cándida dice que si, que está lista para irse.

Mary Luz: dile que lo único que debe hacer, es mirar dentro de su corazón y descubrir si en realidad esta arrepentida, de todo el mal que ha hecho y si es su deseo, pedir perdón.

Melisa: dice que si, que de corazón esta arrepentida y que pide perdón a todos los que lastimo.

Mary Luz: dile que mire al lado derecho y vera como se abre un portal de luz para ella.

Melisa: ella te escucha Mary Luz, el portal ya se abrió.

Mary Luz: camina hacia la luz Cándida.

Melisa: si ya se va Mary Luz, se despide, dice gracias por ayudarme a encontrar la luz y la paz.

Mary Luz: de nada, con gusto.

Estaba a punto de darle instrucciones a Melisa para que saliera del trance, cuando Melisa me interrumpió diciendo:

Melisa: hay alguien más aquí Mary Luz.

Mary Luz: ¿quién es?

Melisa: me llamo Claudia.

Mary Luz: Melisa ¿Eres tú la que habla?

Melisa: no, soy Claudia.

Mary Luz: habla Claudia, ¿Que necesitas?

Melisa: (Claudia) estoy preocupada por mis hijos, aunque ya crecieron temo que se vayan por el camino incorrecto, hace años que los cuido.

Mary Luz: Claudia, no te preocupes ellos tendrán su oportunidad de elegir, no es tu responsabilidad cuidarlos, ya es tiempo que te vayas, debes ir a otro lugar a aprender más cosas, eso sucede cuando "morimos" o desencarnamos, hay que seguir nuestro camino.

Melisa: (Claudia) pero es que no se si estoy viva o estoy muerta.

Mary Luz: si Claudia, has desencarnado, y es tiempo de que te vayas, pero solo depende de ti, te podemos ayudar pero la decisión es tuya, ¿Estas lista?

Melisa: (Claudia) pero… ¿tú crees que volveré a ver a mi familia?

Mary Luz: si Dios, o como tú le llames al poder superior que nos rige, te lo concede, Dios siempre nos da la oportunidad de reencontrarnos, si es tu deseo y lo necesitas para tu crecimiento espiritual, pídeselo, él es el que decide.

Melisa: (Claudia) si, yo creo en Dios, ¿Pero será que mis hijos van a estar bien? me quede aquí por ellos.

Mary Luz: depende de lo que para ti es estar bien, yo no te puedo contestar eso, lo que si te puedo decir, es que cada alma tiene su oportunidad de vida y depende de cada persona abrir su propio camino, los padres y familiares, colaboran con las almas para ayudarles a abrir su camino, pero solo cada alma, es la que tiene el poder de decidir qué camino quiere tomar.

Melisa: (Claudia) pues ellos ya están más grandecitos, está bien, ya estoy lista.

Mary Luz: mira a tu lado derecho y con solo pensarlo se abrirá una puerta de luz para ti.

Nota:

Debo recalcar algo, cuando le di esta instrucción, Melisa, volteo su cabeza al lado derecho, siguiendo la instrucción, cosa que no había hecho cuando se fue la abuela, lo cual confirmaba una vez más que efectivamente estaba Claudia usando su cuerpo.

Melisa: (Claudia) si ya veo la luz, es un pasillo largo ¿por qué?

Mary Luz: simplemente camina por el pasillo.

Melisa: (Claudia) si ya camino, pero no hay nada más.

Mary Luz: sigue caminando.

Melisa: (Claudia) ¡oh si! "ya me abrieron las puertas" gracias…

En ese momento Melisa abrió la boca y los ojos y exhalo un gran suspiro.

Mary Luz: ¿Melisa estas bien?

Melisa: si Mary Luz, estoy bien.

En la siguiente cita, Melisa llego a mi oficina con varios escritos de los desencarnados, las letras todavía eran muy grandes, pero a comparación de los escritos anteriores, las letras eran más claras y pequeñas, cabían más en la hoja.

Al revisar los escritos encontré que Miss. Honduras 2014 y su hermana estaban escribiendo a través de ella y pedían ayuda, les recuerdo que para la comprensión del mensaje se les han agregado signos de puntuación y corregido la ortografía, pero las palabras son exactamente como están escritas originalmente; los escritos decían textualmente lo siguiente:

Soy la hermana de Miss. Honduras, respeten la línea, respeten la línea, solo dime que pasa ¿estoy muerta o no? ¡Dime por favor!

Luisa, la amiga de mi hermana, fue la que nos mato, porque vi cuando mataban a mi hermana, soy Miss. Honduras, mi novio… él no me mato a mí, ni a mi hermana, por favor, no sé cómo ayudarlo, ni sé cómo ayudarme a mí misma, no entiendo este mundo superior, es muy confuso y la gente que conozco no me puede ver, mi hermana se murió también…! está muerta! ¡Ayúdame! da mi mensaje, es muy importante, por favor, si, sé que estoy muerta, pero no encuentro mi luz, ayúdame a encontrarla.

Eres la que me puede ayudar a dar el mensaje, ayúdame a buscar mi luz, por favor, no quiero pasar años y años, mi madre esta triste por favor ayúdala, dale un mensaje… dile que siempre estaré a su lado, que gracias por dejar mi cuarto como estaba, que le dé el oso que deje en mi cama a mi hermanita y que agarre mis zapatos favoritos para ella… si los rojos y negro, por favor no dejes de dar mi mensaje, sé que no quieres que te hable, sé que me sientes y que me has visto, yo sé… se les paso la mano y me mataron, Luisa y otra persona que no conozco, ayúdame a encontrar mi luz. Yo sé quien fue…fue Luisa mi amiga, Luisa Hernández, porque me mato esa muchacha, fue una mujer, no un hombre como creen.

Recordé el caso que había salido en TV acerca de la muerte de Miss. Honduras 2014 y le dije a Melisa: hay que ayudarlos, Melisa dijo: si, pero no sé cómo hacerlo, le conteste, ya veremos, pero ¿qué es eso de que respeten la línea?

Oh si, dijo Melisa, es que se pelean entre ellos, pues hay una línea muy larga de almas esperando a ser ayudadas y no la hemos saltado, lo de Miss. Honduras acaba de ocurrir y hay almas que llevan años haciendo fila o línea, están enojados porque nos los saltamos, por eso dicen que hay que respetar la línea.

¡Oh! entiendo Melisa, pues tienen toda la razón, debemos ir en orden.

Nota:

Esto era nuevo para mí, pero hacia sentido, todo debe tener un orden y lo justo era respetar el turno, así que le pedi a Melisa que le dijera a Miss. Honduras y su hermana cuando la volvieran a contactar que se pusieran en la línea, que entendíamos su desesperación, pero que había que respetar el turno, acto seguido, hicimos una sesión de hipnosis.

Melisa: mi abuela Cándida ya está en la luz, ya no está de negro, me dice que no llore más, que todo se va a arreglar en mi vida, perdón Mary Luz, estoy confundida, me dice que no es mi abuela, además le veo mejor la cara, es alto, muy alto, pelo blanco, barbas, es todo blanco, blanco… se llama… Manuel, no perdón no entiendo, Magüel, es mi ángel, uno de mis ángeles, ¡oh! es un hombre lo que escuche en mi cuarto la otra noche, pensé que era una mujer y era él… quien me hablaba, tenía mucho miedo y no quise escucharlo.

Me dice que quiere que ayude a los muertos en pena… perdón a las almas en pena, dice que esa es mi misión de vida, necesito hacer eso.

Lo de Miss. Honduras debo dar ese mensaje, no debo dejar que pasen años.

Tengo un ojo azul muy brillante en medio de mis 2 cejas, no está parado, esta acostado, cuando lo abro no lo puedo cerrar.

Soy una india Pech, mis hijos son indios Pech, por eso me cace con un Mexicano y tuve hijos con él, para que no se perdiera la sangre y el don.

Mi hijo es curandero blanco, él no tiene un tercer ojo porque es hombre, pero tiene un don blanco que cura gente, me cura cuando estoy triste.

Mi hija es como yo, y como mis otros abuelos y mi abuela Saba. Alguien me dice que debo cortar el árbol que hay, al pie de mi casa, o mis hijos van a morir o quedar inválidos, debo mover la cama de mis hijos de donde está.

Desciendo de los indios Pech, soy la 7, Hilda es la 8 y mi hija la 9 y vuelve a empezar la historia con los nietos y se vuelve a repetir la historia una y otra vez. Es un don que Dios nos dio, él decide quién y nos manda a una misión de proteger a nuestros descendientes.

Somos indios, venimos de una galaxia, unas estrellas, es como una luna, hay mucha paz, miro la Tierra muy redonda y miro el sol pero no estoy allí, estoy lejos de allí, ese lugar está cerca de Marte, nadie sabe de esa galaxia, no la han descubierto.

Somos tranparentes, almas de paz, hay un ser superior que nos manda a misiones que debemos cumplir, tengo que dar mensajes y ayudar a las almas perdidas a pasar, tengo que ayudar hasta a los animales.

Nuestra raza es Hindi Pech, somos sanadores, ayudamos a las almas en pena, damos mensajes y consuelo a los que están vivos, Dios nos dio ese don para ayudar.

A Hilda mi hermana pequeña, a mis hijos y yo nos protegen nuestros antepasados, hay una india que me habla, es una descendiente muy, muy lejana, hasta que yo aprenda van a seguir cuidándome.

La curandera que me ayudo en esta vida en mi casa, es india Pech, pero ella no me quiso escuchar, piensa que estoy esquizofrénica.

Mary Luz: ¿quienes son los Indios Pech?

Melisa: los indios Pech son protectores de la sanación blanca, damos mensajes y recibimos mensajes de almas en pena, escuchamos y ayudamos a los que están confundidos.

Nota:

Más tarde al revisar en internet sobre los indios Pech esto fue lo que encontré, pues yo nunca había oído de ellos.

La sociedad pech es una etnia que ha habitado el territorio de la actual Honduras, desde hace más de 3 mil años, se cree que provienen de América del sur con un origen Chibcha, emigraron desde Colombia y llegaron hasta Honduras.

Su sociedad está conformada por aproximadamente 3200 habitantes. Habitan los departamentos de Gracias a Dios, Olancho y Colón.

El término pech significa "gente", utilizado para referirse a su sociedad; para hablar de las demás sociedades utilizan pech-akuá que significa la otra gente o el término bulá que significa ladino.

Su origen data de hace unos tres mil años, cuando llegaron a Honduras a donde hoy es el departamento de Colón, luego se extendieron a otras partes del territorio.

Los pech se opusieron a la conquista de sus tierras, lucharon para evitar ser privados de su libertad.

Los españoles les llamaron despectivamente como payas, término que fue rechazado por los pech ya que hace alusión a bárbaro, salvaje o incivilizado.

Los españoles se aventuraron a entrar en la Mosquitia en 1564, pero debido a su férrea oposición decidieron que solo podrían conquistarlos utilizando la religión católica.

El valor de la mujer en la cultura Pech:

Las mujeres pech participan activamente en la vida laboral, económica y religiosa, son agricultoras, pescadoras, jefes tribales, curanderas y chamanes.

Su importancia en la sociedad está equiparada con el de los hombres, fue muy significativa desde antes de la colonia, pero luego de la conquista la influencia colonial motivó su desvalorización social.

Medicina Pech:

Son conocedores de una botánica naturista ancestral, los curanderos se encargan de conservar y divulgar la medicina pech, basada en un conocimiento profundo de la naturaleza, desarrollaron terapias para tratar la mordedura de la serpiente "barba amarilla" y para muchas otras enfermedades, por lo que sus ancianos son muy respetados y consultados.

Relación con el medio ambiente:

Las sociedades pech tienen una dependencia vital del bosque, debido a ello guardan un profundo respeto por la flora y la fauna, han desarrollado normas para regular la correcta utilización de los bosques *y animales, manteniendo un equilibrio con el ecosistema.*

Ref. Tomada de Wikipedia, Esta página fue modificada por última vez el 5 mar 2015 a las 17:59. (http://es.wikipedia.org/wiki/Pech)

Melisa continúa hablando:

Mi esposo actual que es el mismo esposo que tuve en la India, Mohamed, ha estado conmigo siempre en todas mis vidas, vinimos juntos y nos vamos juntos, además tenemos una misión juntos, ya que él también puede curar las penas del alma, ayuda a cicatrizar dolores del alma, somos curanderos blancos.

Hilda que en esta vida es mi hermana menor, es mi hija espiritual, por eso le pasaron a ella también el don, ella y mis hijos tienen sus ángeles que los cuidan. El ángel de Hilda quiere comunicarse con ella, pero esta frustrado, no sabe cómo, pues ella también puede ver el mundo invisible y a los desencarnados y está muy asustada.

Hay un niño que Hilda ve en su cuarto, él murió hace muchos años, es chiquito la busca para hablar con ella, se murió porque tenía sífilis, su mamá que era prostituta, le paso la enfermedad cuando estaba embarazada de él, la mamá y el niño murieron de hambre y de sed.

Los que podemos ver y comunicarnos con los desencarnados, debemos ayudar a las almas perdidas que no entienden el proceso de el por qué "morir" o desencarnar, entonces se pierden cuando desencarnan, por eso nos mandan a ayudarlos a entender y a perdonar, pues hay muchas almas que quedan atrapadas, no solamente por el no entendimiento del proceso de desencarnar, sino además por no saber perdonar, pues al perdonar se curan.

Cuando aceptan que es el momento de partir, se abren las puertas, es el no entendimiento lo que los deja perdidos.

Mary Luz, hay alguien que quiere hablar.

Mary Luz: si, dile que hable.

Melisa: Se llama Michel es la que le toca el turno en la línea, ella fue la que interrumpió cuando Miss. Honduras se estaba comunicando conmigo y gritaba: ¡respeten la línea, respeten la línea!, por eso en el papel que te di Mary Luz, hay esas frases escritas.

Nota:

A continuación Melisa habla en primera persona, pues es Michel la que habla a través de ella. Anteriormente Michel nos había interrumpido varias veces, pues estaba muy enojada, porque sentía que no estábamos respetando la línea y nos lo había hecho saber, además nos comento que llevaba muchos años haciendo línea o (fila como dicen en otros países) y que estaba llena de odio hacia los hombres, pues la habían lastimado mucho.

Mary Luz: habla Michel, te escuchamos.

Melisa: (Michel) estoy enojada con los hombres porque me han lastimado mucho, llevo años penando, me voy a diferentes casas influyo y hago pelear a las parejas, porque estoy enojada con los hombres.

Mary Luz: mientras sigas enojada y no perdones seguirás penando, es tu decisión dejar ir el dolor y quedarte con la sabiduría de la experiencia que tuviste y seguir tu camino.

Melisa: (Michel) si ya entiendo, y estoy cansada, ya me quiero ir.

Mary Luz: ¿estás lista para perdonar y pedir perdón?

Melisa: (Michel) si. Perdono a todos los hombres que me hicieron mal y que me violaron. Pido perdón a todos los que le hice mal, a Karen, Emmanuel, Reynaldo y a todos los habitantes de las casas a las que fui a penar y a influenciarlos para que se pelearan por mucho tiempo, yo sé que he hecho muchas travesuras y además, yo también fui la que le escondí la piedra que le diste a Melisa, Mary Luz, porque quería cortar la línea y llegar más pronto.

Yo me suicide a los 29 años, me ahorqué, me quite la vida y eso solo lo puede hacer Dios, pido perdón por todo.

Mary Luz: mira a tu derecha y se abrirá un portal de luz para ti Michel.

Melisa:(Michel) si ya se abrió la puerta de luz, Dios perdona mis errores, dame la oportunidad de ser madre, nunca más me quitare la vida. Gracias, adiós…

Nota:

Melisa al igual que lo había hecho anteriormente, miro, o mejor dicho movió su cabeza, pues tenía los ojos cerrados, hacia la derecha, cuando le di la instrucción a Michel que buscara la luz al lado derecho de ella, y al despedirse abrió la boca y exhalo.

Melisa llega a una nueva sesión, contándome que se ha sentido mejor, puesto que cada vez va entendiendo mejor las habilidades que tiene, y que hasta ha mejorado su entorno familiar, luego de hablar sobre su progreso, empezamos una sesión de hipnosis.

Melisa cae rápidamente en un profundo trance hipnótico, luego de darle una instrucción de mirar en el libro de sus vidas pasadas dice:

He encontrado mi vestido blanco corto, esta tejido, es especial... como de ángel. Nunca lo he podido encontrar en las tiendas y ahora sé porque; este vestido es como mi alma, mis antepasados vienen de África, soy zamba, india pech, mulata.

Desciendo de esa mujer que veo en mis sueños, ella es negra y esta vestida de blanco. También veo a mi esposo y a mis hijos es el mismo esposo y los hijos que tengo ahora, pero en cuerpos de raza negra.

Todos somos negros y mi hermana Hilda en esta vida, también es mi hija negra en esa vida... mi mamá de ahora es una española, me quita mi hija, a Hilda, me la arrebata, otra vez esta allí, haciéndome daño...

Melisa se queda en silencio, yo decido no hacer más preguntas y dejarla descansar, pasan unos 2 minutos y naturalmente sin mi intervención, Melisa empieza a hablar nuevamente.

Mi misión es ayudar a los que hicieron mal, a los desencarnados, a los que están en las sombras confundidos, a los que no saben que están muertos, yo soy como la psicóloga de ellos.

Tengo un ojo en la frente, pero no lo puedo abrir, porque la curandera que fue a mi casa, me quiso quitar el don y me dijo que me comprara un anillo para bloquear el ojo.

Mary Luz: Melisa, escúchame y sigue mis instrucciones: voy a contar de tres a uno y en el momento que diga uno, sabrás que es lo que debes hacer para desbloquear tu tercer ojo.

Tres, prepárate para saber qué es lo que debes hacer para desbloquearlo, dos, lo primero que venga a tu mente, eso es, uno, ¡recuerda!

Melisa: es el anillo Mary Luz, es el anillo.

En ese mismo momento, Melisa se quita rápidamente un anillo, que tenia puesto en el dedo anular de la mano izquierda y lo tira lejos con fuerza.

Mary Luz: muy bien Melisa, lo has hecho muy bien, a partir de este momento queda desbloqueado tu tercer ojo, pues ha sido tu elección hacerlo.

Melisa: ya me siento mucho mejor.

Mary Luz: ahora continuemos, nuevamente vuelve a abrir tu libro donde lo tengas que abrir, para ver lo que tengas que ver hoy, contare de 3 a 1cuando llegue a uno, ábrelo.

Nota:

Una de las técnicas de regresión que se usa, es a través del libro de la existencia de cada persona, pues todos tenemos un libro donde esta escrito todo de nosotros y esta fue la técnica que use con Melisa.

Luego de contar de 3 a 1 Melisa abre su libro y dice:

Melisa: me llamo Aniku, soy india de la tribu pech, tengo amores con un español, su nombre es Alberto, es mi mismo esposo de esta vida.

Nos vemos a escondidas pues él se avergüenza de mí, porque soy india y hablo con espíritus, aunque me ama no lo admite, no quiere que sus amigos y familiares lo sepan.

El trabaja para Colón, su mamá de esa vida es la misma madre de esta vida y no me acepta como su pareja, es lo mismo que sucede en esta vida, me rechaza como su esposa.

Alberto se va… yo me quedo muy triste, tan triste que me dejo morir de tristeza.

Tuvimos 2 hijos, que son los mismo 2 hijos que tenemos ahora, cuando él se fue yo estaba embarazada y perdí el bebe de tanto sufrir. Mis hijos se quedaron otra vez sin mamá, son 4 hijos los que puedo tener de mi tribu, mis 2 hijos actuales, una próxima bebe que voy a tener y a Hilda mi hermana menor de esta vida, pero es mi hija espiritual y ha sido mi hija de carne y hueso en otras vidas.

Cuando él volvió por mí, yo ya no estaba, él sigue con ese miedo de perderme ahora como mi esposo actual en esta vida, pues se trajo ese miedo a esta vida.

El me fue a visitar a mi tumba, yo me le presente y le dije que nos íbamos a volver a encontrar en otra vida.

Aprendí de esa vida a no estar triste, que la vida sigue, que el amor es eterno y que los obstáculos son solo de un rato; a no tener miedo, ni vergüenza de mis dones, que no estoy loca, no soy esquizofrénica, que debo ser valiente y aprendí a perdonar pues es la mejor cura para el alma.

Al salir del trance hipnótico, luego de comentar de su regresión, le dije a Melisa que consideraba que la humanidad debía saber del mundo de los desencarnados y le pregunté que si le gustaría que escribiéramos un libro.

Entonces Melisa, se queda muy seria con los ojos muy abiertos y me hace un ademan con sus manos pidiéndome papel y lápiz, al darle el papel, empieza a escribir apresuradamente lo siguiente:

Melisa escribe: ella, si, el libro, los libros.

Mary Luz: ¿quién eres?

Melisa escribe: soy Magüel el ángel de su don, pero ella tiene más ángeles, tiene otros dones por descubrir, desarrollar o lo que sea, la humanidad debe de saber la verdadera historia de la humanidad, la ignorancia de la gente que cree que los seres humanos nacen y mueren y ya... se tiene que erradicar de raíz, hasta los animales tienen alma.

Mary Luz: ¿ella también puede entender a los animales?

Melisa escribe: sí, ella se comunica hasta con los animales.

Me acordé nuevamente de la película que había visto de Xico Xavier, el hombre Brasileño que había escrito muchos libros, que habían sido dictados por su guía espiritual, un ángel llamado Emmanuelle y por espíritus desencarnados, entonces pregunté:

Mary Luz: me podrías repetir tu nombre por favor, es que vi una película de Xico Xavier y tenía un ángel que se llamaba Emmanuelle.

Melisa escribe: Magüel.

Mary Luz: oh perdón, es que por un momento pensé que era Emmanuelle.

Melisa escribe: soy yo, el mismo ángel, sí, soy yo Emmanuelle el guía de Xico, la historia se repite pero en mujer.

Nota:

Luego Melisa me explico, que ella se confundió por que ella entendio Magüel, pero que luego le había entendido, que era Emmanuelle, mas adelante hay un escrito donde él le aclara su nombre.

Mary Luz: ¡oh ahora entiendo! ¿Y tú nos vas a dictar el libro?

Melisa escribe: si, yo se los dictare y los desencarnados que tienen muchos nombres, las almas en pena. Ella ha recordado sus vidas pasadas, es un avance que sepa, que tiene su don.

Mary Luz: ¿hay algún nombre en especial que quisieras que le pusiéramos al libro?

Melisa escribe: "La verdadera historia de la humanidad".

Nota:

Mi mente humana dejándose llevar por la tendencia a enjuiciar todo, pensó por un momento: vaya, que nombre tan fuerte, entonces le dije lo que pensaba.

Mary Luz: ¡wow! "ese nombre está bastante fuerte".

Melisa escribe: ¿o lo quieres más corto?

Mary Luz: si, por favor, si se puede, dame opciones.

Entonces Melisa simplemente subrayo **La verdad**, entonces pensé, ese está más fuerte y le dije a Emmanuelle:

No, está bien, el primer nombre, así será, muchas gracias y a la orden, yo seguiré tus instrucciones.

Nota:

Bueno mis queridos lectores, como se pueden dar cuenta los ángeles para los que trabajo, no se andan con rodeos, son entidades espirituales con una esencia muy fuerte, infinitamente amorosos, pero directos y al punto, y a mí me gusta eso.

Aunque debo admitir que en esta dimensión en la que vivimos con tantas mentiras de las que estamos rodeados, algunas veces me confundo y aunque me sale natural hablar directo y al punto, encuentro tanta resistencia en las personas y en el medio, que en ocasiones siento la necesidad de excusarme por decir lo que pienso, pues causa incomodidad en las otras personas, y no es fácil ser el que ve cosas que otros no ven y sentirse rechazado o ignorado la mayoría del tiempo.

Pero gracias a Dios me manda estos ángeles maravillosos, que me recuerdan que no debo callar, ni temer a decir la verdad.

Melisa no dejaba de sorprenderme, pues ya habrán notado, que para que ella se comunicara con el mundo invisible, no tenía que estar bajo hipnosis y pues después de recibir las instrucciones de Emmanuelle, le pedí lo que había escrito para ponerlo con las notas de progreso y empezar a preparar el libro, creyendo que ya habíamos terminado la sesión, estaba yo a

punto de despedirme de ella, cuando me volvió a pedir
lápiz y papel y escribió lo siguiente:

Melisa escribe: somos niños, no sé ¿por qué no encuentro a mis papas? mi hermanito no deja de llorar, no entiendo ¿por qué no me ven o no me sienten? ¡No me escuchan!

Mary Luz: ¿cuéntame que paso?

Melisa escribe: yo iba a la escuela, pero ese día fuimos a México y ¡de repente! que solo oí gritos de mi familia... pero no pude salir y mi hermano tampoco ¿por qué? ¡Explíquenme! ¡¿Dónde está mi mami?! ¿Mis hermanos? ¿Mi abue?

Llora...

Mary Luz: cálmate nene te vamos a ayudar, ¿qué edad tienes tú y tu hermanito?

Melisa escribe: soy niña, tengo 5, mi hermano tiene 2, solo sé que nos caímos al agua y salimos en la tele, ¿será que somos artistas? ¿Pero por qué lloraba mi abue?

Me dolió tanto haber escuchado la confusión en la que se encontraba esta alma, que hablaba con la conciencia de lo que había sucedido, en sus últimos momentos, de su última reencarnación, una pequeña niña de 5 años, completamente confundida, así, que decidí no hacer más preguntas y solo limitarme a contestar sus preguntas, hablándole al nivel de entendimiento de una niña de 5 años.

Mary Luz: nena, escúchame, tú y tu hermanito van a estar bien, solo tienen que irse por una puerta de luz que vas a ver en frente de ti, vas a llevar contigo a tu hermanito, tómalo de la mano.

Melisa para de escribir, ella estaba agachada en el piso escribiendo, pues esto ocurrió cuando ya creíamos que había acabado la sesión y se estaba despidiendo, entonces se levanta y con los ojos abiertos pero mirando a un punto fijo, dice:

Melisa: ¿y qué va a pasar con mi abue?

Mary Luz: no te preocupes ella va a estar bien.

Melisa habla: ¿y mis papas? no encuentro a mis papas.

Mary Luz: ellos también van a estar bien, solo sigue la luz con tu hermanito de la mano.

Melisa habla: ¿pero donde están mis papas? ¿por la luz los voy a encontrar?

Mary Luz: nena, hay ángeles que los están esperando, ellos los llevaran con los que ustedes necesiten ir y van a estar bien, pero tienes que querer irte por la puerta de luz, ¿quieres?

Melisa habla: si, ya veo la puerta de luz, ya voy con mi hermanito.

Melisa dio un paso hacia adelante, yo trate de agarrarla, pero no lo logre, se alcanzo a caer, le dije: ¿Melisa estas bien? me dijo: si, solo que todo es muy real y cuando caminaban yo también camine.

Nota:

Al preguntarle a Melisa, por qué al principio había escrito lo que la nena quería comunicar en vez de decirlo, me contesto que aunque le ocurría casi a diario, estaba apenas empezando a entenderlo y a tratar de mantener el control, pues sucedía sin previo aviso, simplemente sentía que se entraban en ella y que su impulso fue seguir escribiendo, puesto que eso era lo último que había estado haciendo antes que la niña empezara a hablarle.

Yo le dije, que la entendía y que no se preocupara que poco a poco aprendería a entrenar su mente y a poner orden a los que se necesitaran comunicar.

Melisa se presenta en mi oficina para una nueva sesión, y ya sabiendo que había que escribir un libro, llego esta vez con nuevo material y con unas palabras de Emmanuelle para mí, mas adelante las compartiré.

Luego de hablar un breve momento, le hice una inducción hipnótica, ella cayó en un profundo trance, le di una instrucción para hacer regresión a vidas pasadas y dijo:

Melisa: tengo el libro de mis vidas, pero tengo nervios, me da vergüenza lo que voy a encontrar, porque es algo malo.

Melisa estaba como encogida en la silla, visiblemente acongojada y avergonzada, yo le dije para tranquilizarla: no te preocupes Melisa, las almas pasan por muchos momentos de dolor para poder purificarse, todos hemos pasado y seguimos pasando por allí, es parte del proceso de evolución de las almas, no tengas pena, solo ábrelo.

Mis palabras surtieron efecto y la tranquilizaron, dijo: está bien, lo voy abrir.

Melisa: soy yo, una bruja negra, he hecho mucho mal, conjuros, amarres, maleficios, para que la gente se enferme, a los que nos caen mal les tiramos maleficios, también enfermamos a la gente para que vengan a buscarnos y les podamos ayudar a cambio de un pago, embrujamos a los hombres, para que hagan lo que queremos y también a las mujeres.

Inglaterra, año 504, me llamo Nayery y tengo 25 años, tengo 2 hermanas, la mayor es la más mala de todas y es la que nos dirige, ella se llama Maylin.

>   *Nota:*
>
>   **Maylin es en esta vida, una persona que ella conoce que no vamos a revelar su nombre actual, pues pidió proteger su privacidad, pero nos prometió revelar su identidad en un futuro si es necesario.**

Melisa: la otra es Omaira mi hermana en esta vida, se llama Nataly, yo soy la menor, la más pequeña, somos hermanas, muy ambiciosas, nos vestimos de negro.

Luego de hacer muchas maldades, yo me enamoro, encontré el amor y eso me cambio.

Nataly y yo nos arrepentimos de hacer tanta maldad, pero la mayor Maylin, la más mala de todas no se arrepintió en esa vida.

Yo tengo el cabello rubio, Omaira el cabello café y la bruja mayor Mailyn, negro.

Mailyn me regaña mucho cuando hacemos los rituales de brujería negra, me explica cómo hacerlo, me dice: mira como se le corta el cuello al animal, no se mata, se desangra lentamente sin dejarlo morir y así como se va desangrando, poco a poco, así mismo va llegando el dinero.

Vivimos en una cabaña, hay hierbas, animales, calderos donde se hacen pócimas.

Conozco a un hombre del que me enamoro, es mi esposo de esta vida nuevamente, es blanco, alto, me gusta, pero no tiene dinero, mis hermanas no lo aceptan y me dicen que él no es de nuestro nivel, que es un simple humano; entonces yo huyo de mi casa, quiero alejarme de mis hermanas, pues se oponen a mi relación con el hombre del que me enamoro, mis hermanas me buscan y me encuentran, yo no les hago caso, no quiero volver con ellas, pero ellas saben mucho de brujería, tienen muchos libros y mucho conocimiento, así que hacen un hechizo en contra de el hombre que amo y él muere.

Muy triste vuelvo a casa con mis hermanas y quiero ser como ellas, seguir aprendiendo brujería, pero el hombre aunque ya muerto sigue presentándose ante mí, yo lo puedo percibir y ver pero mis hermanas no, él me dice que cambie para que estemos juntos en otras vidas.

Seguimos haciendo brujería con mis hermanas, pero ya no quiero hacer maldades, entonces mis hermanas, un día me sacan de la casa, porque piensan que me he vuelto un ser inferior y que ya no puedo estar con ellas.

Paso un tiempo en las calles, conocí la maldad de otras personas, sufro mucho frio, humillaciones, hambre, maltratos… mis hermanas tienen mucho dinero y pasan en muchas ocasiones por la calle donde yo estoy, me ven y me ignoran, ya no les importo, pasa el tiempo… entiendo muchas cosas sobre la maldad del ser humano, al final Omaira (Nataly) se arrepiente, pero mi hermana mayor Maylin no se arrepiente en esa vida.

Ahora me veo allí, tirada en una esquina en la calle, morí de hambre.

Melisa se queda en silencio, la dejo descansar por un corto tiempo y le digo:

Mary Luz: ¿donde estas ahora?

Melisa: miro mi cuerpo tirado en el piso desde arriba…

Mary Luz: ¿qué aprendiste de esta vida Melisa?

Melisa: aprendí, que el amor puede más que cualquier cosa, pero que hay que empezar a amarse a uno mismo para poder amar a los otros. Yo no tuve el valor en esa vida de enfrentarme a mis hermanas.

También aprendí, la piedad, el blanco y el negro, lo bueno y lo malo, aprendí que hay amor.

Melisa descansa por unos breves instantes y continúa:

Melisa: ahora soy esclava, Manime es mi nombre, tengo 18 años nos llevan de un lado para otro, no sé en qué país estoy, los españoles nos esclavizan, el año es 1600, mi hermana Omaira está a mi lado, mi ama es una española y nos pega mucho, a mi me pega un poco menos, porque yo los curo, mi ama es mi mamá de esta vida.

Mi ama se burla del dolor de nosotros, mi papá de esta vida está allí es el demonio mayor, un español, violador y abusa de todos, a mi no me viola, porque me tiene miedo, dice que soy una maldita bruja y en esa vida es cuando le cortan las manos a Omaira.

Nota:

Más adelante explicare lo del demonio que nombra Melisa, y además aclaro que al decir Melisa que le cortaron las manos a Omaira, fue una coincidencia y validación de información, puesto que Omaira, había tenido una sesión buscando la razón por la cual, sentía que era muy difícil para ella recibir pago o dinero por su trabajo, quería saber por qué se sentía avergonzada o con sentimiento de no merecer que le pagaran por su trabajo y encontramos, que le habían cortado las manos en una vida donde había sido esclavizada por los españoles, diciéndole que ella no merecía recibir nada. La coincidencia de la versión que dio Omaira y Melisa fue total en todos los datos.

Continuemos con Melisa:

Melisa: este demonio encarnado abusa mucho a Omaira y de otros, además tiene amoríos con mi ama, que es la misma alma que es mi mamá en mi vida actual, solo son amantes, pues no tienen nada serio.

Ellos venden esclavos, somos como mercancía, pertenezco a una tribu de indios cerca del mar, es un país que los españoles encontraron, no sé el nombre del país, creo que es por Latinoamérica, somos muy ignorantes, no sabemos leer, ni matemáticas, cuando a Omaira le cortan las manos y la matan, allí, estoy yo.

Yo puedo ver a los demonios agarrando la mano de la gente, al mirar sus manos, veo que tienen demonios y ayudo a sacar el demonio de las personas… mis amos tienen miedo, pues saben que yo puedo hacer eso.

En esa vida yo le prometí a Omaira que la ayudaría a ser libre, yo tenía prohibido por mis amos que tome de las manos a la gente y por mi culpa le cortaron las manos a Omaira, pues la agarre de las manos para ayudarla a liberarse del demonio, yo se las mire…

Melisa se queda en silencio por un corto tiempo y luego continúa:

Tengo 84 años, mis amos decidieron venderme hace muchos años porque ya no querían mantenerme, me vendieron al tío de mi esposo de esta vida, un español… me pase la gran mayoría de mi vida con ellos.

El español que me compro tiene un hijo, es soldado y él es mi esposo de esta vida, tuvimos amoríos pero siempre a escondidas, lo obligaron a casarse con una señora de sociedad, sin embargo siempre estuvimos juntos y tuvimos 2 hijos, él crió nuestros hijos junto con su esposa y yo tuve que ser la nana de mis propios hijos, son muy inteligentes... ellos no supieron que yo era la mamá hasta el momento de morir, hoy es el último día de mi vida.

Le doy a Melisa una instrucción para que descanse, y luego le doy instrucciones para limpiar el dolor que carga de esa experiencia de vida, y doy por terminada la sesión.

Nota:

Bajo hipnosis al hacer regresiones, tanto Melisa como Omaira coinciden en las mismas vidas, con la misma información, hablando de demonios y cada sesión se hizo por separado y cada una valida la versión de la otra, con lujo de detalles que coinciden.

También tuve la oportunidad de hablar con este demonio mayor que las dos nombran, a través de Melisa y Omaira, pues las dos son médiums, y me informaron que el jefe de su papá, es un demonio mayor, pues un demonio desencarnado utiliza un encarnado para a través de ellos hacer su trabajo de abusar a gente.

Además hablamos con otros demonios desencarnados, que se auto-denominaron demonios menores, en el transcurso del libro se ampliara este suceso.

Vaya que no es nada fácil decir lo que estoy diciendo, pues el mundo del espíritu y todo lo que tiene que ver con lo espiritual, en el transcurso de la historia ha sido considerado asunto de la religión o de superstición; pues hasta no hace mucho, torturaban, quemaban, asesinaban, masacraban y otras barbaridades le hacían a la gente que se atrevía a hablar de esto; ya que los religiosos siempre se han creído dueños de la franquicia del mundo espiritual y cualquier persona que no perteneciera a la iglesia católica (bueno en el caso de los católicos, pues en otras religiones también sucedio) y que no este autorizada por ellos, merecía morir en nombre de Dios ¿como la ven? Y para nuestro pesar no hemos combiado mucho, pues el valiente que se atreva hablar del mundo del espíritu, sin la debido autorización de los "dueños de la franquicia" sigue siendo llamado ¡brujo!

Sí, así de ridículo y absurdo como se oye, esa, es la historia de la religión en la humanidad, que puede ser comprobada fácilmente, solo leyendo libros de historia mundial, pero si no quieres leer ve y dile a un religioso acerca de hipnosis y te dira que es brujería, ¡Gran ignorancia que nos mantiene en la oscuridad!

De cualquier forma en este punto nos encontramos, llenos de ignorancia pero creyendo que sabemos, perpetuando el dolor de las almas que buscan iberarse del dolor resultado de la ignorancia en la que vivimos.

Por otro lado, los problemas de la humanidad, empiezan y terminan en un mismo punto: empiezan en el desamor tan infinito de los unos por los otros, hasta tal punto de algunos querer adueñarse de todo lo que puso Dios en la Tierra y hasta del mundo espiritual.

Dios nos dio un paraíso para que viviéramos felices y sanos y ¿Que hicimos? lo capitalizamos, mucho para pocos, y muy poco o nada para muchos, de esa forma han manipulado a la humanidad por siglos y en consecuencia se armo este gran lio.

¿Cómo terminar con tanto dolor creado en la humanidad? Con amor de los unos a los otros, ¿nada nuevo verdad? Pero vaya que no lo entendimos ni mucho menos lo practicamos.

Así está escrito:

"Ama a tu prójimo como a ti mismo"

Pero en vez de amarnos, nos juzgamos, torturamos, discriminamos, odiamos, robamos, abusamos, matamos, manipulamos, golpeamos, dominamos... etc los unos a los otros.

Ama a tu prójimo como a ti mismo, pues suena fácil decirlo, pero vaya que es difícil dar amor, teniendo en cuenta al punto al que hemos llegado de desamor, es lo más difícil de hacer en estos tiempos, dar amor, pero la tengamos fácil o no, tenemos que lograrlo, pues es la puerta de salida a este laberinto de dolor que hemos creado.

Por otro lado, si vamos a hablar de la credibilidad que tiene la parapsicología y metafísica es muy baja, casi nula, porque en realidad nunca se ha tomado en serio; por consiguiente no se han hecho investigaciones serias al respecto, y para acabar de complicar el asunto, así como hay gente que sabe y practica el conocimiento ancestral como chamanismo, videncia, parapsicología, metafísica, hipnosis etc. con seriedad y respeto, también hay mucho charlatán que en verdad no se puede conectar con el mundo invisible y dicen poder hacerlo, para sacarle dinero a las personas; en consecuencia, es lógico que el estudio de las llamadas ciencias ocultas, tenga muy mala fama y una pobre reputación, ese es el panorama actual.

Pero en fin, voy a tener la osadía de dar mi punto de vista con respecto a este tema, desde una perspectiva científica, y de paso sea dicho, allí también hay una gran confusión con lo que llaman científico y espiritual.

Siempre se ha sabido, o para ser más exacta, nos han vendido la idea, que la ciencia y lo espiritual son ramas diferentes y que no se pueden unir, algo así como el agua y el aceite, pues no convergen en puntos donde lleguen a acuerdos y se nos ha hecho creer que las cosas son científicas solamente si se pueden ver y comprobar.

Ahora bien, hasta cierto punto lo entiendo, pues la tendencia del ser humano es ver para creer, pero también puedo ver las limitantes, pues gracias a esta creencia la ciencia humana no ha avanzado mucho, y estamos en pañales en cuanto a descubrimientos científicos se refiere.

Quiero decir con esto, a que los resultados de los descubrimientos y avances científicos humanos, son directamente proporcionales al primitivo método científico que manejamos y además, al ignorar que el mundo espiritual es científico, se ha construido una pared que bloquea el paso al avance de la ciencia.

Por añadidura como si ya no fuera suficiente, la religión ha hecho muy buen trabajo bloqueando a la primitiva ciencia humana, para que no se haga conexión en absoluto con el mundo del espíritu y la ciencia, pues como bien lo sabe todo el mundo, la religión siempre ha sido un buen negocio, por ende, tienen dinero y han estado metidos en el poder gobernante que mueve al mundo, así que no les queda nada difícil manipular el conocimiento espiritual a su conveniencia, el hecho de tener, dinero y poder, hace que tengan una excelente combinación para hacer lo que se les dé la gana con los inocentes seres humanos, en otras palabras, lo tienen todo para manipular el mundo a su favor.

Pero todavía hay mas... ¡súmenle a esto! el fantástico trabajo que ha hecho la religión al confundir a la humanidad vendiéndoles la idea que para poder "salvarse" hay que pertenecer a una religión y cada religión tiene sus propias ideas y reglas, o su propio plan de salvación, que obviamente le venden a la humanidad, pues para salvarse hay que pagar.

Las religiones a mi parecer, tienen mucha información que es de la humanidad, pero se han adueñado de ella para usarla a su conveniencia.

Escritos antiguos, geometría sagrada, simbología, conocimiento y tecnología ancestral, en fin, información que le pertenece a la humanidad pero que la manejan y manipulan a su gusto, para alimentar sus propios intereses nos dejan como resultado:

1. Científicos que no saben que el mundo del espíritu es científico y que para colmo se creen dueños de la verdad, por consiguiente bloquean toda información que venga del mundo del espíritu y niegan los orígenes espirituales del ser humano y del planeta, pues al creerte dueño de la verdad ya das por hecho que sabes, y no hay mejor forma de cerrar las puertas del conocimiento y vivir en la ignorancia, que creer que sabes, te encierras en la ignorancia creyendo que sabes, que es la ilusión del ego lleno de miedo a admitir su ignorancia.

2. Religiones creadas por humanos para manejar, manipular y controlar los orígenes divinos de la humanidad, guiados por intereses propios, individuales y egoístas que siempre están en búsqueda de tener más poder y control.

Le venden a la humanidad la salvación y les hacen creer que la religión es espiritual, cosa que fácilmente muchos lo creen, pues en realidad nosotros somos espíritus ocupando un cuerpo humano y teniendo una experiencia humana ¿y qué mejor forma de manipularnos que tocando nuestra esencia divina, nuestra espiritualidad?

3. La tremenda confusión de creer que la religión y la espiritualidad son la misma cosa, cuando en realidad ser religioso implica seguir una serie de normas impuestas por seres humanos, creadores de las religiones basados en su propia interpretación de los libros sagrados y ser espiritual es seguir tu propia esencia divina, tu espíritu, que ya tiene la información necesaria para que llegues a la luz, si es que te conectas con tu propia esencia divina que es el amor y la sigues, sin necesidad de una religión.

Que seas religioso no significa que seas espiritual, significa que sigues las instrucciones que te da la religión y ser espiritual es seguir tu espíritu y esencia divina.

Ahora bien; vamos por partes... ¿Como así que el mundo del espíritu es científico?

Vamos a mirarlo desde la forma más simple y evidente para descubrir que esta premisa es cierta, con principios básicos de física que nos enseñan en la escuela secundaria.

1. Todo el universo es energía.

2. Todo lo que contiene el universo esta hecho de energía.

3. El planeta Tierra está dentro de un universo que está hecho de energía, por lo tanto, todo lo que habita la Tierra está hecho de energía: plantas, animales, minerales, humanos, etc.

4. La energía no se crea ni se destruye, simplemente se transforma.

Aunque esto suena muy simple, es el principio que explica lo que llaman mundo espiritual, el mundo espiritual es un mundo de energía visible e invisible, que se expresa en diferentes formas:

Energía invisible

- Energía pensamiento

- Energía mental

- Energía emocional (conexión de la mente con el cuerpo)

- Energía etérea (el espíritu)

Energía Visible

- Energía materia (los cuerpos, las formas, la materia)

Como pueden ver hay más energía invisible que visible y los científicos al negar o ignorar el mundo del espíritu, es como si negaran el vasto universo de energía en el que vivimos, y en consecuencia la limitación es infinita, que da como resultado limitados descubrimientos científicos en infinita ignorancia humana.

Esto tiene otras implicaciones, pues entre menos sepamos del universo que habitamos y de nosotros mismos, más fácil de manipular y controlar somos, en otras palabras: entre mas ignorantes más vulnerables, y allí es donde los religiosos han hecho una vez más, un gran trabajo manteniéndonos alejados de la información que ellos se guardaron, y luego se unieron con la política y tenemos un gobierno mundial contaminado de religión.

Pero volvamos a lo del demonio del que habla Melisa, ¿que sería un demonio a nivel científico?

Yo lo veo de esta forma:

- Si todo es energía y la energía se expresa en diferentes formas: visibles e invisibles, ¿qué tiene de raro pensar que existan los demonios?

- ¿Será acaso un demonio una expresión de energía que puede ser invisible, pero que puede afectar la energía pensamiento que también es invisible? ¿Además si la energía pensamiento que está afectando, está conectada a la energía materia de un cuerpo humano, influiría en su conducta?

- La energía tiene que ver con frecuencias vibratorias, así como hay vibraciones altas y nos podemos conectar a ellas, también existen vibraciones bajas a *las que nos podemos conectar. Haz de cuenta como se conecta una vibración de una onda energética de una emisora de radio o TV.*

- ¿Será que también esta energía llamada demonio, puede además hacerse presente reencarnando en un cuerpo humano sin necesidad de utilizar otro cuerpo?

- ¿No es acaso un cuerpo humano un cuerpo energético hecho de energía materia dotado de una energía pensamiento?

Viéndolo de esta forma no tiene nada de descabellado pensar en que existen los demonios, y aquí surgen más preguntas:

¿Es nuevo lo de la existencia de los demonios?

No, esto siempre lo hemos escuchado en todas las culturas terrícolas.

¿A quienes les conviene que la verdad no salga a la luz? Bueno, pues precisamente a demonios encarnados y desencarnados que luchan porque la humanidad no se despierte y viva engañada en un mundo involucionado y que en vez de ir para adelante y evolucionar vamos en reversa involucionando cada vez mas.

¿Al final que viene siendo un demonio? una fuerza energética, una frecuencia vibratoria baja que proviene del bajo astral, que se puede expresar de forma visible si está encarnado o invisible utilizando otro cuerpo energético como conductor.

- Visible, reencarnando en energía materia, un cuerpo energético humano que contiene una energía etérea o espíritu oscuro.

- Invisible, una energía etérea que esta influenciando la energía pensamiento de un cuerpo humano.

Poniéndolo así, no suena tan irracional a nivel científico hablar de los llamados demonios.

Pero allí surge otra interrogante:

- ¿Tendremos demonios encarnados en humanos, como líderes mundiales a nivel político y religioso dirigiendo este planeta?

- ¿Tendremos además humanos, que están siendo influenciados por demonios desencarnados haciendo el mismo trabajo?

Mi respuesta a estos interrogantes, ¡oh sí!, por supuesto que sí, no tengo ninguna duda ¿y tú qué opinas querido lector?

Ahora bien que pensarían ustedes si les digo que lo que llaman regresión a vidas pasadas, es un viaje real a través del tiempo y del espacio, que no estamos recordando, sino que en realidad al estar en un alto grado de relajación y caer en un trance hipnótico viajamos a través del tiempo y del espacio a otras dimensiones, otras realidades, otras vidas, donde hay pedazos de nuestra energía detenidas en lo que llamamos tiempo, pues al no resolver conflictos creados en esas vidas o al no haber entendido por qué se paso por esa experiencia, nos quedamos atrapados en ese dolor o confusión el cual cargaremos en nuestras siguientes vidas hasta que lo resolvamos.

Lo que sucede al hacer una regresión, es encontrarnos con ese pedazo de nuestra existencia, resolver el asunto, dejar ir el dolor y desintegrar la energía en desarmonía o de dolor, transformarla en conocimiento y quedarnos con la sabiduría de la experiencia para asi poder sanar y seguir adelante.

En otras palabras, cuando se hace una regresión, se hace un viaje a un mundo paralelo u otra dimensión que esta viva, lo que llaman regresión no es un recuerdo, es un viaje astral a través del tiempo, un viaje que hacemos con la energía etérea, que puede atravesar las barreras físicas que la energía materia, o sea el cuerpo no puede.

Hacemos la conexión usando nuestra energía etérea, nos conectamos directamente al instante donde quedamos atrapados por el dolor o el placer, pues el dolor purifica y nos ayuda a entender cosas que no entenderíamos si no pasaramos por allí, el dolor es una forma de aprendizaje como lo es también el placer y en cualquiera de los dos nos podemos quedar atrapados, si no somos capaces de entender que se aprende a través de la experiencia y por eso pasamos por esos dos caminos, dolor y placer solo para aprender.

Pues déjenme decirles, que si seguimos hablando de esto encontraremos mucha tela de donde cortar y harían sentido muchas cosas supuestamente "inexplicables" a nivel científico, y pongo inexplicable entre comillas, pues la verdad no es que sea inexplicable, en realidad es que no sabemos la explicación ¿Pues como la vamos a saber si la ciencia se limita a creer, que lo único que existe es el mundo visible y el mundo invisible no lo consideran científico? así que más adelante se hablara mas de los llamados demonios y los dejo con un último pensamiento.

Todos los días, hay una lucha visible e invisible entre dos fuerzas que se enfrentan, la fuerza de la luz y la fuerza de la luz del mal. Muy inocente el que no crea esto, muy miedoso el que insista en ignorarlo y bastante sabio el que reconoce esta verdad. Luz

A continuación como se los anuncie anteriormente, les compartiré lo que el ángel de Melisa, Emmanuelle le dijo a Melisa, esto fue lo que le dicto:

Mely, Mely, soy tu ángel, pero no estoy solo, tienes más ángeles, mi nombre es Emmanuelle, me dieron el trabajo de ser tu ángel, soy el mismo ángel de Chico Xavier, sé que no lo entiendes, pero pregúntales a los otros ángeles cada uno de sus nombres y te sorprenderás.

Yo estoy aquí para cuidar los ojos que tienes, los ojos de india pech, soy un ángel de indios como tú, con dones de ver el pasado, el presente y el futuro, dones de un médium, eso es lo que eres y aparte eres otras cosas más, que no puedo yo decirte ahora.

Cuando vayas a sesión con Mary Luz, enséñale esto y acuérdate de todo lo que has visto y también lo que has descubierto.

Escribe, escribe, escribe… por favor. Siempre te he cuidado… si Mely, estuve con Chico Xavier, fui uno de sus ángeles… no te mortifiques, descansa.

No tengas miedo tus eres valiente, muy valiente, pon atención, escribe todo lo que has vivido estas tres semanas, es muy importante que protejas a tu familia y a todos los que te rodean, todo estará bien, ten fe, pero escribe, escribe, escribe.

Si, tú no quieres ir al centro comercial a trabajar, tu sabes el porqué, no dejes que te convenzan, acuérdate que muchos desencarnados te han querido engañar, cuídate de eso siempre, no tengas miedo ni pongas en duda lo que eres, porque al ponerte en duda das pie para que te confundas.

Es muy bueno que diste el mensaje del abuelo de tu esposo, no te preocupes, él supo que fue su papá, él se fue pensando en eso y todo saldrá bien, él regresara y te preguntara muchas cosas, porque querrá contactar a su padre otra vez, y sí, su hermano Necevio está con él, lo sigue, lo cuida mucho y siente que no puede irse por cuidarlo, está en ti, buscar cómo ayudar.

Eres una guía de los desencarnados a la luz; ¡ojo! tienes que descubrir por ti misma lo que puedes y debes hacer, no eres nueva en esto, ya tienes muchas vidas trabajando así, poco a poco recordaras… y recuerda, una guía, siempre tiene otra guía, para ti es Mary Luz la que te puede ayudar y tú ayudaras a otros, cuidate.

En este camino es muy importante la prudencia… sí, no debes platicar nada de los que ayudas, solo se lo puedes decir a Mary Luz porque ella te está ayudando, no es un regaño, pero por querer ayudar puedes meter la pata.

Vas a escribir mucho para que toda la humanidad sepa lo que los desencarnados sienten, que no están solos, que todos tienen ángeles y a nosotros los ángeles nos mandan a misiones; la mía es contigo debo ayudarte y guiarte en lo que debes hacer, no te preocupes si te llaman loca, a los mejores científicos los llamaron locos, ¿si, al hijo de Dios el creador, le llamaron loco y mentiroso, ¿que importa el qué dirán? solo importa lo que hiciste, es tu misión de vida, no ignores lo que te digo, te he estado pidiendo que escribas y no lo has hecho. Vas a escribir lo que ha pasado estas tres semanas, escribe, ya diste un paso, diste el mensaje y estoy contento al ver que si pudiste.

Tu abuela Maicumbé está cambiando poco a poco.

Hola, yo soy un ángel de otro don que tienes, no sabes mi nombre me da gusto que hayas pasado a muchos desencarnados, Maicumbé quiere regresar a cuidarte y lo puede hacer siempre y cuando haya cambiado totalmente, por eso ella está cambiando mucho, porque ha descubierto que puede cambiar, mi nombre lo sabrás cuando tengas otra sesión, Emmanuelle quiere que nos reunamos, pero tú eres la que debe hablar con nosotros ¿entiendes? no se te puede dar la información en cualquier lugar, no soy muy bueno para dibujar (dibujo una carita feliz ☺), cuídate nos vemos en unos días.

En otro de los escritos que me compartió, el cual fue dictado en otro día, a Melisa le dijeron lo siguiente:

Melisa escribe, ¿qué ha pasado estas tres semanas atrás? soy Emmanuelle, Raquel es tu ángel que te cuida, dice que no tengas miedo, que en efecto somos 3 como pensabas, no te preocupes hay otras cosas por descubrir, ya no estás amarrada ni tapada de los ojos, no te preocupes todo estará bien.

Nota:

Cuando Emmanuelle le dice a Melisa: "ya no estás amarrada ni tapada de los ojos", lo que quiere decir, es que en una de las sesiones de hipnosis que hicimos con Melisa, descubrimos que la fuerza opuesta, la luz del mal o luz oscura, le había hecho una especie de bloqueo energético, para impedir que ella hiciera el contacto con los desencarnados de forma fluida. Yo le llamo bloqueo energético, pero otros le dicen brujería; entonces al descubrirlo, procedí a desbloquearla.

Continuemos…

Emmanuelle le sigue hablando a Melisa de lo que va a tratar el libro.

Melisa, el libro es parte de tu conexión con los desencarnados y con los animales cuando eras niña, no te preocupes, pero para hacerlo necesitas disciplina, disciplina, disciplina.

Vas a ir aprendiendo y recapitulando todo lo que los desencarnados pasan, todos sus miedos, sus dudas y enseñarle a la humanidad que los desencarnados si sienten, aman y tienen apegos a cosas sin resolver, que muchos no saben ni su nombre, ni el por qué divagan por todos lados, así que... escribe, escribe, escribe.

Nota:

Las siguientes palabras son los sentimientos expresados por Melisa a través de la escritura.

Ya me siento mucho mejor y libre, por primera vez en mi vida no me siento rechazada por nadie, ni siento que haya hecho algo malo para sentirme como vigilada, o que me quieran obligar a algo que no quiero.

Toda mi vida pensé que a lo mejor había hecho algo malo y que era como un castigo lo que me pasaba, pero en verdad el castigo lo reciben mis familiares, no entendía cuando era niña, el por qué mi abuela Cándida me hablaba y me miraba por abajo de la tumba de ella, cuando yo iba al cementerio.

Tampoco entendía la necesidad de saludar a personas que ni conocía, y entonces puse en mi mente que todo esto era normal, que yo era normal, yo me decía a mí misma, eres normal Melisa y además pensaba: ¿será que todos los niños pasan por lo que yo paso?

Me preguntaba ¿por qué me molestaban o miraban desencarnados? o ¿son visiones? ... el día que decidí callar todo lo que pasaba, fue cuando Martha la señora que nos cuido cuando mi mamá se vino a USA, me dijo que yo era una mentirosa o ¿que si me estaba volviendo loca? y lo que marco mi vida como médium, fue cuando un niño que vivía cerca de donde yo vivía, murió y yo vi eso antes de que pasara.

No entendía porqué había visto una rueda de luz alrededor de él y además, vi una piedra grande cerca de él y pensé ¡se va a golpear!

A los 5 días este niño se subió a un árbol de mango y en el pie del árbol había unas piedras grandes, como las que hay en los ríos, como esas piedras que usualmente se usan para lavar en los ríos… y él se cayó, se golpeo con una piedra y murió.

Me sentí culpable, por no haberle dicho a alguien lo que había visto antes, pero pensé que se iban a reír de mi, de por si ya lo hacían, es más, ese día se estaban burlando de mi, pero yo sé que no lo hacían por hacerme daño, y los desencarnados que me buscaban, que yo pensaba que eran para atormentarme realmente era para buscar paz.

Entonces aprendí, que si uno le pide a Dios con todo su corazón, Dios pone ángeles que lo ayudan y personas sabias que nos guían, no tengo con que agradecerle a Mary Luz el que me haya hecho ver que no estoy loca, porque no lo estoy, solo, toda mi vida fue marcada con esa palabra, loca.

No estoy loca, solo soy una encarnada que tiene un don que debe usarse para el bien, ahora sé que Dios es el que da los dones, yo crecí en un lugar disfuncional, pues en realidad solo viví unos cuantos años con mis padres, viví con muchos miedos, me llevaban a la iglesia cristiana y allí me decían que estaba loca… poseída.

Dios es amor y Dios esta donde uno lo busque, no importa la hora o el lugar, si quieres ir a la iglesia está bien, desde que no te obliguen, siempre y cuando sea con tu voluntad y no te hagan sentir culpable por lo que ves, o con quien hablas, o porque te siguen, simplemente ellos no entienden.

Pero yo ya he dejado mis miedos atrás y mi vida ha dado un giro de luz yo me siento feliz y plena.

Hace 3 semanas mi hermana Hilda se quedo a dormir en mi casa y mire algo en ella, un muchacho llamado Mateo que unos meses antes me había pedido ayuda, pero no podía según yo ayudar a nadie, en ese tiempo no me sentía capaz de pasar a nadie a la luz, hasta ese día que vi que mi hermana y descubri que no era más la niña que yo miraba, mi babysister, (hermanita menor), entonces ella me dijo:

¿Qué te pasa? yo le respondí, ¿quién eres? ¿Eres Mateo? le pregunté, una y otra vez, y no me respondía, hasta que mi bisabuela Maicumbé le dijo: te está viendo (Maicumbé es mi bisabuela desencarnada que está cambiando para bien) y él respondió: si, soy Mateo, pero me dijiste que esperara en línea, pero la línea está muy larga, no quiero esperar y por eso me quede con Hilda.

Le pregunté que le había pasado, me dijo que no se acordaba, que solo sabía que había ido a la misma escuela que el hijo de mi amiga, y que me había mandado como un mensaje, una visión de él en la casa de mi amiga, y que el hijo de ella llevaba un objeto del cual él se agarró de allí y de esa forma se lo llevo de la escuela para la casa y así al encontrarse con Hilda pudo seguir a Hilda; entonces le agarré la mano a mi hermana Hilda y le dije a Mateo: busca tu luz y vi como

Mateo se iba hacia la luz, sentí un gran alivio, como si hubiera hecho mi tarea, mi trabajo.

Después de esto, empezaron a llegar uno a uno, uno tras de otro, una línea o fila de desencarnados.

Nota:

A continuación leerán sobre la línea de desencarnados que Melisa empezó a atender.

Melisa escribió cada uno de los casos de corrido, pero para que sea más fácil de entender, se organizó la información señalando la intervención de Melisa y la del desencarnado, y se le puso la puntuación, pero no se le cambio absolutamente nada a las palabras de los escritos que Melisa me entrego originalmente.

En otra ocasión, vi a una niña cerca de Hilda, le pregunté su nombre, me dijo: me llamo Stephanie. Me conto que seguía a Hilda porque Hilda podía verlos a ellos, a los desencarnados, así como yo, me pidió ayuda, me dijo: quiero estar contigo, pues así tú me puedes proteger de las sombras que me molestan, le tome la mano a Hilda y le pregunté:

Melisa: ¿Sthepanie te violaron?

Stephanie: si.

Melisa: ¿fuiste maltratada?

Stephanie: si.

Hubo en ese momento una interrupción de mi madre, quien es una persona muy agresiva, y altero un poco la situación, pues entro muy enojada, al salir ella, continúe ayudando a Stephanie.

Melisa: Stephanie, ¿estás lista para irte a la luz?

Stephanie: si.

Melisa: cierra los ojos y busca a la derecha, allí estará tu luz.

Stephanie: he cerrado los ojos, voltee a la derecha pero no la encuentro.

Melisa: ¿hay algo pendiente que tengas que hacer o algún mensaje que tengas que dar?

Stephanie: no.

Melisa: ¿has perdonado a tu madre? ¿Quieres reunirte con ella?

Stephanie: no, ella era una prostituta y quiso que yo también lo fuera, me quiso vender y me violaron, fui maltratada, ultrajada.

Melisa: Stephanie, el perdón es como el boleto a tu paso a la luz.

Stephanie: está bien, la perdono, pero aún no encuentro la luz.

Melisa: debes perdonar de corazón, inclusive al que te violo.

Stephanie: pero ese espíritu me molesta.

Melisa: ¿por eso tienes miedo?

Stephanie: si, por eso tengo miedo.

Melisa: no temas, estás segura, Dios nos ama y nos perdona a todos.

Stephanie: oh entiendo, ahora si perdono de corazón, me quiero ir a la luz.

Melisa: cierra de nuevo los ojos y busca tu luz.

Stephanie: si, ¡ahora, si la veo, allí está la luz!

Melisa: que seas feliz, camina por la luz, las puertas del cielo se han abierto para ti.

Stephanie: si, yo quiero ser feliz.

Melisa: pídele a Dios lo que tú quieras.

Stephanie: si, quiero ser feliz y tener una familia que me ame y no me haga daño.

Melisa: vi, como Stephanie se iba por la luz.

Solo acababa de despedirme de Stephanie, cuando inmediatamente llego otra niña, un poco mayor que Stephanie, le dije:

Melisa: ¿cómo te llamas?

Niña desencarnada: no sé, solo sé que viví en un internado, que no fui feliz, no tenía familia y estaba todo el tiempo enojada.

Melisa: ¿qué te paso?

Niña desencarnada: no sé.

Melisa: ¿cuántos años tienes?

Niña desencarnada: tengo 15 años.

Melisa: ¿quieres paz?

Niña desencarnada: (muy enojada) ¡no!

Melisa: ¿por qué?

Niña desencarnada: no sé.

Melisa: estar desencarnado, no quiere decir que estarás así toda la eternidad.

Niña desencarnada: (sorprendida) contéstame, ¿uno nace y muere y se va al cielo y otra vez reencarna?

Melisa: si.

Niña desencarnada: entonces si me quiero ir.

Melisa: cierra tus ojos y busca tu luz al lado derecho.

Niña desencarnada: no la veo.

Melisa: ¿ya perdonaste a los que te hicieron daño?

La niña desencarnada cambio totalmente ante mi pregunta, se quiso levantar, pues estaba sentada y se puso en posición de pelearse conmigo, entonces le dije:

Melisa: no te levantes, siéntate, no te pares.

Niña desencarnada: (muy molesta) ¿por qué?

Melisa: yo solo te quiero ayudar.

La niña desencarnada seguía muy molesta, como en actitud de pelear, entonces le dije:

Melisa: tú sabes que yo no estoy sola, tengo ángeles y muchos que me cuidan, ¿los ves?

Niña desencarnada: (más calmada) si, los veo.

Melisa: no tengas miedo, ellos solo quieren ayudar.

Niña desencarnada: está bien, perdono… pero te quiero preguntar, ¿tendré una familia que me ame?

Melisa: pídele a Dios la familia que quieres, él es el que decide.

Niña desencarnada: si, lo hare.

Melisa: cierra los ojos y busca a tu derecha, allí está la luz para ti.

Niña desencarnada: si, ¡la veo!

Melisa: se fue :)

Nota:

Después de ayudar a pasar a varios desencarnados, descubrimos con Melisa que ellos se encuentran muy confundidos, algunos de ellos les cuesta recordar su nombre, hay unos que ni siquiera saben que están "muertos" otros no entienden que es lo que ha sucedido o donde están, algunos se confunden con sus vidas pasadas y les cuesta dar datos exactos de su más reciente reencarnación.

Continuemos con más casos de desencarnados que piden ayuda a Melisa para cruzar a la luz:

Melisa: hola, ¿cómo te llamas?

Desencarnado: hola, tengo 16 años me llamo Pancho.

Melisa: ¿venias como inmigrante a USA verdad?

Desencarnado: si, yo estaba en el autobús y llegaron los zetas, pidieron dinero a mi padre y como no teníamos dinero, nos mataron.

Nota:

Los zetas son una organización criminal y paramilitar Mexicana.

Ref. Tomada de Wikipedia.

Melisa: Pancho estaba agarrado de la mano de mi hermana Hilda, y con sus dedos hizo la forma de una pistola y me mostro como los habían asesinado, le pusieron una pistola a su padre en la sien y a Pancho le dieron un balazo en el corazón; entonces le pregunté: ¿sufriste?

Desencarnado: no, me morí rápido y creo que mi papá también.

Melisa: ¿por qué estas todavía aquí?

Desencarnado: es que traía muchos sueños, estaba lleno de vida, buscaba una vida mejor al otro lado… en USA.

Melisa: Dios te dará otra vida, vívela y disfrútala, sé feliz.

Desencarnado: si, eso es lo que quiero.

Melisa: ¿tienes familia? ¿Quieres mandarle un mensaje?

Desencarnado: no, éramos solo mi papá y yo, mi madre murió al darme a luz, la he visto pero no me reconoce.

Melisa: creo que sé quien es ella, ya está haciendo línea, no te preocupes, vete tranquilo. Cerró los ojos y se fue tranquilo a la luz, diciendo gracias.

Muchos niños no sabían qué les había pasado, solo sabían que siguieron a mi hermana Hilda, porque ella los podía ver, pero no podía ayudarles porque ella no sabe cómo y por eso ellos me hablaron cuando yo estaba con ella para que les ayudara, yo solo les dije que perdonaran y que podrían irse a la luz si ellos querían.

Muchos de ellos no tenían familia, venían de orfanatos, algunos me preguntaban si podrían reunirse con sus padres, les dije, que si ellos están en la luz y si Dios lo permite lo harás, seguí ayudando a más desencarnados a pasar a la luz y aquí están sus historias:

Niño desencarnado: es que no quiero dejar a mi hermanita Hilda.

Melisa: no entiendo, Hilda es mi hermana, no tú hermana.

Niño desencarnado: si yo sé, pero yo le digo hermana, porque yo no tengo familia y Hilda es como mi hermana, yo la quiero mucho, mucho, y no la quiero dejar sola.

Melisa: le pedí que cerrara los ojos, pues era momento de irse.

Niño desencarnado: es que no me puedo ir, yo la cuido a ella y no la quiero dejar sola.

Melisa: te prometo que yo cuidare de ella, yo sé lo que se siente estar así y que te ataquen sombras y todas esas cosas invisibles para otros, pero tan visibles para nosotros y que uno no puede explicar, no te preocupes yo la ayudare.

Niño desencarnado: si por favor, no la dejes sola, afuera de su casa hay muchas sombras.

Melisa: yo sé mi niño, no te preocupes, todo estará bien.

Niño desencarnado: ¿entonces lo prometes?

Melisa: si lo prometo, la cuidare.

Niño desencarnado: estoy listo.

Melisa: él cerró los ojos y dijo:

Niño desencarnado: ¡ya quiero la luz!

Melisa: ve al cielo, ve con Dios y si él quiere te dará otra vida.

Niño desencarnado: en esa otra vida me gustaría ser hermanito de Hilda.

Melisa: pídeselo a Dios mi niño, eres un amor, que Dios te bendiga, busca tu luz.

Niño desencarnado: si ya la veo.

Melisa: camina, camina mi niño, las puertas del cielo se han abierto para ti… y se fue a la luz.

Las personas encarnadas no entienden a los desencarnados, porque en varias películas los ponen como malos y crueles y en verdad no todos son así, hay muchos que simplemente están confundidos, llenos de dolor y traumas, con muchos conflictos como cualquier encarnado y otros, solo se quieren comunicar con sus seres queridos encarnados por última vez.

Lo que nos diferencia de ellos, es que nosotros tenemos un cuerpo físico, algunos de ellos no solamente me piden ayuda, sino que me quieren, me entienden y me cuidan, hasta me ofrecen ayudarme, este es el caso siguiente.

Estoy trabajando en un salón de belleza de estilista y me ha costado más trabajo hacer los cortes de pelo para hombre, un barbero desencarnado se acerco y me dijo:

Barbero desencarnado: soy un barbero desencarnado que vivió en Galveston (es una isla cercana a Houston) tengo mucha experiencia, fui barbero desde los 21 años.

Yo puedo ayudarte Melisa, cuando estés haciendo cortes de pelo te puedo enseñar, yo te quiero enseñar, es fácil, estoy en tu línea esperando pacientemente mi turno desde el 2002 y hay muchos que esperamos que nos ayudes.

¡Por favor ayúdame, ayúdame! desencarne a los 49 años, soy un chicano que eligió mal, en mi juventud hice tonterías y aprendí cosas que no se deben hacer, cosas que los demás hacen por moda, como usar drogas, era una moda y esa moda me llevo a donde estoy ahora, pero tú puedes ayudarme... bueno, ayudarnos, gracias por checar la línea y decirnos que todo estará bien, que no nos preocupemos, que nos vas a atender.

Te entendemos cuando nos dices que debemos esperar, pero no te olvides de este chicano, yo te prometí ayudarte y lo hare, te voy a enseñar a cortar el pelo de hombre y todo saldrá bien.

Melisa: él ha cumplido su promesa, pues desde ese día él me dirige cuando estoy cortando el pelo y me da instrucciones, hasta me guía las manos, he aprendido mucho con su ayuda, gracias.

Luego, otro desencarnado de la fila o línea, también quiso hablar y dijo lo siguiente:

Desencarnado: soy Hever, el amigo de Melisa, si ustedes ven las noticias se habrán enterado que quemaron a un homosexual, yo soy el homosexual que quemaron en un carro en Galveston TX, si, soy yo; solo quiero decir que esto es real, no entendía lo que me pasaba, sabía que estaba muerto, pero no entendía el porqué me quemaron estando vivo. Todavía me siento como un monstruo.

Melisa dice que cuando encuentre mi luz estaré bien, ella me ha mostrado que hay que perdonar, he perdonado a los que me hicieron esto por ajuste de cuentas, no importa, ya estoy desencarnado y lo que uno no aprende cuando está vivo, lo aprende cuando esta desencarnado.

Yo aprendí a perdonar y a aceptar que mis errores me llevaron a donde acabe. También aprendí que debo ser menos materialista y mejor ser humano y en otra vida no quiero ser igual, esa ha sido mi lección.

Hasta hace unos meses atrás, vi una línea con desencarnados, antes estaba escondido porque no quería asustar a nadie, pues estoy quemado, entonces fui dándome cuenta que en realidad, nadie me podía ver.

Algunas veces estaba en el bar donde trabajaba y otras en mi casa y así me la pase hasta hace unos meses. Yo sé que no fui la mejor persona o el mejor ser humano, pero espero encontrar mi luz… y yo también voy a ayudarte Melisa a trabajar en el salón.

Sé que no te pareció muy buena idea que me metiera en el maniquí que trajiste al salón de belleza, pero solo quiero ayudar, lo siento si te asuste, gracias por entender. Tú y

Omaira son las únicas con las que puedo hablar y que me ven, lo siento si te asuste la primera vez que me comunique contigo, tu eres un ser de luz, gracias por decirme que no soy un monstruo y perdón por usar tu cuerpo y asustarte cuando sentiste como estaba mi cara.

En verdad no sé, no entiendo cómo es que los desencarnados nos podemos meter en ti y hablar a través de ti, no entiendo como sucede, solo sé que lo podemos hacer, pero te agradezco por dejarme desahogarme, te quiero mucho y a Omaira también; gracias, gracias, todos los desencarnados de tu línea te cuidamos, porque tú eres como nuestra terapista del alma, ¡gracias!

Melisa: luego de decir esto, me preguntó si sería posible que él naciera como mujer en otra vida, yo no supe que decirle, solo le dije, que le pregunté a Dios, que se lo pida y también le conté, que había leído un libro llamado CREE y allí decía, que sí, se puede ser un hombre o una mujer en nuestras diferentes vidas. Hever se alegro mucho al oír esto.

Nota:

Vamos a sacar las conclusiones pertinentes, para así quedarnos con lo que nos están enseñando estas almas desencarnadas, pues al final ese es el objetivo de este libro, aprender, reconocer quienes somos en realidad almas en evolución, reencontrarnos con la verdad de lo que somos.

Pero antes de sacar las conclusiones, se me ocurre que deberíamos inspirarnos con esta bella y sabia frase célebre:

> *"El hombre inteligente aprende de sus propios errores, el sabio aprende de los errores de los demás."* **Arturo Adasme Vásquez**

Conclusiones:

1. En la dimensión de los desencarnados hay todo tipo de almas igual que en nuestra dimensión.

Nos encontramos con encarnados amorosos, justos, honestos, generosos, educados, tolerantes, comprensivos, nobles, valientes, arrepentidos de lastimar a otros etc.

También por el contrario encontramos gente llena de desamor, odio, deshonestidad, rencor, confusión, intolerancia, altanería, arrogancia, soberbia, violentos y con deseos de lastimar a otros, etc.

Algunos en el mundo de los desencarnados, continúan siendo quienes eran cuando estaban encarnados, o por el contrario, al entender lo que no entendían antes, cuando estaban encarnados, corrigen su forma de pensar o de sentir al desencarnar, en otras palabras aprenden la lección.

2. Es interesante saber o confirmar, cómo conservan las habilidades que tenían cuando estaban encarnados, como el peluquero que le enseña a Melisa a cortar el pelo. No cabe duda, así como nos llevamos los talentos, virtudes y el conocimiento del oficio o trabajo que ya sabíamos hacer, también nos podemos cargar los asuntos sin resolver.

3. La virtud que muestran al ser solidarios entre ellos mismos, llama la atención. Tambien es lindo ver como se cuidan unos con otros y quieren cuidar y proteger a los encarnados que los ayudan, lo interpreto como un sentido de sobrevivencia, aun después de estar "muertos", suena un poco loco, pero así es como lo entiendo.

4. Quieren ayudar también a que la humanidad se entere de la verdad, de lo que pasa después de lo que llaman "muerte", pues una y otra vez, muchos desencarnados dicen: por favor escriban esto en el libro, que se den cuenta que esto es real, y los que no lo dicen, están expresando ese deseo de igual forma, pues ellos saben que se está escribiendo un libro con la información que ellos nos proveen y al contarnos su historia es una forma de expresar su deseo de llevar este mensaje a la humanidad, deduzco esto, pues hasta el final del libro, ningún desencarnado pidió quedar en el anonimato.

5. Hay en los desencarnados, una conciencia más profunda de los errores cometidos y un fuerte deseo de corregirlos. Aunque también se ven casos de desencarnados, que simplemente se resisten a aprender la lección, igual como los encarnados, sencillamente algunas veces necesitamos sufrir más para estar listos para sanar.

6. Hablar con los desencarnados, es una confirmación, que en verdad ellos siguen deambulando por los lugares donde vivieron, trabajaron, o frecuentaron en vida, así que intrínsecamente es una validación de lo que reporta la gente, que dice que hay fantasmas en ciertos lugares, no es mito, es una realidad.

7. Cuando Hever pidió disculpas por haberse metido en el maniquí y haber asustado a Melisa, es claro, que nos deja saber que al ser energía etérea, pueden meterse no solamente en cuerpos físicos humanos, sino que también, en objetos y eso lo comprobé una vez más con otros casos que relatare mas adelante. Además Melisa reporto, que veía a su abuela Cándida en perros y animales, allí también estaba hablando de lo mismo, de la energía etérea que era su abuela en pena y se metía en animales.

Ahora bien, me pregunto, si… ¿también pueden meterse como energía etérea en el reino vegetal? En el mineral se que sí, me consta he tenido casos de desencarnados metidos en piedras. En el vegetal no me he encontrado casos pero ¿Por qué no? ¿Por qué habría de ser la excepción esta opción? casi me atrevo a asegurar que si.

8. Hever mencionó que se escondía para que no lo vieran, pues estaba quemado y no quería asustar a nadie, porque se sentía como un monstruo; esto me hace pensar que los desencarnados no solamente se quedan con la energía del dolor de todo el sufrimiento por el que han pasado, sino que además se queda la impresión física de como lucían al momento de su "muerte" o de desencarnar.

9. Fascinante, el momento en el que dice Hever: no entiendo como los desencarnados nos podemos meter en ti y hablar a través de ti, yo tengo mi teoría al respecto.

Mi teoría es la siguiente:

Energía etérea, dotada de energía pensamiento (el desencarnado) que está todavía en esta dimensión, pues por decisión propia no se ha elevado ni ha cruzado el umbral de la luz, si se fijan se darán cuenta que es el dolor, la confusión, el miedo, el apego, el enojo, el no entendimiento, etc. Lo que los mantiene aquí, esta energía etérea encuentra un cuerpo físico (el médium) que es energía materia compatible como receptor y transmisor de pensamientos o sea energía pensamiento.

Algo así como cuando buscamos una señal u onda de sonido o visual en una radio estación o un televisor, como cuando cambiamos los diferentes canales en la TV o emisoras radiales, ¿no es esto ciencia? ¿Les estoy hablando de algo que no sea científico, racional y lógico?

Entonces al encontrar esa vibración compatible con la vibración de ellos, que viene siendo el médium, que es el receptor, pueden comunicarse.

Pienso que definitivamente el problema de la incredulidad del ser humano, de negarse a creer que reencarnamos, está en la falta de lógica que le ponemos a las cosas y en la necesidad de ver para creer, se nos olvida que existe un mundo invisible al que no tenemos acceso por medio de los ojos físicos, pero que si abriéramos la mente y empezáramos a desarrollar nuestras habilidades psíquicas, empezaríamos a ver ese mundo invisible, y ni siquiera necesitaríamos inventarnos maquinas para verlo; pues nosotros ya estamos dotados con lo que se necesita para ver ese universo invisible, solo que no hemos desarrollado la capacidad de hacerlo y los médiums son almas reencarnadas que a través de su evolución han logrado desarrollar esas habilidades y pues en un mundo de ciegos, el que ve más allá de lo que la mayoría puede ver termina siendo un loco.

Eso por un lado, por otro lado lo que ya he dicho en mis anteriores libros, la manipulación de la información que hace la religión, que está dirigida por entes oscuros encarnados y desencarnados con el objetivo de mantener a la humanidad en la oscuridad, o sea en la ignorancia, así no nos enteramos ni siquiera quienes somos, de donde vinimos, ni para donde vamos, y mucho menos que reencarnamos; puesto que al no saber que reencarnamos nos pueden vender los diferentes programas y planes para salvarnos, puesto que si sabemos la verdad de que somos almas en evolución y reencarnamos una y otra vez para evolucionar y a través de la experiencia purificamos nuestra alma y llegamos a la perfección para así volver a casa, a la luz de dónde venimos, a Dios, no necesitaríamos la religión y entonces se les acabaría el negocio.

Obviamente en consecuencia mucho menos vamos a saber cuál es el objetivo de reencarnar, eso hace que creamos que vivimos una sola vez y mientras sigamos pensando que todo lo que tenemos es una sola vida y nos entreguemos a este limitado mundo material, olvidándonos de lo que verdaderamente somos, almas en evolución, el oponente que es la luz oscura, seguirá avanzando y fortaleciéndose; lo peor de todo es que muy pocos quieren escuchar, la mayoría se tienen que literalmente **"morir"** para empezar a creer, y otros que van y vuelven y siguen incrédulos.

Yo los invito a que empecemos a creer, abriendo la mente y el corazón en vida encarnada, ese es el objetivo de este y todos mis libros.

Pero ahora continuemos con más experiencias de los desencarnados.

Recibí una llamada de Melisa informándome que había sucedido algo muy extraño, que ella escuchaba una voz que le pedía ayuda; desde niña ella escuchaba voces pidiendo ayuda, pero esta vez, la voz provenía de un collar con un dije, al "hablar" con el collar o mejor dicho con la voz que salía del collar, le dijo que era un demonio que se había quedado atrapado allí, le di la instrucción que quemara ese objeto o que lo enterrara, ella me dijo que si, que lo iba a hacer.

Al día siguiente me volvió a llamar y me dijo que el demonio atrapado en el collar, le suplicaba que por favor lo llevara a mi oficina y que además, ya no era solo el collar, sino que además habían otros objetos que me quería mostrar, que también tenían entidades adentro, entonces hicimos una cita para vernos al otro día.

Nota:

¿Sorprendidos mis queridos lectores? Vaya que yo también lo estoy, pues vi con mis propios ojos estos objetos y así como Hever dijo que se había metido en el maniquí, estos desencarnados también se habían metido en estos objetos.

Al llegar Melisa a mi oficina lo primero que me mostro fue el collar, ella me dijo: es como si se moviera solo Mary Luz, ¡mira!

Melisa sostenía el collar de un extremo, cuando tú tienes agarrado un collar de esta forma, lo más lógico es que haga pequeñas oscilaciones, como se movería un péndulo, este collar se movía enérgicamente oscilando rápidamente de lado a lado, yo no pude menos que admirarme y admitir que entre más aprendo, mas reconozco mi ignorancia, esto era increíble para mi mente consciente, que vive dormida como la de mucha gente en este pequeño y ruidoso mundo material, pero la verdad es que mi alma reconoce esta información como cierta, no me cuesta para nada entenderlo, somos energía y punto, y la energía se manifiesta y se expresa de diferentes formas, las siguientes palabras expresan mejor esta idea.

Puse a Melisa bajo hipnosis, aunque ella sin necesidad de estar hipnotizada puede comunicarse perfectamente con el mundo del espíritu, pero yo quería y necesitaba saber más información de lo que estaba sucediendo y como podíamos ayudar.

Bajo hipnosis, Melisa dijo lo siguiente y les advierto que lo que dice a continuación es todavía más impresionante, mis ojos lo vieron y mis oídos lo escucharon, estas entidades en verdad pueden hablar a través de cuerpos humanos, de médiums como Melisa.

Ante mis ojos la voz de Melisa y el aspecto relajado y de descanso que tenía, cambió, podía hablar con su misma voz pero era evidentemente más gruesa o grave y dijo:

Melisa: soy un demonio que quede atrapado en este collar, por favor no me quemes, ni me entierres, ayúdame, estoy arrepentido.

Mary Luz: ¿cuál es tu nombre?

Melisa: prefiero no decirte, pues los nombres tienen poder, no es conveniente para ti, que sepas mi nombre.

Nota:

Con la respuesta que me dio, me di cuenta que en verdad estaba arrepentido, pues con los nombres se abren puertas, así que le dije:

Mary Luz: ¿cómo te puedo ayudar?

Melisa: estoy arrepentido, hay dos niveles abajo, el purgatorio y el inframundo que es el último nivel de la Tierra.

Mary Luz: ¿y a donde necesitas ir tú?

Melisa: debo ir al inframundo, pero por favor no me quemes ni me entierres, te lo ruego, si me queman quedare 1000 años humanos penando, si me entierran 500 años humanos penando, ¡por favor ayuda estoy arrepentido!

Nota:

En ese momento hubo una interrupción y la voz de suplica del que estaba hablando cambio por una voz enojada y retadora, que dijo lo siguiente:

Melisa: ¡cállate, estúpido! ¿Cómo fue que te fuiste a quedar atrapado en el collar?

Mary Luz: ¿quién habla?

Melisa: soy el jefe de este tonto, soy un demonio mayor, ¡no te metas con mis hijos!

Mary Luz: en el nombre de la luz, di lo que tengas que decir y vete de aquí.

Melisa: aquí no puedo decirte todo lo que te quiero decir, no me dejan.

Nota:

Entonces recordé las palabras que una vez Joel me dijo cuando estaba escribiendo el libro de CREE.

Mary Luz ten mucho cuidado cuando trabajas con otro tipo de entidades de la luz oscura, nunca hagas esto afuera de tu oficina, aquí estas protegida, afuera no.

Si, yo sé lo que algunos pensaran de mi, Mary Luz está más loca de lo que pensábamos, pues queridos lectores a este punto de mi existencia, con todo de lo que me he enterado que hay en el mundo del espíritu, lo que menos me interesa es mi reputación, sé que hay algunos que no me tomaran en serio, pero también sé que este mensaje llegara a quienes estén listos a recibirlo y entenderlo, si me cuesta mi reputación me la juego.

Mary Luz: si no vas a hablar deja que el otro hable.

Melisa: él es mi jefe, el demonio mayor y está muy enojado porque me quede atrapado aquí, pero yo ya estoy cansado, ya me quiero ir a donde me tengo que ir. ¿Puedo pedir un último favor?

Mary Luz: si dime.

Melisa: ¿podrías decirle a tus ángeles, que por favor me lleven un poco de agua a donde me voy?

Mary Luz: si lo haremos, pero antes de irte, ¿te gustaría rezar una oración conmigo?

Melisa: ¿rezar? Si, creo que me acuerdo de eso.

Mary Luz: solo repite después de mí.

> *Nota:*
>
> *Lo que sucedió a continuación fue un momento hermoso, he sido testigo de cosas fantásticas en mi oficina, que me hacen amar cada vez mas mi trabajo y misión, que me dan la fortaleza para seguir adelante sin importar lo que se diga y piense de mi y esto que sucedió fue algo conmovedor.*

El demonio arrepentido empezó a repetir el padre nuestro después de mi, lo decía con la voz entrecortada y Melisa miro al cielo y luego de eso dijo gracias, ya me voy.

Me conmoví hasta las lagrimas, vaya que fue bello confirmar una vez más el infinito amor que tiene el creador por nosotros, pues a esta alma que había hecho tanto daño, hasta el punto de convertirse en un demonio, le había dado la oportunidad de arrepentirse y él la había aceptado.

Luego de recuperarme de tan bella experiencia, le dije a Melisa ¿estás bien?

Si, me contesto ella.

Me disponía a darle una instrucción a Melisa cuando ella bruscamente interrumpió diciendo:

Melisa: soy una sombra.

Mary Luz: ¿quién habla?

Melisa: estoy en una de las figuras que trajo Melisa.

> *Nota:*
>
> *Inmediatamente vi una caja que había traído Melisa, en la que se encontraba una figura como de un árbol y un pájaro, también habían 2 pajaritos y 2 angelitos, todas eran figuras hechas en yeso o un material parecido al yeso, Melisa me dijo al llegar que las compro en la tienda del dólar, pero que las había traído porque percibía algo extraño con ellas.*

Mary Luz: ¿en cuál estas y quien eres?

Melisa: estoy en la que tiene un árbol y un pájaro, soy una sombra, primero eres una sombra y luego te conviertes en demonio.

Mary Luz: ¿qué quieres?

Melisa: quiero cambiar, soy una bruja negra, he hecho muchas maldades pero ahora quiero cambiar, solo que no sé cómo ser buena.

Mary Luz: ¿cuál es tu nombre?

Melisa: Macüiga me llamo, viví en Haití cuando estaba encarnada, conocí a los familiares de Melisa.

Melisa debe saldar deudas de sus ancestros, pues ella los ayudo a pasar a la luz pero quedaron deudas pendientes, pido ayuda para cambiar.

Mary Luz: para eso debes estar arrepentida de corazón y pedir perdón.

Melisa: si lo estoy, estoy arrepentida y pido perdón a todas las almas que lastime.

Mary Luz: ¿a dónde te tienes que ir?

Melisa: debo ir al limbo primero antes de ir a la luz.

Mary Luz: muy bien, mira al lado derecho, se abrirán las puertas del limbo para ti.

Melisa: si, allí está, gracias.

La verdad es que Melisa no me dejaba ni tomar aliento, pues enseguida empezó a hablar nuevamente.

Melisa: aquí estamos.

Mary Luz: ¿quiénes?

Melisa: somos unos niños desencarnados.

Mary Luz: ¿cuántos son?

Melisa: somos 4

Mary Luz: ¿cuáles son sus nombres y edades?

Melisa: yo soy Mateo y tengo 8 años, soy el mayor por eso hablo por ellos, Abel tiene 5 años, María 3 años y Jacob de 2 años. Perseguíamos a la hermana menor de Melisa, porque el demonio que la abuso a ella el demonio grande abuso de nosotros cuando estábamos encarnados, cada vez que encarna el papá de Melisa, encarna en demonio; desencarnamos pero estamos penando, no sabemos qué hacer estamos muy asustados, nadie nos puede ver ni escuchar, por eso seguimos a la hermana de Melisa, porque ella si nos puede ver y escuchar; además nos entiende porque a ella también la abuso el demonio grande y ahora nos metimos en estos angelitos y pajaritos para escondernos de los demonios porque ellos nos persiguen y nos pegan, abusan y lastiman, aunque no tengamos carne, nos pueden seguir abusando, ¡ayúdenos!

Mary Luz: si no se preocupen les ayudaremos, ¿están listos para irse?

Melisa: si.

Mary Luz: tómense todos de las manos.

Melisa: si ya estamos tomados de las manos.

Mary Luz: miren al lado derecho y piensen en que quieren ir a la luz y una puerta se abrirá.

Melisa: si, ya la vemos.

Mary Luz: caminen por allí niños, vayan a la luz.

Melisa: Mary Luz ya se fueron, ahora si soy yo Melisa la que habla, debo decirte algo, es una voz que me habla, dice: hay demonios grandes detrás de las compañías que hacen las medicinas, los niños que diagnostican con **ADHD** en verdad son seres con dones especiales que pueden ver el mundo invisible.

Hay demonios avariciosos, que inventan las enfermedades mentales y las medicinas, por ejemplo en 1 año de medicamentos para un niño con supuesto **ADHD** son $ 3.000 al año $ 300 al mes, mas ir a las terapias con el trabajador social, el psicólogo y al psiquiatra por la receta para la medicina, todo es un sistema hecho para obtener ganancias de una supuesta enfermedad que no existe.

Medican a los que tienen dinero para pagar la medicina, o a los que tienen un buen seguro que las paga, los que no tienen dinero se salvan de la medicina.

Todas las almas que participan de este sistema se están condenando, las almas que se acaban de ir llevan muchos años esperando por justicia.

Llega Melisa a una nueva sesión, luego de una rápida inducción hipnótica Melisa cae en un profundo trance, no tengo necesidad de darle ninguna instrucción puesto que ella rápidamente empieza a hablar:

Melisa: Ayúdenos por favor, estamos en el freeway (avenida rápida).

Mary Luz: ¿quién habla?

Melisa: nos han puesto sabanas sobre nuestros cuerpos, estamos tirados allí y no podemos regresar a nuestros cuerpos.

Mary Luz: ¿qué sucedió?

Melisa: amamos este lugar y además no era el tiempo de irnos.

Mary Luz: ¿cual lugar? ¿Donde están?

Melisa: en el 610 y 45 también hay varios esperando ayuda en Edgebrook y 45 le llamamos siempre a Melisa, cuando pasa por aquí para que nos ayude

>*Nota:*
>
>***Estas direcciones que me acababan de dar son lugares cercanos a la casa de Melisa aquí en Houston Tx.***

Mary Luz: ¿por qué están allí?

Melisa: íbamos en un carro y de pronto vimos nuestros cuerpos tirados y ya no podemos regresar a ellos, nadie nos ve ni nos escucha, solo Melisa, hay varios aquí esperando por ayuda, pero solo Melisa nos ve y nos escucha; además siente nuestro dolor, ella es un vehículo, tiene un cuerpo para que podamos usarlo, ¡por favor ayuda!

Mary Luz: si los vamos a ayudar.

Melisa: soy yo Mary Luz, Melisa, los que están en la línea se han enojado, dicen que como es que estamos ayudando a gente que no hace la línea y que ellos llevan tanto tiempo guardando un puesto en la línea, esperando a ser cruzados y otros simplemente llegan y los ayudan.

Mary Luz: si entiendo, tienen toda la razón, lo siento, los que están en el freeway por favor hagan la línea, deben ponerse en línea para que sean ayudados, eso es lo justo.

Melisa: Mary Luz, tengo un letrero en mi espalda que dice: todos deben respetar la línea, el que no la respete tendrá consecuencias y por intentar pasarse al frente de la línea, inmediatamente pasara al final de la línea.

Mary Luz: escúchenme todos, Melisa es la que está a cargo, solo ella atiende su línea y tendrán que respetar las reglas, cada uno será atendido en el orden que le corresponde, ¿entendieron?

Melisa: dicen que si Mary Luz.

Luego de esta aclaración procedí a hacerle una regresión a Melisa, ella llorando dijo lo siguiente:

Melisa: Estoy en la casa de mi tía, tengo 10 años, mi nombre es Melisa, mi tía me manda a traer una olla; está con nosotros mi primo, el que le gusta pegarle a las mujeres, solo con una mirada ya sé que me va a pegar.

Vivo aquí como una arrimada y si él ve a mi hermanita Karen también le van a pegar, prefiero que me peguen a mí que a ella, total, ya estoy acostumbrada, mi primo tiene 25 años, él cree que soy de su propiedad se ensaña conmigo.

Entonces le doy una instrucción para que busque otro momento de su niñez, ya que naturalmente ella se regreso en el tiempo desde el principio a su niñez en su vida presente, entonces Melisa dice:

Melisa: Ahora tengo 12 años, estoy en Houston, tengo nervios mi madre me va a pegar, una vez más me golpeara, me dice que no sirvo para nada, que soy una inútil, que cuando me case no voy a servir para nada, nos insulta a mí y a mis hermanas, dice que somos lo peor de su vida, que todo es de ella, nos dice muchas groserías que soy una p... Me sigue golpeando quiere obligarme a ser la novia de alguien que es mayor que yo, un hombre que tiene 28 años porque es conveniente para mi, ya que tiene con que mantenerme y además va a la iglesia, siempre hay un demonio allí detrás de ellos... de mis padres, pero no digo nada ¿para que? si nadie me cree.

Siempre están preocupados de que yo o alguna de mis hermanas le hablemos a la policía, mi padre también me golpeo recientemente, fueron tan fuertes los golpes que no me puedo ni sentar del dolor, y siempre mi madre me revisa para ver si ya perdí la virginidad.

Limpio, lavo, hago todo, trabajo forzadamente para que no me peguen, pero no sirve de nada, igual me golpean y me insultan, me dicen que no hago nada, no puedo decir nada, debo permanecer callada, no me puedo expresar, solo debo callar… y yo callaba.

Esto era muy doloroso, así que le dije que era momento de sanar, que por favor pusiera atención a sus sentimientos, que solo los dejara salir, pues ya no debía guardarlos más dentro de ella, le dije:

Melisa permítete sentir, siente, solo siente, deja salir de raíz todos tus sentimientos, ya no los guardes mas, siéntelos fuerte como si te invadieran todo el cuerpo, no los detengas mas y dime ¿que sientes?

Melisa:

- Dolor

- Angustia

- Humillación

- Abuso

- Tristeza

- Obligación de trabajo forzado

- Siento la responsabilidad de cuidar niños, limpiar, trabajar…

- Debo callar

Mary Luz: ¿algo más?

Melisa: no, eso es todo.

Mary Luz: ¿dónde te duele más?

Melisa: en mi pecho Mary Luz, me duele el corazón.

Melisa jadeaba y tenía sus dos manos en el pecho, le di instrucciones para dejar ir el dolor y quedarse con la sabiduría de la experiencia vivida, ella limpio todo ese dolor atrapado en su corazón y lo transformo en conocimiento.

> *Nota:*
>
> *Para todos aquellos que creen que la enfermedad del cuerpo y de la mente solo tiene explicaciones científicas, debo decirles que sí, la explicación es científica, pero incluyendo al mundo del espíritu, puesto que lo espiritual es científico.*
>
> *El desamor que otros nos dan, los sentimientos y experiencias dolorosas son las que enferman la mente y el cuerpo, además el alma, todo está entrelazado e inevitablemente interconectado, aunque muchos insistan en hacernos creer que solo somos seres hechos de materia; no puedes separar la mente y el cuerpo del alma, yo pregunto ¿se puede sanar con una pastilla el alma? ¿Cómo pueden hacernos creer que con una*

pastilla nos pueden sanar el desamor del abuso, el sentimiento de tristeza, la humillación, la angustia, la ira, el sentimiento del el abandono y en general el dolor que nos causamos unos a otros? ¿Acaso una pastilla te cura estos sentimientos? ¿Acaso los sentimientos del dolor se pueden curar con pastillas? ¿Quién está peor de desubicado? ¿El que intenta engañarnos con este cuento o el que decide creer?

Intenta sanar el cuerpo o la mente y habrás puesto una curita en una herida que viene del alma. SANA el alma y la enfermedad desaparecerá, pues toda enfermedad física o mental tiene su raíz en el alma. Luz

Yo quería terminar la sesión pues ya Melisa había pasado por mucho dolor, pero no me dejaban ni hablar, seguían llegando desencarnados; Melisa es un canal abierto donde cualquier desencarnado se puede comunicar y ella se los permitía con amor, lo hacía con mucho amor, esto fue lo que dijo:

Melisa: soy Aber Revorllar, estoy en la línea, solo quiero que los que sean médiums y brujos blancos, los que tengan algún don para ayudarnos a los desencarnados, que por favor nos ayuden.

Los encarnados tienen a muchos médicos, los desencarnados tenemos pocos que nos ayudan, pues los que tienen este don no lo usan, o lo usan para mal.

– Yo soy Mateo, también quiero decir algo, yo no sabía que estaba muerto, solo veía un montón de gente alrededor; al principio no entendía, pero entonces después me di cuenta, que morí manejando borracho y necesito que me perdonen, pues mate a alguien que estaba manejando bicicleta, por favor perdóneme, él está haciendo fila también, perdóneme... gracias, muchas gracias, ya me dijo que me perdonaba.

- Soy yo, la mujer de blanco, también quiero mandar un mensaje, me iba a casar, tengo puesto un vestido de novia, que se sostiene en el dedo de en medio, está lleno de encaje, es muy bello, estoy en la fila... la tristeza y el dolor me han mantenido aquí.

- Soy un desencarnado, Evaristo me llamo, me mataron a los 90 años, un ladrón me mato, lo mandaron a matarme, yo era un político, me quede aquí por el dolor de mis hijos, de mis nietos, por la impotencia, el coraje, todo eso siento, por eso estoy aquí.

- Soy un demonio, un ángel caído, si, soy yo Melisa, el que viste en el espejo de donde trabajas, he usado los portales que se abren cuando la gente adora santos oscuros como la santa muerte, cuando la gente hace esto estan adorando demonios y ángeles caídos, así como yo estoy en el espejo hay otros conmigo, también hay desencarnados, la dueña de este lugar está muy triste y nos alimenta con su tristeza, por eso estamos aquí, pero ya estoy cansado, ya me quiero ir.

Mary Luz: ¿a dónde te tienes que ir?

Melisa: al purgatorio.

Mary Luz: has la fila debemos respetar la fila.

Melisa: si entiendo, iré a la fila.

Al terminar de hablar, me apresure y le dije a Melisa, ya detenlos, diles que es suficiente por hoy, que a todos se les dará la oportunidad de hablar y se les ayudara a cruzar el portal, pero debe ser en orden, diles que entendemos su desesperación, pero que hay que respetar las reglas y tu vida.

Melisa: no se los tengo que decir Mary Luz, ellos te escuchan.

Muy bien Melisa es hora de despedirse y regresar.

Melisa: si entiendo.

Le di un comando para que emergiera de su estado de hipnosis, al salir del trance, Melisa me dijo que estaba bien y se sentía con energía, entonces, le recomendé que hiciera un horario de trabajo para trabajar con los desencarnados, para que atendiera su línea y la fuera moviendo diariamente, todo con orden y disciplina, le di ideas de cómo organizar las 24 horas del día de forma que atendiera su vida, familia, trabajo, y además moviera la línea, ella me agradeció y dijo que así lo iba a hacer, que iba a tener un horario diario para atender a los desencarnados.

Melisa llega reportándome que se siente muy bien, que ha organizado su tiempo para atender todos sus quehaceres y además, ya estableció su horario para atender la línea de los desencarnados.

Comenta que ha tenido contacto con una de sus abuelas Maicumbé, y que le dijo que por favor viniera a verme pues quiere decir algo.

Luego de nuestra conversación, le hago una inducción rápida en el cual Melisa cae rápidamente en un profundo trance y para mi sorpresa habla con acento portugués, aunque hablaba en español tenía acento portugués, todo lo que dice es el resultado de mis preguntas, dice lo siguiente:

Melisa: soy la abuela de Melisa, Maicumbé, yo he pedido que me enseñen que es lo que está sucediendo conmigo, sé que vengo de África, yo no me acuerdo en que tiempo viví en Honduras, cuando no estás encarnado te confundes con todas tus vidas y es muy difícil darte tiempos o respuestas exactas.

Mis padres eran esclavos, yo soy descendiente de segunda generación de zambos libres, he sido una bruja mala, yo quiero cambiar, Omaira y Menina (Menina es Melisa) me ayudaron a entender que debo cambiar. El ángel Magüel (Emmanuelle) me dijo que si quiero ir al lado de Menina debo cambiar.

Yo amo cuidar a Menina, sufro por Menina y me siento muy mal por haber matado a su perro, yo soy la abuela de Mónica (mamá de Melisa, nombre cambiado para proteger su identidad), pero ella no dijo nada para que no se supiera nada de que somos descendientes de negros, es un secreto que quieren guardar en la familia y hasta después de muertos guardamos ese secreto.

En vida viví cerca de un cementerio, era un buen lugar para vivir, pues me servía para mis rituales de brujería oscura; estar cerca del cementerio no era casualidad, yo escogí vivir allí, pues era muy conveniente para mis rituales, ya que necesitaba trabajar con espíritus oscuros.

La zamba era lo que yo conocía, rituales africanos, matábamos animales para ofrecérselos a los espíritus, para mí, Dios era un coco, simplemente un coco, de los que crecen en la mata de coco.

Un vecino me daba cosas para vender, yo era muy ambiciosa y junto con lo que vendía, mas mi brujería tuve mucho dinero.

Tuve joyas, hombres que yo hechizaba, condene mi alma por dinero y maldad.

Menina necesita un escudo para que la proteja a ella y a su familia, ella me ha ayudado y yo quiero ayudarle a ella, para así poder cambiar la historia de nuestra familia, yo no creía en Dios, no lo conocía, Menina me ha hablado de él, yo creía que Dios era un coco, ahora poco a poco voy creyendo en Dios con lo que ella me cuenta, él es bueno, yo quiero cambiar.

Menina te ha traído una foto de el esposo de mi hija Cándida, allí podrás ver Mary Luz, las caras de familiares desencarnados pegados a la energía de él.

Siempre hemos muerto antes de los 60 años, con unas muertes muy feas y desesperadas, desde que morí he sido una sombra, aunque ahora estoy cambiando y hay partes de mí en las que me está saliendo una luz, es en mi pecho, donde me sale una luz.

Bueno, me tengo que ir, yo sé que Menina fue la que vino a la sesión contigo Mary Luz, gracias por escucharme.

Luego de esto le di una instrucción a Melisa para que viajara a través del tiempo y del espacio y buscara un momento de su existencia que necesitara recordar para sanar, Melisa entonces dijo lo siguiente:

Melisa: observo letras árabes… sí, yo fui árabe, mi nombre era Eva, viví en Arabia Saudita, estoy en el año 1280.

Tengo esposo y 4 hijos, mi esposo y mis hijos son los mismos de esta vida, aunque lucen diferentes; mi esposo se llama José y mis dos hijos, la niña Eva y el niño Josué, la otra es una que tendré en el futuro se llama Ana y me falta reconocer un hijo mas, no sé quién es esa alma… si Mary Luz, estoy mirándola a los ojos para reconocerla es, es… mi hermana Hilda (hermana en esta vida) ella ha sido mi hija en otras vidas.

Ella se llama María, mi María… se la llevaron unos hombres con velos en la cara, se cubrían la cara, son unos campesinos que les pagaron para raptarla, la mamá de ellos estaba ciega, se la llevaron para pedir rescate.

Nosotros tenemos mucho dinero, veo velos bordados de oro, encajes en oro, en la ropa y las decoraciones de mi casa.

La gente me agradecía mucho, pues curaba a la gente de demonios, espíritus o de brujería, cuando les habían dado de comer cosas con brujería yo los ayudaba.

A los que se llevaron a mi hija no los pude ayudar, porque no eran ellos los enfermos era su mamá y nunca me llevaron a su mamá, entonces se enojaron y por eso aceptaron el dinero para raptar a mi María.

Se llevaron a mi pequeña María de un año y medio, ellos confundidos porque creían que yo no quería ir a ver a su mamá, me quitaron a mi bebe, pero la verdad es que yo no podía ir a la gente, ellos tenían que venir a mí.

Ahora ellos están aquí, me están tapando los ojos, se llaman: Jacobo y Moisés, están aquí Mary Luz, Moisés quiere hablar:

Nota:

La voz que salió de la boca de Melisa era diferente, ella había servido de vehículo para que desencarnados, ángeles y demonios hablaran a través de ella, y sí, en algunos casos le cambiaba el tono de la voz y hasta el acento con el que hablaba, en ocasiones habló en otros idiomas, como Árabe y portugués y otros idiomas que ni siquiera reconocí, pero en este momento su voz era muy grave seguía siendo su voz pero con tono como el de un hombre.

Melisa: soy Moisés, ella no ayudo a mí mamá, le hicieron brujería en sus ojos.

Yo soy Jacobo también estoy enojado, pues nos mataron por recuperar a la niña, por eso le tapamos los ojos para que no vea.

Mary Luz: Moisés y Jacobo, deben entender, que el trabajo de ella, era ayudar a sanar a los que llegaran a ella y ustedes nunca le trajeron a su mamá, es momento de que se liberen de ese enojo y se vayan a descansar, además deben pedir perdón por lo que han hecho, pero deben de hacerlo de corazón, ¿están listos para pedir perdón y seguir su camino?

Melisa: si ya entiendo, habla Jacobo, Moisés también dice que entiende y los dos pedimos perdón, ya hemos penado durante muchos años por esto.

Mary Luz: Melisa, ¿tú los perdonas?

Melisa: si, los perdono, y ya me quitaron las manos de los ojos.

Mary Luz: muy bien, miren al lado derecho y busquen la luz, sigan su camino.

Melisa: se han ido Mary Luz.

Melisa no paraba era uno tras otro el que hablaba por medio de ella.

Melisa: estoy desde 1954 en la casa de Melisa.

Mary Luz: ¿cuál es tu nombre?

Melisa: Alisha me llamo, mate a mi hija Alisha, la ahogue cuando ella tenía 5 años, también mate a mi esposo, para que no me delatara... con una almohada lo asfixie cuando él estaba durmiendo.

Mary Luz: ¿que necesitas?

Melisa: me gusta el esposo de Melisa, pero él ama a Melisa.

Mary Luz: ¿esa es la razón por la cual estas en su casa?

Melisa: si, he estado penando todos estos años, yo me volví loca, esquizofrenia... fue lo que dijeron que tenía.

Mary Luz: ¿estás lista para irte?

Melisa: si, por favor, ya no quiero hacer más maldades, ya quiero descansar.

Mary Luz: ¿sabes a donde te tienes que ir?

Melisa: si, debo pagar lo que he hecho, llevo tanto tiempo aquí y he hecho tantas maldades, que me estoy convirtiendo en una sombra.

Mary Luz: si en verdad estas arrepentida, debes pedir perdón de corazón.

Melisa: pido perdón de corazón a mi hija, ella me dice que me perdona y que me ama, dice que va a nacer para enseñarme a amar, pero que va a nacer sin poder hablar.

También a mi esposo le pido perdón... él también me ha perdonado.

Mary Luz: busca la puerta por donde te tienes que ir.

Melisa: si, ya se abrió, gracias.

Melisa continuaba sorprendiéndome cada vez más, había mejorado notablemente, el haber ido conociendo su historia por medio de las regresiones, le hacía entender cada vez mas todo lo que le había pasado en su vida presente y esto le ayudaba a sanar sus heridas; además que había descubierto cual era la misión que tenia.

Literalmente caben las palabras que escribí en mi primer libro:

"Ayudando a sanar a otros estas sanando tu mismo, todos somos UNO." Luz

Melisa se presenta a sesión, contándome que se sentía muy bien, luego de hablar un rato acerca de su mejoría, hicimos una sesión de hipnosis regresiva.

Melisa: soy Eva, estoy sola en un cuarto, se ve como árabe, tengo ropa de muchos colores, la uso dependiendo de lo que voy a hacer.

Mary Luz: ¿a qué te refieres con lo que vas a hacer?

Melisa: a mi trabajo.

Mary Luz: ¿cuál es tu trabajo?

Melisa: ayudo a sanar a la gente.

Mary Luz: ¿cómo?

Melisa: como lo hago ahora, ayudo a sacar desencarnados de otras personas, con amor, firmeza y respeto.

Mary Luz: ¿podrías ser mas especifica y explicarme de que hablas?

Melisa: así como hay desencarnados que se quedan penando después de desencarnar, y se quedan vagando por lugares, también hay desencarnados que se pegan a la energía de los que están encarnados.

Mary Luz: ¿cómo es que pueden hacer eso?

Melisa: sencillo, se meten en la energía del encarnado, porque el encarnado consciente o inconscientemente da permiso para que se metan y se convierten en uno, o sea 2 almas en un cuerpo.

También se puede hacer por medio de brujería, otras personas hacen la brujería y les mandan espíritus a personas que quieren lastimar.

Mary Luz: pero tengo entendido que el libre albedrio de las personas, es muy importante en casos así, si tú no autorizas este tipo de invasión, no lo pueden hacer.

Melisa: si, es cierto, pero a la gente que le hacen brujería, consciente o inconscientemente abren la puerta para que entren estas energías, pues se confunden creyendo que son su propia mente.

Nota:

Quiero detenerme aquí un momento, para dar una explicación más amplia de cómo funciona esto:

El libre albedrío, es un concepto muy importante a tener en cuenta aquí, puesto que es, el derecho a elegir.

Dios, el creador, la energía suprema o como lo quieran llamar, nos da el derecho a elegir:

Podemos elegir a la luz sobre la oscuridad, o la oscuridad sobre la luz.

El libre albedrío es la libertad de escoger el camino a seguir y es una ley de la evolución del alma humana, absoluta y estrictamente respetada a nivel espiritual.

<u>Por esta razón nadie puede dañarte sin tu permiso.</u>

Entonces se preguntaran ustedes, ¿cómo es que alguien le manda una brujería a otra persona y esa brujería puede entrar?

Esta es la forma como yo lo veo, que aunque suene como cosa de broma, lo de la brujería en realidad es un asunto muy serio y con una explicación que yo veo muy lógica.

Para mí, la brujería no es otra cosa, que el uso del poder espiritual de los humanos, en forma de energía de luz o en forma de energía oscura, en otras palabras, brujería blanca o brujería negra.

Un circuito de energía tiene dos polos, uno positivo y uno negativo, 2 vibraciones opuestas pero que pertenecen a un mismo circuito y en lo que llaman brujería, lo que utilizan es energía, que va a ser recibida por un cuerpo hecho de energía, que puede estar vibrando en cualquiera de los dos polos.

¿Que son esos poderes espirituales de los que hablamos? sencillo, son las leyes naturales con las que se mueve la energía del universo.

Los llamados brujos, no son otra cosa, que alquimistas, que conocen y utilizan el conocimiento de las leyes de la naturaleza para mover la energía en diferentes frecuencias vibratorias, ya sea para hacer lo que llaman: el bien o el mal, dependiendo si trabajan para la luz blanca o la luz oscura.

Hay dos fuerzas que se chocan diariamente en el mundo visible y en el mundo invisible, las fuerzas de la luz y las fuerzas de la luz oscura, los dos tienen conocimiento de cómo funciona el universo y utilizan este conocimiento, para su propósito que es ganar almas.

La luz trabaja para ayudar a las almas a llegar al principio único, creador o a Dios, o como ustedes lo quieran llamar.

La luz oscura, trabaja para impedir que las almas lleguen a Dios, hacen todo lo posible para que detengan su evolución.

Aquí les compartiré una frase que un invisible me dijo, que viene como anillo al dedo:

"Los seres humanos no saben quién son y por eso es tan fácil para los oscuros seducirlos. Es muy conveniente, para los oscuros la ignorancia en la que viven los humanos". LI

¿Teniendo en cuenta que estas dos fuerzas tienen como ley respetar el libre albedrío, cómo es posible que una brujería oscura pueda entrar en una mente

o un cuerpo energético, que supuestamente no le permite el acceso?

Bueno, es de la forma como lo está explicando Melisa, porque consciente o inconscientemente son autorizados para entrar, como también ya está dicho en libros sagrados, <u>"mi casa es mi fortaleza"</u>.

La casa del alma es el cuerpo, que también está dotado por una mente, somos 3 en uno y estos 3 componentes funcionan conjuntamente como energía que son, y esta energía se manifiesta en un ser humano de la siguiente forma:

<u>**Manifestaciones de la energía humana:**</u>

Alma= energía etérea

Cuerpo= energía materia

*Mente =*energía pensamiento

Si una persona tiene frecuencia vibratoria baja y lenta: como lo es la vibración del pensamiento negativo, de la tristeza, preocupación, enojo, rencor, odio, miedo, angustia, etc y todos los sentimientos de sufrimiento que puedas enumerar, esta frecuencia vibratoria atraerá seres visibles e invisibles que vibran bajo.

Pero si por el contrario una persona vibra alto: pensamiento y sentimiento positivo como el amor, la honestidad, la justicia, equidad, verdad, compasión,

cariño etc. Atraerá igualmente frecuencias vibratorias que tengan la misma equivalencia en la que vibra.

También es importante entender que la oscuridad no puede vivir en la presencia de la luz, igualmente como un cerillo o fósforo encendido en un cuarto completamente oscuro, consume el pedazo de oscuridad que esta iluminando y aunque el cuarto este completamente oscuro alrededor, no puede consumir el pedazo de luz donde esta encendido el cerillo; para más claridad acerca del concepto que estamos esclareciendo, hay una ley de la física que lo explica claramente:

Ley de la vibración: "nada está inmóvil todo vibra" este principio de la física enseña que todo está en perpetuo movimiento, nada permanece estático.

Lo cual significa que las diferentes manifestaciones de la energía tienen diferentes grados vibratorios, cada persona, vegetal, animal, mineral o cosa tiene su propia frecuencia vibratoria en el mundo visible e invisible y cada entidad, por llamarlo de alguna manera, tiene su propia frecuencia vibratoria en el mundo invisible.

Los seres humanos somos seres electromagnéticos y por ello estamos usando consciente o inconscientemente la energía llamada magnetismo. Somos imanes que atraemos hacia nosotros, las vibraciones similares a la vibración que nosotros emitimos y de igual forma emitimos vibración que nos atrae hacia otros.

LA VERDADERA HISTORIA DE LA HUMANIDAD

Si estamos vibrando bajo, abriremos consciente o inconscientemente la puerta de nuestra casa, para que entre lo que nos mandaron por medio de lo que llaman brujería. En otras palabras, te mandan la energía oscura que es como una semilla y llega a tierrita fértil para que se pegue al humano con vibración baja a donde lo mandaron; o por el contrario si te mandan bendiciones y vibraciones de amor altas, y tu estas vibrando alto también llegan a ti.

Aclaro ¿Pero qué pasa con los que están vibrando bajo y se les manda vibraciones de amor altas? Aquí también funciona el concepto de que la oscuridad no puede en contra de la luz, puesto que aunque la persona a la que le enviaron la vibración de amor, este vibrando bajo, le llegara la vibración alta, un pensamiento amoroso tiene el poder de elevar la frecuencia vibratoria de quien vibra bajo.

Ejemplo: Si alguien esta depresivo, preocupado, enojado, ansioso, o sufriendo de alguna manera y lo quieres ayudar, la mejor forma es la oración y los pensamientos amorosos hacia esta persona, puesto que ayudaran a elevar su frecuencia vibratoria que es baja.

Igualmente funciona esto con los conflictos de los países y el mundo en general, es lógico que las personas al ver, las guerras, matanzas, violencia del mundo, generen pensamientos y sentimientos de tristeza y falta de esperanza, sin saber que en realidad alimentan el dolor por el que sufren, pero si al ver el dolor de la humanidad, hacemos oración con amor y tenemos pensamientos de fe y esperanza, esto colaborara con la elevación de la vibración baja del dolor.

En otras palabras cuando veas sufrimiento, no te conectes a la frecuencia baja y lenta del dolor, por el contrario envía la frecuencia vibratoria alta del amor y colaboraras con que suba la frecuencia vibratoria del dolor.

Pero continuemos con la regresión de Melisa.

Mary Luz: ¿cómo haces para ayudarlos?

Melisa: con tomarlos de las manos, me doy cuenta de lo que está sucediendo y así mismo, puedo sacarles lo que traen pegado a su energía... la gente llega con mucho sufrimiento.

"Muchos necesitan sufrir para sanar" Eva (Melisa)

Mary Luz: sabias palabras Melisa, no lo pudiste haber dicho mejor.

Ahora cuéntame ¿por qué usas ropa de diferentes colores?

Melisa: porque cada color sirve para la intención con la que voy a trabajar.

Mary Luz: ¿podrías explicarme cómo es que eliges cada color?

Melisa: si, cada color sirve para diferentes cosas que tengo que hacer:

Lunes: utilizo el blanco, para purificar y sanar.

Martes: azul, para limpiar, sanar, calmar y proteger.

Miércoles: amarillo para limpiar y sanar.

Jueves: verde, para ayudar a viajar a otro lugar. Re-empezar, esperanza.

Viernes: morado, es el borrador universal.

Sábado y Domingo: son para mi familia; soy muy feliz, tengo paz en mi alma, hago lo que tengo que hacer y eso me libera.

Nota:

Como experimento le hice preguntas acerca de cosas que ya me había dado las respuestas espontáneamente en su conversación sin que yo se lo preguntara, algunas veces lo hago como forma de validar la información que el cliente me esta dando.

Mary Luz: ¿confírmame por favor cuál es tu nombre?

Melisa: Eva.

Mary Luz: ¿tu edad?

Melisa: 32 años.

Mary Luz: ¿en qué año y país estas?

Melisa: 1800, Arabia Saudita.

Mary Luz: mencionaste que el sábado y el domingo es para tu familia, ¿quién es tu familia?

Melisa: soy casada, Josué es mi esposo, es mi mismo esposo de esta vida y tengo cuatro hijos que son mis mismos hijos de esta vida.

María que en esta vida es Hilda que es mi hermana menor en esta vida, pero ella ha sido mi hija, Ana que en esta vida es mi hija Karen, Anali que es una hija que tendré en el futuro y Josué que es mi hijo Marcelo en esta vida.

Mary Luz: ¿hoy es un día especial o común y corriente?

Melisa: hoy es un día especial, pues elegí este día para sanar de blanco.

Mary Luz: muy bien Melisa, ahora vamos a movernos a través del tiempo, puedes ir al futuro o al pasado, voy a contar de 3 a 1 cuando llegue a 1 estarás en otro momento importante de esta misma vida como Eva ¡3, 2,1!

¿Dime dónde estás?

Melisa: estoy dando a luz a mi primer hijo… a Josué, se llamara como su padre, esta mí esposo de rodillas, levanta las manos y dice:

¡Ma sha allah! también está mi suegra, que es mi misma suegra en esta vida.

Mary Luz: ¿está alguien de tu familia?

Melisa: no tengo familia, solo están mi esposo, mi suegra y la partera, por eso vine a este momento Mary Luz, porque no tengo una familia y este es un momento importante para mí en esta vida, porque empiezo mi propia familia.

Mi suegra me recogió, yo le ayudaba en su casa y su hijo se enamoro de mí, siempre nos hemos reencontrado cuando estamos muy jóvenes y nos enamoramos, siempre hemos sido pareja.

Mi suegra levanta al niño a Dios, todos estamos de blanco estoy ¡muy feliz!

Mary Luz: muy bien Melisa disfruta de ese momento bello, quédate con la energía linda que te da ese momento de felicidad, y prepárate para ir a otro momento importante de esa misma vida…3,2, 1!

¿Dónde estás ahora?

Melisa: ahora estoy en el cuarto blanco, es mi primer día de trabajo, tengo 18 años, hay un pajarito cerca de mi puerta, hay una fuente en medio del jardín, antes de llegar al cuarto donde sanare y ayudare a sanar a la gente, para llegar al cuarto, tienen que pasar por la fuente.

Mary Luz: ¿por qué deben pasar por la fuente primero?

Melisa: la fuente los purifica antes de que lleguen a mi cuarto, es una fuente de tres pisos, en la última parte de la fuente abajo, hay peces y tortugas, yo puedo hablar con los peces, con los animales en general, Dios me ha dado ese don de hablar con los animales, esto me ayuda a abrir mis ojos y mi mente.

Mary Luz: ¿es la primera vez que vas a hacer esto?

Melisa: en esta vida si, pero yo ya he trabajado en sanación en otras vidas, hoy espero a mi primera clienta, es la primera que voy a ayudar, piensan que está loca, pero no está loca.

Veo sus ojos, reflejan dolor... demonios, almas desencarnadas, su familia piensa que le voy a dar algún tipo de medicina, pero no es así, solo necesitas la naturaleza para sanar, como dice mi maestro:

> *"Si quieres puedes, si no quieres aunque puedas no puedes"*
> *David*

Nota:

Yo iba a preguntarle sobre su maestro, pero ella no me dio oportunidad, simplemente siguió hablando, yo decidí no interrumpirla.

La gente es muy buena conmigo, me dan dinero, me ayudan, me dan regalos, vienen a verme solo para darme las gracias.

Vienen de muy lejos para verme, uno a uno los recibo todos los días, todos a los que pueda recibir.

La gente cree que solo ayudo a algunos, pero no es así, solo ayudo a los que están listos para sanar, hay algunos que deben sufrir para sanar.

Sé, cuando le va a pasar cosas a la gente, pero a veces debo callar, pues no puedes arreglar el mundo; hay que evolucionar como las mariposas que se sientan en mis rosas todas las mañanas, hay mucho que aprender.

Dios me ha dado lo que tanto anhele... una familia, mi familia.

Mary Luz: ¿cómo ayudas a sanar a la gente?

Melisa: los tomo de la mano, allí puedo ver qué les pasa, los limpio con ruda, romero y salvia; pues a los espíritus desencarnados oscuros, y a los demonios, no les gustan estas hierbas, todo lo hago con el don que Dios me dio y con la naturaleza.

Sano con la naturaleza, pues es lo que se necesita para sanar, no más.

A los desencarnados oscuros, tampoco les gusta los colores claros, ni el color blanco, limpio el aura de los enfermos.

Si tu aura es débil no uses el color negro, si tu aura es fuerte usa el color que quieras.

Si tú atraes bien, das bien, si tú eres débil, te abusan, porque tu aura esta baja, hay que alimentar el aura con fortaleza y sabiduría, ¡con ganas de levantarla!

¡No importa las veces que caigas sino las que te levantas!

Cada vida es un aprendizaje, hay que fortalecer el aura sabiendo de tus vidas pasadas.

Ahora tengo que estudiar, aprender muchas cosas, debo venir a las clases de tu fundación Mary Luz, a las clases que tú dictas sobre el retorno del alma.

Mary Luz: si Melisa, claro que si te informare de las fechas de las clases, ahora háblame de tu maestro.

Melisa: si, es… el que tienes en la foto contigo.

Mary Luz: no entiendo, ¿de qué hablas?

Melisa: cada vez que entro a tu oficina, me llama la atención la foto que tienes con ese señor.

Mary Luz: bueno, solo tengo una foto con un señor, él es mi maestro, el Dr. Brian Weiss.

Melisa: desde la primera vez que vine, me quede mirando esa foto, ese señor me llamaba mucho la atención, no entendía porque, ahora lo entiendo, él es mi maestro en esta vida como Eva, se llama David.

El me ha dado clases de como sanar, es muy responsable, inteligente, amable, amoroso, disciplinado.

> *Nota:*
>
> **Aunque esto era una confirmación más de los lazos que tenemos las almas, no les puedo negar que me impresione al saber que el Dr. Brian Weiss había sido el maestro de Melisa en esa vida, evidentemente todo está relacionado y cuando entras al mundo del espíritu todo tiene explicación.**

Mary Luz: ¿cómo se ve él?

Melisa: es joven, alto, trigueño, pelo y ojos negros, esta vestido también de árabe, pues es árabe como yo, es muy respetado por todos, él es un maestro guía, en esa vida me pasó lo mismo que en esta vida, un desencarnado se quiso meter dentro de mí, y el maestro David me ayudo.

El maestro David también trabaja con sanación, por eso cuando vi la foto en tu oficina, sentí un interés especial hacia ella.

El maestro David nos visita algunas veces, él fue mi maestro desde los 16 hasta los 20 años; él ayuda a quien quiere ayuda, es como un discípulo de la luz, viaja mucho a diferentes lugares, le gusta enseñar lo que sabe; le abre los oídos, los ojos, la boca a los que quieren ver más allá, a los que escuchan más allá y a los que hablan más allá.

Él nos dice:

"El que ve, ve y quiere ver. El que oye, oye y quiere oír. El que habla, habla y puede hablar. Si quieres puedes y si no quieres aunque puedas no puedes". David (Brian Weiss)

David me aconseja que guarde todo lo que sé para otra vida, pues cada lección te hará mejor para la otra vida, me dice que debo ayudar a mis hijos a prepararse, y dice:

"Todos tenemos una misión, está en nosotros descubrirla si queremos". David (Brian Weiss)

El maestro David también me dice: Eva ten fe, tu sabiduría trabájala para la luz, a veces cuando la gente no hace sus misiones, te llenas de karma y estos karmas te van bajando el aura.

> **"Si no haces tú misión, ¿cómo vas a aprender la lección?"**
> **David (Brian Weiss)**

Hay gente que cree que soy soberbia pero no es así:

> **"El que quiere ayuda la busca, y el que no, se queda lamentándose en su casa."Eva (Melisa)**

Mary Luz quiero ser en esta vida como era, no quiero que me afecte lo que me dicen, pues si me afecta ¿cómo voy a ayudarlos?

Hay una desencarnada que está en el cuerpo de alguien que trabaja conmigo, es una señora ya grande, (ya grande significa: mayor en edad) se le pego a ella.

Anoche no me dejo dormir, piensa que yo la voy a sacar, pero yo no puedo si las dos partes no están de acuerdo.

El aura es como una energía alrededor del cuerpo, si esta débil se te pegan cosas desencarnadas; los que tienen el ego muy fuerte, los que se pegan a las cosas, se les pegan desencarnados que no avanzan ni dejan avanzar al que se pegaron, no dejan a otros que avancen y así se van pegando unos con otros, hay diferentes casos.

Así mismo, los demonios se pegan a las auras débiles, muchos de los deprimidos que se suicidan, es porque son influenciados por demonios y sombras, lo digo porque mi alma lo sabe y por experiencia también me toco en esta vida vivirlo.

El desencarnado que estaba en el closet de mi hermana Hilda, me dijo: Córtate las venas, pues este desencarnado se suicido y me estaba influenciando para que lo hiciera, yo pensé en hacerlo, pero llego mi hermana Omaira y me salvo.

El desencarnado me alentaba a que acabara con mi vida, córtate las venas, tal vez así le importes a tu mamá me decía.

Mi madre me golpeaba mucho, me insultaba, humillaba, como ya te conté Mary Luz, y yo... ya estaba cansada.

Entonces mi hermana Omaira me dijo: yo te amo, ¿qué haces? no te vayas, entonces... me detuve.

Ya nunca volví a escuchar al desencarnado que me aconsejaba que me matara, él era una sombra, los que se suicidan y pecan en contra de su vida y hacen mal a otros, se convierten en sombras.

Los que mataron se convierten en almas en pena, por todos los que han asesinado, sí Mary Luz, así como lo dicen, así es:

"El que a hierro mata, a hierro muere"

Porque al que mata, lo matan, y se quedan estas almas atrapadas en casas o en los lugares donde los mataron, porque no hicieron lo que tenían que hacer en esta vida y se fueron antes de tiempo.

> *Debes hacer lo que tienes que hacer, cuando no cumples tu misión te llevas karma, por hacer lo que no tenias que hacer y no haber hecho lo que tenias que hacer. Eva (Melisa)*

Como Eva, también escribía en árabe mensajes de los desencarnados a sus familiares encarnados, les decía a las mujeres cuando iban a ser madres, les decía que estaban embarazadas, y yo sabía cuando yo iba a ser madre.

Las enfermedades físicas y mentales, uno mismo se las crea por karmas y son formas de aprender, pero las enfermedades mentales también tienen que ver con la influencia de los desencarnados.

La diferencia entre los desencarnados y nosotros, es solamente que los encarnados tenemos un cuerpo, los encarnados tenemos una rutina y cosas que hacer diariamente y eso es bueno para nosotros, en cambio el desencarnado no tiene nada que hacer y se aburren de no hacer nada y en muchas ocasiones, escogen ponerse a molestar a otros, ya sea desencarnados o encarnados para pasar el tiempo, y luego se empiezan a alimentar del dolor de otros, se les atrae con las emociones de dolor, tristeza, rabia, conflictos en general. Para protegerse de ellos los encarnados deben irse a dormir tranquilos, sin enojos, ni tristezas, pues todo es aprendizaje, los encarnados, somos más susceptibles a los ataques psíquicos de los desencarnados al dormir.

¡Oh Mary Luz! quiero decirte que la oración que me diste, el Aná bejoaj la decía cuando era Eva.

Nota:

EL Aná Bejoaj

La antigua oración, que fue compuesta por Rabí Nehunia Ben Hakanná, (El Aná Bejoaj está construido alrededor de una secuencia de 42 letras que están codificadas dentro de las primeras 42 letras del libro de Génesis. El Cabalista explica que esta combinación de siete secuencias de letras nos lleva de regreso al momento de la Creación.

Cada vez que meditamos en una secuencia en particular, regresamos a la energía original no corrupta que construyó al mundo. El Aná Bejoaj corresponde a los siete días de la semana. Cada frase también corresponde a un determinado cuerpo celestial.

Realizando la meditación del Aná Bejoaj enriquecemos nuestra vida con Luz espiritual no adulterada y energía positiva. El Aná bejoaj es una oración muy poderosa de protección.

Allah (Alá en español) es el mismo Dios que nombran otras religiones pero con otros nombres.

Ref. Tomada de Fundamentoshebreos.com

Melisa: Mary Luz, hay una voz que quiere decirte algo es un espíritu de luz.

Mary Luz: si dime, escucho.

Melisa: Mary Luz, Dios es amor, paz y sabiduría. Muy pronto, Melisa se convertirá en alguien más evolucionado, va a evolucionar, solo Dios sabe que es para bien, ella muy pronto va a ser mamá.

Todo lo que tú dices es muy bueno, tu alma es muy grande y tienes muy buen corazón. Toda la ayuda que das se te regresara, se que tu ayudas a muchos, encomienda a Dios a tu familia, cada vida es una lección, todos evolucionan de forma diferente, solo ten fe como un grano de mostaza, **"Dios es amor que está con quien quiera que esté."** No desfallezcas, todo está bien.

Melisa quedo en silencio por un tiempo, yo dije gracias a quien me hablo con tan bello mensaje y continué escribiendo y revisando que los apuntes estuvieran en orden.

Estaba a punto de darle una instrucción a Melisa para que saliera del trance y terminar la sesión, pero ella me interrumpió bruscamente diciendo lo siguiente:

Melisa: ahora habla Jericó, yo soy india, una india que ayude a esta niña el año pasado, no quiero que desencadenes la casa de ella.

Estaba a punto de preguntarle a la india de que hablaba, cuando Melisa dijo:

Melisa: Mary Luz, no es cierto, ella no es buena, ella está entre el bien y el mal.

Nuevamente trate de hablar, pero simplemente no me daban tiempo, pues inmediatamente Melisa dijo:

Melisa: ¡cállate Melisa! ¡Tú callada! ¿Por qué te metes en lo que no te importa?

Me apresure entonces a hablar.

Mary Luz: Cualquiera que sea tu intención Jericó, mantente en silencio hasta que se te pida hablar.

Melisa es tu cuerpo y tu mente no dejes que te usen indiscriminadamente ponte en control.

Hubo un silencio muy breve y Melisa dijo:

Melisa: Mary Luz, soy Melisa, mi casa está amarrada con cadenas, Jericó las puso allí.

Jericó es la curandera que supuestamente me quiso ayudar antes de venir aquí contigo, cuando no entendía que era lo que me pasaba y creía que me estaba volviendo loca con todas las cosas que sucedían en mi casa y con todas las voces que oía y las cosas que veía.

La casa está amarrada con cadenas y clavos de energía negra, una en cada esquina de la casa.

La curandera hace cosas buenas, para poder también hacer cosas malas. La curandera no sabe mucho del mundo del espíritu, es Jericó la que sabe, ella es una india peach como yo, y quiere continuar haciendo todas sus brujerías oscuras, a través del cuerpo y mente de la curandera, pero en realidad no le gusta trabajar con ella porque la curandera no le entiende y por eso me buscaba a mí para usarme.

La curandera me ayudo en algunas cosas en mi casa, solo con la intención de después usarme, ella está influenciada por Jericó y lo que querían era influenciarme para que yo le ayudara a hacer magia negra.

Mary Luz: ya entendí lo que pasa Melisa, no te preocupes, vamos a quitar las cadenas ahora mismo.

No me pregunten cómo, pero simplemente le empecé a dar instrucciones a Melisa de cómo quitar las cadenas, Melisa cada vez me sorprendía mas con todo lo que me decía, y evidentemente no había tiempo para andarme cuestionando nada, solamente hice lo que tenía que hacer, decía las palabras que se me venían a la cabeza y Melisa me seguía hablando reportándome todo lo que ella veía y oía, literalmente ella era mis ojos y yo era su guía, un trabajo en equipo.

Melisa: Mary Luz, con las palabras que tú has dicho se están soltando las cadenas, Jericó esta agarrada de las cadenas negras y no se quiere soltar, dice que te detengas, que por favor no la saques de aquí, pide a gritos ayuda a otros desencarnados, las cadenas se levantan, los clavos se desentierran, ¡hay clavos por toda la casa! ahora hay muchos desencarnados ayudando a Jericó…

¿Ay Dios que es esto? la casa está metida como en un hueco oscuro y es como si yo estuviera también en ese hueco oscuro, Jericó sigue gritando, ¡grita que pares, que no los saques de allí!

Yo, no entendía, ni como era que yo podía hacer eso, yo solo hablaba y decía las palabras que venían a mi mente, simplemente fluían en mi mente y yo las decía, no me callaba ante la insistencia de Melisa diciéndome que Jericó pedía que parara, en un momento Melisa grito:

Mary Luz dice que pares, que pares, que no la saques de allí, gritan:

¡No, no, no… para!

Entonces le dije a Melisa:

¡Mantente fuerte! y diles que no es nada personal, que yo solamente estoy haciendo mi trabajo y tengo que hacer, lo que tengo que hacer.

Melisa continúo hablando y dijo:

Jericó y los desencarnados que la ayudan dicen que para ellos si es personal, te amenazan, otros gritan, y hay unos que salieron corriendo, Jericó sigue allí agarrada… Mary Luz las cadenas se están soltando de raíz y se están poniendo blancas, salen de raíz cada uno de los clavos, es como si se hubieran levantado con fuerza y se cayeran nuevamente sin energía, ya no hay de donde se sostengan, Jericó y los que quedaban los veo alejándose, es como si algo los jalara ellos siguen intentando regresar pero algo los jala, cada vez están más lejos se van perdiendo, los veo muy lejos…

Mary Luz… se fueron.

Mary Luz: ¿estás bien Melisa?

Melisa: si, sorprendida pero estoy bien, mis ángeles están aquí, Raquel y Emmanuelle.

Mis ángeles me dicen que debo mover mi línea un poco más rápido, que me organice mejor, les digo que si, que está bien que la voy a mover de lunes a jueves de 8 am a 9 am y que tomare de descanso y para mi familia Viernes, Sábado y Domingo.

Mis ángeles me dicen que debo mover la línea para que pueda venir mi hija.

Mary Luz, Emmanuelle me dice que el perrito que recibimos ayer, es la misma perrita que murió en Diciembre ¿te acuerdas de los animalitos que te conté que me mataron? Emmanuelle dice que ha llegado nuevamente, que murió o mejor dicho desencarno en Diciembre y que volvió a encarnar en Enero y otra vez llego a mí.

Mary Luz: ¿pero cómo pudo encarnar tan pronto, en un mes? si se necesita más tiempo para la gestación, del cuerpo de un perro.

Melisa: dice que había una perra embarazada y pensaban que eran 6 perros, pero mi perrita se metió para nacer pronto y entonces fueron 7 perros los que tuvo la perra, me dicen que mi perrita se metió cuando la perra embarazada tenía 3 meses de estar preñada y estuvo solo semanas allí, porque le pidió a Dios que la dejara entrar en esa perra para regresar conmigo pronto, Emmanuelle dice: "No importa el embarazo, cuando vas a llegar, llegas".

Los otros perritos que murieron, pronto encarnaran, hay uno de mis perritos que se llama frijol, él se perdió pero no ha desencarnado, puedo contactarlo Mary Luz y lo estoy convenciendo de que se vaya para que pueda volver a regresar, parece que ha aceptado, ya se va.

Lo que te he dicho me lo han dicho mis 3 ángeles, Emmanuelle, Raquel…

Mary Luz: falta uno, ¿cómo se llama el tercero?

Melisa: dice que no es el momento de revelar su nombre, solo dice que pongas en tus escritos: "los ángeles".

Melisa continuo haciendo su trabajo ya con más disciplina, yo le había dado la instrucción en la última sesión que escribiera todo lo que hablaba con los desencarnados, ella me trajo todos sus escritos, al leer lo que ella me traía pensé que siempre había creído que era una buena idea aprender de las experiencias dolorosas de otras personas, pero nunca me imagine, que pudiéramos aprender de las cosas dolorosas que pasaban los desencarnados; estos fueron los escritos que me trajo de los desencarnados que ayudó a cruzar a la luz.

Desencarnado: soy Sonia, solo sé que estoy en tu línea.

Melisa: ¿cuál es tu edad?

Desencarnado: soy una niña, tengo 6 años.

Melisa: cuéntame, ¿que te paso?

Desencarnado: me caí al pozo de agua, del campo luna Choluteca, soy la niña que sentías al pasar por ese pozo…no quería hacerte daño, solo quería ser tu amiga.

Melisa: si, dime.

Desencarnado: ayúdame por favor.

Melisa: ¿qué te paso?

Desencarnado: solo sé que me ahogue, y que ya nadie me miraba, yo estaba en el pozo y mi cuerpo sufrió mucho, los bomberos me ensartaron con un trinche grande, traspasaron mi cuerpo, ya yo había muerto, pero todavía sentía el dolor en mi cuerpo…. es muy feo, además ver el dolor de mi familia y sentir la culpa de mi mamá.

Pero ese era mi destino, y yo no entendía nada…

Pase escondida adentro del pozo y aunque estaba adentro, no me alejaba tanto, porque tenía la esperanza de volver a mi cuerpo cuando abrieran de nuevo el pozo, pero algo me decía que mi cuerpo ya no era mío, pero seguía sin alejarme del pozo.

Si Melisa, es por eso que la película de la niña que se ahoga te hace llorar, si, es porque me ves en esa niña.

No quiero que llores, pero por eso nos entiendes, porque nos sientes, si no nos sintieras, no nos entenderías, ¡ayúdame, ayúdame, solo ayúdame! ya hice la línea desde que tu tenias 8 años, los de la línea me tratan bien, me ayudaron a entender que tenía que esperar mi turno y que era un aprendizaje.

Melisa: si mi niña, ya vete a la luz.

Desencarnado: gracias…adiós.

¡Siguiente!

Desencarnado: soy Alexis, uno de tu línea, ¿qué paso? ¿Ya me vas a ayudar?

Melisa: si, es tu turno, dime.

Desencarnado: si, ayúdame ¡ay, ay, ay Diosito santo! ¡Me arrodillo a mi Dios pidiéndote perdón! ¡Papá Dios ya... ya aprendí ya no seré así!

Melisa: ¿qué te paso?

Desencarnado: pues que te digo muchachita...

Yo desencarne, cuando tú eras apenas una niñita chiquita, y sí, te voy a sacar de tu duda, tu primo Tato está en la línea, ya lo veras a él, se va a ir después, porque tiene un mensaje para ti.

Yo desencarne cuando tenías como 5 años, pero yo me salí de la línea... y ya muchos te dirán lo mismo, que se han salido.

Estoy feliz de por fin comunicarme contigo, soy yo, Alexis, no te preocupes todo va a estar bien, no debes tener miedos, debes de ser muy valiente, perdón si te asuste, pero como te dice Mary Luz, ustedes trabajan para el bien, nosotros no permitimos que nadie te ataque, porque eres como una luz en un túnel muy oscuro.

Yo desencarne en Honduras... ¿por qué cierras los ojos? esto es real, no estás alucinando, no te preocupes...

Bueno, yo te decía, desencarne en Honduras, desde allí conozco a tu primo Tato, o Vertin como le llamábamos, fui apenas un conocido de él, pero ya desencarnados nos hicimos muy buenos amigos.

Si, si, las amistades se hacen en carne o desencarnados, se hacen lazos fraternales, pues somos como familia…bueno, por fin pusiste sosiego en la línea cuando la empezaste a mover.

¡Oh! hay un muchacho peluquero, creo que se llama Ricky, que quiere ayudarte en el salón, pero tiene miedo de perder su lugar en la línea, pues tu dijiste que si nos salíamos perdíamos el lugar en la línea, y también hay otro que se llama Hever, que quiere ayudarte; bueno ya di mis mensajes, aunque ellos ya te lo habían hecho saber.

Veo que sigues con tus dudas, acuérdate de don Beto, tus miedos te paralizan, así que sin miedo, sigue adelante, yo ya estoy muy cansado por favor pásame, desencarne de 25 años, ya llevo 21 años desencarnado, ayúdame y ayuda a los demás, sigue tu instinto que ese no falla, no seas incrédula, ¿cómo quieres que los demás te crean que los puedes ayudar, si no crees en ti misma?

Yo se que crees que solo puedes trabajar con desencarnados, pero también puedes trabajar con encarnados, sacar desencarnados pegados a gente encarnada, sacar demonios, dar mensajes, y mucho mas, ves cosas que nadie puede ver y hasta en tus sueños te dicen que va a pasar, no creas que tus sueños son una locura, ¡ojo!

Melisa: ¿estás listo para irte?

Desencarnado: si, estoy muy arrepentido.

Melisa: sigue tu luz.

Desencarnado: ¡gracias!

Nota:

Le pregunté a Melisa que le había pasado a este desencarnado, ¿por qué pedía tanto perdón? ¿como había desencarnado? ella dijo: no sé, los desencarnados son como la gente, hay gente que habla mucho y te confundes, este hablaba mucho, cambiaba de un tema a otro y ya ni le pregunté que le había pasado, ni él me lo conto.

Continuemos:

Desencarnado: yo soy un niño como tu hijo, no le vayas a dar pastillas.

Melisa: ¿quién eres?

Desencarnado: soy un amigo de tu hijo Marcelo, tengo 5 0 6 años no me acuerdo, mi nombre es Chuy, yo estoy sentado a tu lado, tu eres buena, por eso me quede contigo, yo soy el niño con el que jugabas cuando eras niña, no me tengas miedo, fuiste a mi entierro, fuiste una de las primeras que fuiste y lloraste mucho, soñaste muchas veces conmigo, entonces yo llegue a ti, y nos hicimos buenos amigos, me acuerdo lo que te paso en tu brazo y pierna, me asuste mucho, creí que nunca más volvería a verte, yo llore, pues yo te miraba como a una hermanita, te quiero mucho, ahora te miro como mi mamá, si...pues ya creciste, pero yo sigo igualito, sigo siendo un niño, quiero irme a la luz, te quiero mucho, mucho, no te preocupes por Karen (hija de Melisa) está muy bien cuidada, la virgen la cuida, pues tu se lo pediste, su ángel también la cuida, no te preocupes.

Quisiera ser tu hijo, yo quiero ser tu hijo, le pediré a Dios eso, ¡ay ojala Diosito me lo conceda!

Cuando morí me quede por mi mami de esta vida, ella estaba llore y llore, y solo me quede como si estuviera vivo y así seguí hasta que te vi, cuando llegaste a mi entierro es que me fui con vos, sí, porque contigo podía jugar, tu si me veías y no me ignorabas como el resto de la gente, yo era tu amigo de juegos, me acuerdo cuando me dejabas jugar con tus loritos y a las escondidas.

Luego fuiste creciendo y empezaste a negar lo que veías y lo que eres, eso te atraso mucho, pero no importa, ya me vas a llevar con Diosito para ser un ángel… ¡si!

Melisa: él pidió antes de irse que yo fuera su mamá en otra vida lo dijo así: Dios te pido que ella sea mi madre en otra vida, te lo pido de todo corazón, luego… entro a la luz.

Mientras ayudaba a Chuy, había almas oscuras tratando de confundirme y asustarme para que me diera miedo y no los ayudara, pero yo solo trabajo para la luz, me agarraron la mano y escribieron lo siguiente:

Las letras eran más grandes, pues yo las escribía obligada:

¡NO SE METAN DONDE NO LOS LLAMAN!

¡YA TE LLEVASTE DOS MIOS! DOS DE MIS SIRVIENTES, PERO YA ME COBRE CON DOS DE

TUS ANIMALES... ¡SIGUE Y VERAS ESTUPIDA! YO NO ESTOY AQUI SOLO, TE ESTOY HABLANDO CON TU OJO QUE NO SIRVE PARA NADA, ¡ERES UNA MAJE! ¡NO SIRVES ESTUPIDA!

Nota:

En el escrito que me dio Melisa, este desencarnado (Chuy), hizo un dibujo como el de un niño, donde se dibujo él como un niño y allí escribió su nombre, puso Chuy, también dibujo el esposo de Melisa, a Melisa y sus hijos como su familia, les puso a cada uno de ellos el nombre.

Por otro lado, les confieso, que al escribir el caso de Chuy, me dio risa de la ignorancia en la que hemos vivido, cuando se intenta explicar el relato de los niños, cuando nos dicen que tienen un amiguito con el que juegan y los padres no lo pueden ver, es entonces cuando entra la famosa y mundialmente conocida "explicación" de que es un amigo imaginario.

No es un amigo imaginario lo que ven los niños, es que el niño que dice que tiene un amigo imaginario, es porque puede ver el mundo invisible y el tal amigo imaginario, es un desencarnado o un ser invisible, alguien tan real y vivo como tu o como yo.

Es muy chistoso, como la ciencia humana que intenta ser sería, muy específica y contundente, da explicaciones, que no son evidencia de nada ni explican nada, pues, analicemos: ¿que es la imaginación, cual es el concepto de imaginación en el diccionario?

Imaginación: Del latín imaginatio. Es la facultad de una persona para representar imágenes de cosas reales o ideales. Se trata de un proceso que permite la manipulación de información creada en el interior del organismo (sin estimulos externos) para desarrollar una representación mental.

Esta es una de las definiciones que encontraras en el diccionario, pero para mí, imaginación es lo que escribí en mi tercer libro:

"La imaginación es simplemente una realidad en otra dimensión"

La imaginación es una realidad que existe en la mente de quien lo está viendo, y a la que también puede tener acceso cualquier otra mente que se conecte a esa misma realidad, pues los seres humanos somos una red energética que se puede conectar con la energía universal, si tienes la contraseña de entrada a esa realidad, tienes acceso.

Es decir, en términos de energía, debes tener las coordenadas de frecuencia vibratoria para poder acceder a esa realidad, en otras palabras: nos podemos conectar a la frecuencia de vibración equivalente a la frecuencia vibratoria que emitimos.

Entonces cuando los científicos humanos dicen que es un amigo imaginario con quien está hablando o jugando un niño, ¿qué de científico tiene esta explicación? pues yo no le encuentro nada del rigor científico, del que tanto hablan, que para que a algo se le pueda poner el nombre de científico se debe poder: palpar, ver, confirmar, verificar, reproducir y probar etc.

¿Dónde está el criterio científico aplicado en la explicación que dan del amigo imaginario? A menos que, el científico que dijo esto, ya esté enterado que el mundo del espíritu es científico y esté de acuerdo conmigo en que la imaginación es una realidad en otra dimensión, solo que le falto el pedacito, donde dice que el amigo imaginario no tiene cuerpo con materia y es energía etérea desencarnada.

Si este no es el caso, volvemos a lo mismo, explicaciones científicas de la conducta humana que no explican nada.

¿No es más fácil y honesto aceptar que existe un mundo invisible? Y que ese mundo invisible, es visible para algunos ojos humanos y empezar a hacer verdadera ciencia con un objeto de estudio más amplio, como lo es un universo lleno de energía visible e invisible, o en su defecto, es más fácil y honesto decir: no sé, qué engañar a la gente con el cuento del amigo imaginario. ¿Por otro lado, a que se refieren con imaginario, si el concepto de imaginario no lo explican? se los dejo de tarea queridos lectores, para que lo piensen.

Ahora bien, se preguntaran ustedes y ¿qué es eso de las almas oscuras de las que habla Melisa? se los explicare de la forma lógica que yo lo veo.

Vivimos en un mundo de dualidades, donde existen dos fuerzas opuestas, la luz y la oscuridad.

Todos los días estas dos fuerzas, se enfrentan tratando de ganar más almas.

En realidad todo es luz, pero como lo dijo Albert Einstein:

La oscuridad es solo la ausencia de la luz, en otras palabras, las almas oscuras son la luz oscura y así lo llamaremos de ahora en adelante, pues mi deseo es, que se pueda entender este concepto lo mejor posible, aunque sé, que se va a entender aún mejor en mi próximo libro.

Estas fuerzas de la luz oscura existen y es lógico que existan, o si no, ¿cómo se explica la maldad que vivimos en la humanidad?

Es la ausencia de luz, que es la misma ausencia de Dios, la que hace que exista la oscuridad, como lo dijo Albert Einstein.

Continuemos con otros casos:

Desencarnado: mi nombre es Miranda, soy una pandillera salvatrucha de Honduras en Choluteca.

Nota:

Mara Salvatrucha (generalmente abreviado como MS, Mara, y MS-13) es una organización internacional de pandillas criminales asociadas; que se originaron en Los Ángeles y se han expandido a otras regiones de Estados Unidos, Canadá, México, El Norte de América Central (Guatemala, El Salvador, Honduras) y España.

Ref. Tomada de Wikipedia

Hice la línea cuando tú llegaste a vivir con tu abuela, pero corte línea (cortar línea es colarse) y me toco esperar más tiempo, no seguí las reglas, pero leí el letrero que tienes pegado en la espalda Melisa, el que dice, que si no sigues las reglas vas a tener que esperar más, entonces por primera vez decidí portarme bien,

Tengo 18 años de edad, iba al mismo colegio que fue la hermana de Melisa, pero ahora entiendo que cada quien elige a quien seguir por el libre albedrio y por lo que tienes que aprender, yo hice mucho mal y pido perdón… desencarne joven por rebeldía.

A mi edad, ya había tenido relaciones sexuales con todos los de mi pandilla, pues es una tradición tonta, yo sé, pero si quería ser parte de la mara tenía que seguir las reglas, para así poder quebrar las reglas de la sociedad.

Por fin mi alma podrá terminar esta lección y en otra vida podre ser alguien importante, hare el bien y luchare por los derechos de todos, sin romper reglas de Dios, ya aprendí mi lección.

Gracias, ya no te defraudare, perdóname madre mía perdónenme familia... no me puedo ir... Diosito perdóname por haber robado, matado, golpeado ancianos y a gente inocente, a cualquiera que le hice mal, pido perdón, ¡ perdón! ya pidiendo perdón podre pasar, sino, no pasare, es parte del aprendizaje.

Siguiente desencarnado:

Desencarnado: Mi nombre es Beto, soy un viejo desencarnado, trate de hablar contigo cuando eras niña, pero al parecer solo te asuste, pues solo tenias 10 años, quise comunicarme, me podías ver, estaba viviendo en la que un día fue mi casa en Monjaras.

Quise conversar y decirte o exigirte que fueras valiente, pues estabas llena de miedos, a tan corta edad con tantos miedos, yo supe que era el dolor del alma, yo te miro como a una nieta, los desencarnados somos almas que sentimos amor, coraje, impotencia, angustia, por eso quise acercarme a ti, te salude y tu solo te asustaste, me mirabas y me mirabas, haber si ya me había ido.

Eran como las 12 de la noche, los oscuros como he oído que les llaman, la quisieron tener paralizada, sin contacto con alguien que la pudiera ayudar, tú eras una niña, que le faltaba amor y yo quería ser tu abuelito, pues siento mucho amor por ti.

Aunque sientas miedo, sé que me recordaras. Ha llegado mi hora de despedirme, te quiero mi nietecita de mentiras, mi pequeña Meli, sí, soy yo, no tengas miedo, así como me viste antes, solo regrésate a ese momento de tu vida, para quitarte esa fobia.

Perdón, mi intención no fue asustarte o bloquearte, y sí, yo desencarné de muerte natural, del corazón, pero amo ese lugar donde viví, entonces regrese allí, y cuando ya quería irme ya no pude pasar, se cerró el camino y me quede atrapado allí.

Tu puedes ayudarnos, ten valor y poco a poco vas a ir avanzando, te quiero, espero ser algo tuyo en otras vidas, adiós.

¡Dios mío! ábreme el camino otra vez, no volveré a rehusarme a irme, por quedarme pegado a algo material, como el lugar donde viví, también tengo mucho apego a Meli, pero tengo que irme, vas a estar bien mi Meli, nos veremos en otras vidas.

Siguiente desencarnado:

Desencarnado: Morí de sida, fui vecino de la abuela de Melisa, estoy muy enojado conmigo mismo, porque si no hubiera hecho nada malo, no me hubiera pasado esto, lo que más me duele, es que enferme a mi mujer, deje a mis hijos pequeños sin madre, ni padre.

Soy una basura, una basura de la sociedad; fui pandillero, mate, robe, viole, me drogue, golpee… tuve sexo con muchas mujeres, fui un cobarde.

Le pegaba a mi mujer, la abuse y la condene a una enfermedad que no le correspondía, eso es una culpa que me hizo quedarme aquí después de desencarnar… ¡ay Dios! ¿Será que si puedes perdonar a esta basura de hombre? ¡Perdónenme todos por favor!… ¡Piedad de mi alma!

Seré alguien mejor, tratare a las mujeres con delicadeza y seré solo para una mujer, para mi mujer de esta vida, quiero reencontrarme con ella y con mis hijos, ¡Diosito de rodillas te pido que perdones mi alma!

Siguiente desencarnado:

Desencarnado: Me llamo Edward, soy un desencarnado de la línea de Melisa, yo llegue a su línea cuando ella tenía 8 años, soy un pandillero era uno de los mejores para pelear con lo que fuera, peleábamos con machetes, con palos, a golpes, a mordidas, ¡a lo que callera!

Mis aleros y yo éramos inseparables, no salíamos solos, todos los de las otras pandillas querían nuestra cabeza… nuestro pellejo.

Un día se me olvidó que estaba lleno de enemigos por todos lados, pase por una calle y ya me estaban esperando, pensaron que iba a ser una pelea de grupo, para su sorpresa y para la mía, iba solo y entonces miré mi error… pero ya era muy, muy tarde. Quise correr…pero salían de atrás de las casas, me arrinconaron y me mataron.

Deambulé por unos días, hasta que Melisa paso por allí, note la línea que traía detrás de ella, entonces pregunté: ¿qué es eso? me dijeron: que era la línea de los desencarnados que no han pasado a la luz, ella no se da ni por enterada que tiene una línea de desencarnados detrás de ella, pero nosotros sabemos que ella se enterara a su tiempo.

Ella no sabe porqué le pasan tantas cosas, o porqué siente que la siguen es como un pajarito asustado me dijo el señor Beto, y también me dijo:

Si quieres formarte en línea, hazlo, yo ya llevo unos meses aquí, ella fue de visita donde su tía y la seguí, me puse en su línea, pero algún día voy a hablar muy seriamente con ella.

Yo le pregunté ¿por qué? Beto me dijo: que porque el miedo la paraliza y no la deja ser libre, solo quiero que crezca un poco y hablare con ella.

Yo me reí, y le dije será de edad porque de tamaño no tanto.

El Sr. Beto me miro muy serio y dijo: no debes ser así, empieza a cambiar y llegaras más rápido, entonces yo entendí, y aquí estoy por los consejos de don Beto.

Soy un desencarnado con muchas, muchas ganas de reencarnar y empezar de nuevo el giro de mi vida, como pandillero fui bueno para hacer males.

Como un reencarnado seré muy, muy bueno, para hacer el bien y seguir reglas, quiero ser una persona que digan: ¡que buen muchacho!

No que me miren con temor de que les robé, o les violé a sus hijas, o que los maté, a nosotros los pandilleros nos influencian mucho, creemos que el poder solo se gana a golpes, a muertes, haciendo cosas que nadie se imagina, yo como desencarnado, entendí mucho el dolor de otros, el dolor propio, pero también el amor y no importa cuántas veces caigas sino cuantas te levantas con valor.

¡Seré libre Diosito! ¡Gracias! yo aprendí mi lección de esta vida, estoy listo para irme y tener una misión y realizarla.

Siguiente desencarnado:

Desencarnado: me llamo Nohemí, soy hondureña, soy de una pandilla soy de la **MS**, es la misma Mara Salvatrucha, yo no pertenecía del todo a la **MS** al principio solo estaba de invitada.

Hasta que un día, decidieron que ya era hora de formar parte de la mara, pero me rehusé a acostarme con todos los integrantes.

Mi novio fue el primero, yo quería entregarme por primera vez a él, pero fue una pesadilla… luego llegaron los otros y dijeron que lo que era de uno era de todos… fui violada por todos lados, golpeada, torturada hasta perder la razón, morí desangrada llena de dolor, vergüenza y coraje; pues a el que le di mi amor, me dejo con ellos… ¡con esos sucios! Que me abusaron varias veces, varios días… eso no se lo deseo a nadie.

Yo sé que hice mal en confiar en mi novio, pero él me juraba que me amaba y que iba a cambiar; pero en verdad ese ciclo vicioso lo veía en mi familia, en mis tías, yo no sé cómo pude ser tan ciega, al no ver lo mismo en mi relación, lo vi hasta que ya era muy tarde… pero ya aprendí mi lección.

Espero que esto lo escriban para que las muchachas como yo, no se cieguen, quítense las vendas que no les dejan ver, no repitan la misma historia una y otra vez y en la que hasta pueden perder la vida.

Gracias Meli, así te decimos de cariño, pues pareces una gallinita de las chiquitas, con el montón de pollitos, para nosotros eres como una mamá gallina que cuida de sus pollitos.

Gracias por ayudarnos. Yo desencarne cuando tenía 18 años, sí era una niña, pero ese fue mi aprendizaje, gracias, de verdad que vos tienes un corazonzote, adiós amiga, en otras vidas serás muy amada, has ayudado a tantos, que todos te queremos sin saber el porqué, es por eso que en esta vida le caes bien a muchos sin saber el porqué, pero en verdad el porqué, es, por la ayuda que les has dado, gracias mi reinita, que Dios te bendiga.

No quiero ser amada por ningún hombre ¡cochino, sucio!

¡Ay Diosito perdóname, por favor! ¡Ayúdame a sanar mi alma!…

Bueno está bien, si le pido a Diosito que me de una familia buena, estable amorosa, ¿vos crees que la tenga? Bueno… eso espero, pero yo solo quiero estar con un solo hombre, el que Dios decida, a lo mejor un esposo de otra vida.

Siguiente desencarnado:

Desencarnado: Sullapita, tengo 5 años, busco a mi mamá, no la encuentro, solo sé que me robo un señor en el mercado y nunca más volví a ver a mi mamá, el señor estaba jugando conmigo muy feo, me quito el calzón y me dolía mucho, tenía mucha sangre, me dolía… el señor me dejo allí tirada y me quiero ir con mi mamá, luego me encontró alguien de otro puesto, le llamaron a la policía y le entregaron mi cuerpo a mi mami y yo llore mucho… mucho.

Luego me regrese al lugar donde me quede tirada, al mercado viejo en Choluteca, luego paso mucho tiempo y vos y tu hermana Omaira agarraron un autobús y se bajaron allí, entonces te mire, tenias una línea detrás de ti, habían muchos niños, y yo ya no quería estar solita y me fui a tu línea, pero ya me quiero ir con mi mami… adiós.

Siguiente desencarnado:

Desencarnado: hola, yo me llamo Armando, soy el que sigue en la línea, yo soy bien fuerte, aunque estaba flaquito era muy fuerte, me pelee con alguien y ese alguien se enojo porque perdió la pelea.

Solo era una competencia y un juego, gane unos pesitos, pero perdí mi vida después.

No, ya no estoy enojado ni nada de eso, porque sé que las cosas pasan por algo, y pues yo nunca pensé que él tenía amistades malas y pues yo iba caminando y todos los de esa mara me golpearon y me apuñalaron, quede tendido en el suelo, tenía muchos sueños, muchas ganas de salir adelante, pero mi pobreza, creo, fue la que me hizo fuerte, pues tenía que ganar para tener unos pesitos, pero ya quiero ganar la paz de mi alma, me voy, gracias.

Siguiente desencarnado:

Desencarnado: Hola, soy una desencarnada y tengo 10 años, fui compañera tuya, sí, soy Zulema, ¿no sé si te acuerdas de mí?

Fuimos al tercero de primaria… ¡oh! ¿No te acuerdas de mí? pero yo si me acuerdo de ti; un tiempo después de que te fuiste desencarne, tenía una condición médica que nadie sabía y fallecí, mis papas no podían darme el tratamiento y sin tratamiento me fui más rápido, yo tenía 10 añitos, pero me quede, porque yo quería seguir estudiando, quería seguir en mi casa, era humilde, pero era mi casa y así me quede sin que nadie me viera.

Luego del tiempo, regresaste ya más grande, yo te conocí cuando tenías 8 años y regresaste de 11 años, te reconocí y mire algo que nunca había visto, una línea y lo más sorprendente fue que ellos me miraban…¡Me podían ver!

Me alegre mucho, porque yo quería platicar con alguien que me viera, que me reconociera que era una niña y me dijeron:

Si quieres ven, ya nos vamos a ir muy pronto, dijo don Beto, porque ella tiene que irse a otro país, yo me quede pensando… y don Beto me dijo:

Niña, niña, piénsalo y si quieres la buscas, nada es a fuerzas. Pues, paso y paso unos meses, luego fuiste a la iglesia y junto con tus hermanas pedían a Dios que las ayudaran a reunirse con sus padres y fue unos días después cuando llamaron a una radio y a la semana les llamaron, diciéndoles que se arreglaran, que se iban para Estados Unidos, eso me preocupo, porque tenía que dejar todo y me dijeron los de la línea, que eso era un proceso, que todos debemos dejar muchas cosas, a las que estábamos apegados para seguir la línea y entonces me puse en línea y ahora ya me voy con Diosito, ¡gracias!

Nota:

Cuando habla de que llamaron a la radio, quiere decir que una de las formas de comunicación en los pueblos pequeños, de países en Centroamérica, es por la radio, pues no tenían en ese tiempo, acceso a un teléfono, como ahora, entonces llamaban a la radio y dejaban

> *mensajes para las personas del pueblo, o hacían cita para que recibieran llamada de sus familiares en la cabina de radio.*

Siguiente desencarnado:

Desencarnado: soy Camilo, soy el que sigue en tu línea, que bueno que ya la empezaste a mover, no tengo miedo, soy solo como un pajarito de los que llegaron a ver a la virgen, porque si sabes que ella nos cuida, sí, ella es buena... no te preocupes, no, yo soy un pescador de Monjaras, que desencarne en el mar, por eso no te gusta el mar, te gusta verlo pero no te metes, porque sientes mis emociones, sos muy sensible.

Yo sé, que el día que desencarne era un día martes, que estaba una tormenta, pero tenía que traer algo a la mesa de mi familia, no habían comido y pensé que era lo mejor y más rápido, entonces, ya para cuando regresaba de pescar, me caí al agua y estaba agotado, había trabajado mucho, pero no tuve suerte... al caer quise nadar y no pude, algo me metía para adentro, como un remolino, como que algo me jalaba... y pensé que yo tenía experiencia y que iba a ganar, pero no fue así...y desencarne.

Después de la tormenta, unos pescadores encontraron mi cuerpo, yo estaba angustiado, no sabía que pasaba, entonces pensé, esto es una pesadilla, pero no... resulto que era la verdad, pensé que estaba soñando, pero al ver a mi mujer y a mis hijos correr a la lancha, supe que su dolor era real y me quede pegado a ellos para consolarlos, uno encarnado tiene una rutina, desencarnado uno sigue esa rutina creyendo que todo va a seguir igual, hasta que nos damos cuenta que en realidad no estamos haciendo nada.

Tu eres como una luz al final de un túnel que nadie quiere pasar, ese túnel es como en las películas, unos túneles enormes, así mismito es, pero yo ya llegue al final del túnel.

Meli, yo te vi cuando llegaste de visita al mar con tu familia, cuando te tomaste la foto con tu hermana, no te sorprendas, yo estaba allí platicando con las almas de tu línea y no sabes como yo estaba de sorprendido, que una niñita que tenía 8 años y parecía de 5 tuviera esa línea, muchos se desesperaron y se fueron, pero yo no, yo seguí firme a mi propósito, a mi paz, y tienes muchas almas de desencarnados que te amamos, porque tu nos diste la fuerza, no te sorprendas cuando hablamos así de ti, porque tu nos enseñaste muchas cosas.

¡Oh! en el salón de belleza, no tengas miedo, porque ellos solo quieren paz, no te preocupes, vas a ser una de las mejores peluqueras y no te olvides de tu misión de vida, sigue adelante, sigue que tu puedes.

¡Oh, si! yo desencarne a los 30 años… bueno ya me voy gracias.

Siguiente desencarnado:

Desencarnado: soy María, de Monjaras también vengo yo, tengo 9 años, iba a la escuela que está en el estadio, sí, la que mirabas por la reserva.

Yo desencarne, porque éramos muy, muy pobres y a veces no teníamos nada que comer, pasábamos días sin comer, no tenía una buena salud y me enferme, desencarne muy pequeña.

El día que te asomaste a ver y viste mi escuela y te gusto, yo era la que te lleve, porque quería ser tu amiga, tenias mi edad y me sentías, yo me escondía para no asustarte y que corrieras, me conformaba viéndote jugar... entonces vi tu línea, me invitaron a hacer línea, yo estaba muy apegada a la escuela, así que no quería irme, hasta que vi que estaba totalmente solita, y en mi soledad decidí entonces hacer la línea y ahora me toca irme.

Mary Luz, de parte de todos, gracias por ayudar a Meli, ya que ayudándola a ella nos ayuda también a nosotros, usted tiene un corazón muy grande, también será muy amada por muchas almas, gracias.

Siguiente desencarnado:

Desencarnado: yo soy Marco, soy un desencarnado más en tu línea esperando a pasar a la luz, y poder empezar con una lección muy bien aprendida.

¿Por qué eres tan enojona? antes no eras tan estricta. Yo sé, pero no nos dejas ni movernos del lugar. Nos aburrimos, muchos te quieren ayudar, pero con el temor de que pierdan el lugar no lo hacen, oh ya saben, yo ya les dije, es que ellos tenían pena de hablar, pero yo les digo a los aleros que no tengan pena, que todo estará muy bien.

Yo soy de Choluteca Honduras, yo estoy en tu línea desde que tenías 6 años, pero como me he salido de la línea, otros llegan y llegan y pues pierdo el lugar, y por eso es que me he tardado, pero no te asustes... sí vos tienes una línea desde que eras una bebita.

Estuvimos esperando mucho tiempo, a que encontraras una persona que te ayudara a saber que te pasaba, la persona indicada, pues nos preocupamos mucho cuando vino la otra señora dizque a ayudarte, porque sus intenciones no eran nada buenas.

Mira de una línea que tenias, ya tienes 3, ya has avanzado; sí, yo sé que soy muy revoltoso, acelerado y medio loquito, pero siempre he sido lo mejor para vos, y siempre te defiendo, si, de nada, vos para mi sos mi hermanita chiquita.

Bueno, yo desencarne cuando tenía 16 años en el Rincón, yo vivía por allí; estuve muy, muy triste, porque me paso una tragedia, trabajando un animal me desnuco.

Yo era apenas un güirrito (niño pequeño) que quería ser un buen agricultor, buen papá y buen ser humano, y estuve hasta enojado conmigo mismo, porque yo me había confiado de ese animal, y yo sé que los animalitos no tienen la culpa, yo me echaba la culpa y decía que yo era tan bueno y me reclamaba a mí mismo, y camine y camine, hasta que pase por tu casa y te vi jugando, eras una niñita, me diste tanta ternura ¡ y me viste ! ¡Tú me podías ver! luego, salió tu mamá y te dijo: ¿con quién hablas Melisa? ¿Con quién hablas? ya te he dicho que no debes jugar así, la gente va a decir que eres una loca, por eso es que empezaste a vernos y a hablarnos a escondidas y a jugar en silencio solo con tu mente, te podías dormir y así irte a jugar con nosotros, te gustaba estar con la vecina porque tenía animales.

Eres como una hermana para mi, espero que vos y yo seamos hermanos en otra vida, yo creo que si, que todos quieren ser algo tuyo en otra vida, ya el cupo esta llenísimo, serás muy amada y tendrás muchos hermanos y hermanas, te queremos, te amamos mucho mi sol, cuídate y sigue adelante, todo en tu vida será felicidad… gracias.

Para los de la línea, ya se va el más escandaloso, ¡pero sigan adelante! algún día nos toparemos y seremos amigos o familia, espero que así sea, gracias por su compañía, cuiden a mi solecito, al hijo de Meli a Marcelito y también al Rey (esposo de Meli) que me cae bien, porque es como yo, espero hermanita Sol, que seas muy feliz, te llevo en mi alma, espero ser tu hermano, has sido un sol después de la tormenta.

Siguiente desencarnado:

Desencarnado: soy Josué, yo iba al kínder un año antes que tú Meli, el doctor me dio una medicina de la que yo era alérgico y por eso desencarne, gracias me voy.

> *Nota:*
>
> *¡Wow! Este iba de prisa ja ja ja.*

Siguiente desencarnado:

Desencarnado: no sé quién soy, solo sé que estoy llena de dolor, odio, rabia, rencor contra mis padres. Sí ellos, porque ellos me hicieron mi vida imposible, hasta que un día, se les ocurrió casarme con alguien más grande que yo.

Yo no quería, me causaba asco, dolor, tan solo pensar que él iba a tocarme.

Me vendieron como mercancía, como un animalito y preferí no ser de nadie... me maté, me ahogue en el mar.

Yo era de Punta Ratón, una playa hermosa, allí decidí ahogarme, en un lugar lleno de paz, pero nunca pensé que un desencarnado tiene problemas como un encarnado, yo tenía solo 23 años, el señor ese tenía 40 años, podría haber sido mi padre, pero ellos decían que el amor viene después.

Me sentía como en la época de los esclavos, sentí que el mundo se cerraba, y desencarnar para mí era la solución, entonces pensé, prefiero matarme antes que ser obligada a estar con alguien que me produce asco, y así lo hice.

Mis padres pedían perdón encima de mi cuerpo, yo estaba tan enojada, que disfrute el dolor de ellos, gocé el sufrimiento, pero luego de que paso el tiempo me sentí sola, triste, desesperada...

Un día, tú fuiste a la playa y yo hable con los de la línea, y decidí seguirte, yo estoy contigo desde que tenias 8 años, muchos te hemos seguido, eres un ser de luz, me enseñaste que hay que perdonar para ser perdonados, y también me enseñaste, que todo pasa por algo, que no debemos juzgar a nadie por su apariencia o por su forma de ser, yo sé que tengo que pedir perdón, ya el odio y el coraje que sentí en algún momento es algo olvidado.

Yo quiero seguir adelante, tener unos padres que me amen y no que me miren como una mercancía o una minita de oro, yo no quiero eso, yo quiero vivir, ser feliz y espero en Diosito que pueda.

Gracias Meli, te has ganado el cielo, se que te falta mucho por descubrir y Diosito es muy sabio, solo pone dones para quien esté listo y quien se los haya ganado, úsalos para el bien y vive tu vida, sé feliz.

Sé la niña que reía con nosotros, que disfrutaba vivir, no dejes que tus traumas te paralicen… ¡oh ya me acorde mi nombre! me llamo Siomara.

¡Que Dios te bendiga hoy y siempre!

Siguiente desencarnado:

Desencarnado: soy niña, soy una de tu línea, si, yo puedo escribir, soy pequeña, pero tengo 7 años de edad, soy una come años, como te dicen, te quiero mucho y por eso te hice una canción:

"¡Hay que hacer línea, hay que hacer línea! para que Melisa nos lleve a la paz, hoy nos hemos ganado la paz y mañana iremos a casa con papá Dios".

Todos queremos eso, nos aburrimos en la línea pero cantamos, jugamos con tus hijos, hemos sido amigos de la niña que estaba desencarnada en tu casa.

Yo sé que es muy difícil esto, nosotros te seguimos porque eres como un sol después de la lluvia, como decía el que pidió ser tu hermano, estaba bien loquito, nos hacía reír, era muy noble.

Espero ser un día como tú, ser tu hermanita, te admiro mucho, soy una desencarnada con muchos sueños, quiero ser alguien que ayuda a otros como tú, quiero amar y ser amada, quiero ser muy feliz, ya que en esta vida no lo fui.

Yo me morí a los 7 años, tú fuiste al hospital donde me mantenían en una cuna, creo que me viste y hasta platicamos, en ese entonces yo vivía, tú eras la más sana, yo te recordé por tu mamá, ella nos daba miedo y tu papá también, pero nos gustaba tenerte allí, porque mentalmente nos decías cosas, que siguiéramos adelante, eras una niña my buena, muy bonita.

Yo tenía mi cuerpo lleno de agujas, de llagas, tenía una cabeza muy grande, sí, la que estás viendo soy yo en la cama, yo llore, tú corriste a avisar que algo pasaba conmigo, luego me llevaron y ya nunca más regrese al cuarto, ya había desencarnado.

Luego de que pasaron unos días, regrese otra vez, haber si estabas, y ya te habías ido, luego de eso me quede en el hospital vagando mucho tiempo, luego del tiempo llego una niña de 8 o 7 años, ¡ yo me sorprendí porque podías verme ! yo no te reconocí, hasta que hoy por fin podemos volver a hablar; sí, lo que pasa es que cuando eras niña jugábamos todos contigo, pero fuiste creciendo y olvidando el mundo invisible, por eso te sorprendes que sepamos tanto de ti; pero nunca pensé que ese sol que iluminaba mi enfermedad, era el mismo que me iluminaba el camino, pues no te decían Melisa sino Kelly, con razón tu nombre se me hacia conocido.

¡Ay que felicidad reencontrarnos de nuevo amiga! espero que seamos muy, muy amigas en otra vida, te quiero, mi nombre es María y me decían Marilita, gracias… adiós.

Siguiente desencarnado:

Desencarnado: soy un niño que sé que me tengo que ir, pero me es difícil porque aún no entiendo lo que paso, solo sé que a mí también como a ti me pegaban, me trataban mal y yo solo quería que me quisieran, mi nombre es Edward, soy un niño de 11 años, yo sé que era muy travieso, que me hacían enojar y escondía todo, pero yo soy bueno, solo quiero una familia que no me pegue, que me consientan, que me enseñen que es ser amado.

Yo vivía en Honduras, en Monjaras, yo tengo una casa por la playa, por Sedeño, ese lugar está lleno de paz y de amor a la naturaleza, ése era mi refugio, casi nunca me dejaban ir, pero cuando iba lo disfrutaba, sí, yo era humilde.

Cuando tú ibas a la playa Meli, había una casa de paja muy pobre, que mirabas y mirabas, esa era mi prisión, mi casa... yo quería jugar, pero como era el hermano grande, tenía que cuidar a los demás hermanos y hacer los quehaceres de la casa y mucho más.

Mis papas me golpeaban mucho, no los culpo, porque fue lo que ellos recibieron cuando niños y ahora entiendo que lo que das recibes, yo los he perdonado, pero quiero avanzar, quiero ser feliz y también quiero estudiar, ser alguien muy brillante, ¡un científico marino! o algo que me lleve otra vez al mar, gracias Meli, has sido mi amiga, eres lo mejor, la luz que necesitaba, cuídate y serás la mejor peluquera.

Siguiente desencarnado:

Desencarnado: soy Antonio, yo soy de pocas palabras y muy enojón y las dos cosas las usaba a mi favor, hasta que un día la moneda giro en contra de mi y entonces desencarne.

En nuestro país Honduras, la ley la hacen los que tienen dinero, los pobres siempre la llevan de perder, yo fui soberbio y por todo usaba mi pistola, atemorizaba a quien se me daba la gana, hasta que un día me tope con alguien como yo, y ese alguien me quito la vida.

Estaba muy enojado, me enfurecí al saber que otro me había quitado la vida, y la ironía más grande, es que no estaba enojado por haber desencarnado, sino porque alguien me gano la jugada, pase unos años atrapado en ese lugar que me quitaron la vida, pase frustrado... al que me quito la vida se la quitaron igual, hasta ese día entendí, él porqué me había ganado, era porque uno tiene libre albedrío y tu tomas la decisión buena o la mala, allí no hay una decisión más o menos buena o más o menos mala, y sí, mi decisión fue mala, malísima y la consecuencia fue morir o desencarnar como he aprendido a decir.

Como yo ayude a desencarnar a los que tomaron la misma decisión, así mismo a ellos los desencarnaron, es una cadena y tarde o temprano llegara tu turno, ¡a quien a hierro mata a hierro muere! eso es un dicho que lleva años y años y ya lo entendí, porque es verdad.

Lo peor es que desencarnas y no es fácil andar penando, a mi me toco suerte y digo suerte, porque me encontré a una niñita llena de luz en el camino, a ti mi Meli, gracias a ti he cambiado, eres mi psicóloga privada, eres la hija que no alcance a tener; sí, en efecto soy muy joven, tengo 28 años.

Mi niña, tuve dos niños hombres y deseaba ser padre de una niña, tú llorabas por no tener a tus padres cerca, y yo deseaba tener una niña, yo decidí seguirte por esa ternura y protección que das, pues estando contigo ninguna sombra me atormentaba, ni se burlaba.

Sí, a nosotros los desencarnados, las sombras y los demonios del inframundo nos atormentan, y a la larga, nos volvemos oscuros, es por eso que algunos están oscuros, sin haber cometido el pecado de quitarse la vida.

Eres un sol después de la lluvia, agradable y tranquila, yo en tí encontré el amor de una hija que nunca tuve, ojala Diosito me permita estar cerquita de ti en otras vidas, eres luz y amor, nos enseñas y comprendes.

Eres capaz de hablar con demonios y pasarlos a donde deben de estar, no tengas miedo a abrir el inframundo, Dios es sabio, no nos da algo que no podamos hacer.

En cuanto a lo del salón de belleza, sigue aprendiendo, muy pronto te darán la licencia de cosmetóloga y uno de tus sueños se te hará realidad, vea al colegio y aprende a hacer hipnosis, aunque sabes hacerlo naturalmente, agarra tus clases, sigue yendo con Mary Luz a tus sesiones.

¡Hola Mary Luz! de parte de todos los desencarnados, Meli dale el mensaje, solo dáselo que ella lo entenderá, ¡suerte! este no es un adiós Meli, es un hasta pronto.

Siguiente desencarnado:

Desencarnado: yo soy una niña mala, porque así me decía mi mamá.

Yo me enojaba mucho y quería salir corriendo, yo soy una buena niña, solo quería amor, yo no quería seguir sufriendo así, yo amé a mi familia, pero yo sé que muy en el fondo me querían.

Ya he perdonado a mi madre, ya que me golpeaba mucho hasta el punto que me dejaba inconsciente. Un día mi padre y mi madre me pegaron mucho y se les paso la mano, quede inconsciente, luego reaccioné, pero me quedo un coagulo de sangre y eso me quito la vida y las ganas de seguir adelante.

La culpa de mis padres me mantuvo en la casa, ellos se echaban la culpa uno al otro, mis hermanitos solo lloraban al oír todo, yo sé que eso me detuvo, porque yo no quería que les pasara lo mismo a mis hermanitos, yo quería que ellos me vieran, pero por más que yo quería no podían verme, yo sé, que solo algunos encarnados nos ven y nos sienten, yo sé que ya me tengo que ir. ¡Oh si! mi nombre es Sandra, viví en Choluteca campo luna, allí por donde sentías que te miraban, era yo, sí, sé que soy una niña de 8 años y tu tenias 9 años cuando me puse en tu línea, gracias, adiós.

Siguiente desencarnado:

Desencarnado: soy una niña de 6 años, hace mucho tiempo que estoy en la línea, creo que casi desde que desencarne. Yo viví en Monjaras con mi familia y tenía muchos hermanos, ¿te acuerdas cuando vendías cuajada? ¿La que hacia tu tía?

¿y que un día mientras vendías sentías que alguien te veía desde un árbol ? era yo la que te miraba, esa era mi casa, yo te seguí, o más bien hice la línea, porque ya estaba cansada de estar solita, yo quería jugar contigo, ser tu amiga, pero no podemos romper las reglas, solo si tu nos permites jugar contigo podemos, yo sé que es muy difícil saber que eres diferente, pero para nosotros los desencarnados eres única, te queremos como un tesoro de luz, gracias por ser mi amiga, yo jugué contigo y me divertí, hoy me despido de ti amiga, se valiente para que ayudes a otros, ya me voy... es que me están apurando los de atrás, porque están emocionados para irse también a la luz, gracias, que Dios te de mucho amor y fortaleza como tú nos dices y nos das a nosotros, este es un hasta luego amiga.. ¡Ah si! mi nombre es Sara.

Siguiente desencarnado:

Desencarnado: soy uno más de tu línea, soy un niño bueno, un muchacho de 15 años, yo sé que no te acordaras de mí, soy Samuel, vivía en Choluta, era un estudiante, yo era muy tranquilo, pero cuando te tienes que ir, te vas y no hay vuelta atrás, yo creí que si la había, que podía ir atrás, por eso me quede pegado en cosas en mi cuarto, me quede ahí, como yo lo había dejado.

Yo desencarne en un accidente, iba a la escuela y un carro me atropello, me llevaron al hospital y fallecí.

Si Meli, el hospital que visitaste cuando tu abuelo enfermó y vivías con tu abuela, sí, ese, allí estaba yo recién desencarnado, yo no me quería ir, ya tenía un par de días de haber desencarnado, para mí era una eternidad pero los demás decían: pero tu apenas desencarnaste, yo les decía, no, yo puedo regresar y me dijeron ve y despídete y si quieres ponte en la línea; yo les dije: ¿ no es muy larga? no quiero esperar, me dijeron, nos toca hacer la línea, don Beto me dijo: cuando nos aferramos a lo que ya no es nos parece muy larga, así que muchachito, decide, porque Meli ya nos lleva.

Les dije: denme unos días en lo que sale el abuelo de ella del hospital para pensarlo, bueno, me contesto don Beto, nada se hace si tú no quieres, yo solo pensé: ¿ y quién me garantiza que ella nos va a ayudar ? y don Beto solo me miro, como sabiendo lo que estaba pensando, yo dije ¡ay Diosito ayúdame por favor! y dijo don Beto: ten fe muchacho, si ella no pudiera ayudarnos, no tendría esta línea y ella buscara ayuda así pasen unos días, unos meses, unos años, el tiempo que se necesite para que ella y nosotros aprendamos la lección, no por estar en la línea has aprendido la lección, sino que la debes aprender con el tiempo, sí, con el tiempo te ganas la luz, aprendes a perdonar los errores y a ser humilde, a no ser avaro ni tampoco a quedarte pegado a cosas materiales, no te debes pegar a nadie, ni a nada, porque si te pegas a alguien tu no avanzas ni el otro tampoco.

Hay muchos desencarnados que no han avanzado por apegarse a otros, o a otro que es encarnado. También pasa que el encarnado que tiene pegado un desencarnado no hace lo que tiene que hacer, no avanza, pero tarde o temprano tiene que desencarnar, entonces el encarnado desencarna y vuelve a encarnar y el desencarnado de la vida pasada sigue allí pegado, y seguirá por muchas vidas mas hasta que los dos quieran liberarse, por eso es el motivo que debes hacer lo que tienes que hacer y aprender lo que tienes que aprender, para bien tuyo, para cambiar y evolucionar.

Ahora después de lo que me dijo don Beto, entendí que debía hacer la fila, ya que todos merecemos oportunidades, pero se nos dan tantas que es una costumbre tirar esas oportunidades a la basura; además nos creemos intocables, cuando estamos encarnados, a mi me mato alguien importante en mi país, uno de una familia rica y yo era muy pobre, cuando morí simplemente era un pobre menos en mi país, el rico que me mato salió libre y dijeron: fue un accidente, según ellos, yo me atravesé cuando pasaba su carro y así no fue; aunque la justicia lo dejo libre, la culpa no lo deja libre, yo lo perdono, ya lo perdone hace mucho tiempo, Meli me ha enseñado, que no somos quien para juzgar, que hay que dar la mano a quien la necesite y al que la quiera recibir.

Gracias, gracias amiga, ¡serás muy amada en otra vida! hasta pronto que cumplas tu misión de vida y que seas inmensamente feliz, me voy con muchos sueños. ¡Adios!

Siguiente desencarnado:

Desencarnado: ¡hola! ¿Como estas? ¡Soy el desencarnado más suertudo, el día de hoy me voy!!! ¡Voy a irme al cielo, a la luz con Dios!

Estoy de rodillas esperando verlo en este momento, quiero que Dios sepa que lo amo y lo respeto y que ya aprendí mi lección, llevo tanto tiempo aquí, que se me ha olvidado escribir.

Bonita, estoy desesperado por irme, de verdad Meli que te agradezco, ¡gracias! sigue haciendo tus sesiones con Mary Luz, aunque te digan que no, que es tu mente, yo sé que ves a tu hermana Omaira como mamá, porque ella estuvo contigo cuando eras una niña y eso es bueno, pero no dejes que te confunda, diciendo que el mundo invisible solo está lleno de demonios y cosas malas que atormentan, nosotros somos desencarnados y estamos muy confundidos y muchas veces nos alimentamos de dolor, pues estamos sufriendo, entonces no queremos estar al lado de alguien que es feliz, así que buscamos personas solitarias, depresivas, inseguras o llenas de conflictos, nos llama la atención estar cerca de ellos, porque se sienten como nosotros y nos alimentan con su dolor.

No todos los desencarnados pasan por ese proceso, pero hay muchos que si lo hacen y pueden influir al encarnado al que están pegados, para que sigan viviendo en el dolor y el conflicto y así poder alimentarse de ellos.

Es muy bueno lo que haces, no hagas caso a nada y a nadie, desde que has hecho eso tu vida ha cambiado, ya no te sientes triste, pues esa tristeza nosotros te la transmitíamos, pero ya eres más fuerte, nos da mucho gusto.

Pero tu hermana Omaira te dice cosas que te hacen dudar, no dudes porque te atacan, sabes que ella trae a esa mujer que la hace sentir así, pues se enojo, porque ella no quiere que Omaira esté bien y aunque ella ya quiere irse, pero como tú dices las dos partes tienen que estar de acuerdo, si tu hermana no quiere, no se puede, aunque la desencarnada quiera.

No te preocupes por ella, solo ayúdala a que vaya a su sesión con Mary Luz, porque allí saldrá todo.

Bueno yo me llamo Ernesto, soy un desencarnado de Choluta; tenia o debo decir tengo 40 años, yo sé que me miro joven pero esa es mi edad, yo vivía cerca de la escuela

Cardaza a la que ibas cuando tenias 8 años casi 9, yo sé que te sorprendes pero esta es la verdad, eres una clarividente, un vehículo, una conexión, algo así como una guiadora de desencarnados; no hagas caso cuando te tiran el lápiz o paras de escribir, la verdad se dirá y se dice, cuando tu proclamas en el nombre de la luz de Dios, del creador, inmediatamente se asustan los del otro lado y puedes seguir escribiendo tus mensajes, eres una médium, un ser de luz.

Ayúdanos, no queremos que ninguno se quede, no dejes de atender tu línea por favor, no nos abandones amiga, ¿qué digo? hija, eres para nosotros como una hija, madre, nieta, sobrina, tía, hermana, como familia... somos muchos y cada uno te miramos de forma diferente, para mi eres mi sobrina, aunque nunca nos conocimos cuando yo estaba encarnado.

Bueno, yo desencarne por el alcoholismo, era un borracho, me quedaba en las esquinas ahogado de borracho, yo también estudie en la escuela que tú fuiste, me gustaba ir allá porque allí olvidaba las discusiones y peleas en mi casa cuando era niño, y decía que yo no iba a ser un golpeador de mujeres como mi papá, que yo iba a ser un buen padre, por eso desencarnado también fui allí. Pero sucedió todo lo contrario, repetí la misma historia que viví en mi casa cuando era un niño.

Pero ya aprendí mi lección. Yo me quede después de desencarnar a cumplir lo que había dicho cuando era niño, a ser un buen padre, pensé que si me quedaba más con mis hijas iba a cumplir con mi trabajo, pero no fue así, ellas buscaron hombres como yo, la viva imagen de mi.

Golpeadores, alcohólicos y malos. Eso me enfureció, pero a la vez me alimentaba de ese dolor, sí, yo sé, es un poco loco, pero es mi verdad, yo fui una basura inmunda, morí siendo eso y desencarnado seguí siendo eso... hasta el día que te conocí Meli.

Tú me enseñaste la piedad, yo miraba como esas dos niñas grandes te pegaban, te quitaban los zapatitos y los tiraban lejos, ibas muy limpia a la escuela y llegabas llena de tierra, polvo y despeinada a tu casa.

Ellas te golpeaban todos los días y tú no decías nada, al principio yo me reía de ti, pero yo escuchaba lo que decías con tu mente, decias: Diosito diles que ya me dejen por piedad, y eso empezó a entrar en mi mente y mi alma... empecé a cambiar, quise ayudarte y entendí que tenias que pasar por eso, para ser más fuerte y saber que la maldad existe y que esas niñas no eran malas sino que eran influenciadas, eso lo pasaste para que tus hijos no pasen por eso, nosotros que estamos en tu línea no podíamos hacer nada.

Don Beto me dijo: déjala, ella tiene que pasar por eso por su bien, y yo le dije, ¡ay este señor tan malo! don Beto me contesto: no soy malo, pero aunque quiera ayudarla no puedo, ya hemos intentado, a nosotros nos duele ver eso, pero es un aprendizaje, ella nunca les ha querido hacer mal, yo sé que ella esta chiquita y las otras muy grandes, pero ella nunca les ha hecho nada, nunca les ha puesto la mano encima, ella dice que ellas la quieren, que quiere que sean sus amigas, pero eso no va a ser así pues los del otro lado, los del equipo contrario, utilizan a esas niñas para desquitar el coraje que tienen hacia nuestra Meli, y lo bueno es que ya paso, todo eso ya paso, y ahora puedes entender a tus hijos porque ellos pueden hacer lo mismo que tú, conectarse con el mundo invisible.

Adios mi Meli, espero ser tu tío en otra vida, yo sé que todos queremos ser algo tuyo en otra vida, ¡ay mi niña serás muy amada! haz lo que tienes que hacer, el mundo invisible te ama y te agradece mucho, para nosotros sos familia, hasta pronto mi Meli, ¡eres un ángel!!!

Siguiente desencarnado:

Desencarnado: Hola, soy una niña de 9 años, soy muy bonita, o eso era lo que decían de mi hasta que desencarne.

Era una niña feliz, vivía con mis papas, a diferencia de otros niños de la línea, yo era una niña de dinero, sí, yo fui a la escuela Goretis que fuiste tú, pero yo te seguí mucho antes que fueras allí, yo seguí tu línea cuando tenias 9 años, yo vivía bien, tenia lo que quería, mis padres son maestros, era hija única, teníamos una alberca, aunque yo nunca aprendí a nadar, porque me daba miedo ahogarme, y sí, eso paso... me ahogue.

Mis padres me daban todo, menos tiempo, mi abuelita me cuidaba, ella ya era muy viejita y yo siempre la desobedecía.

Me dijo: no vayas a la alberca, puedes caerte... y si, así paso, me caí, quise nadar pero no supe.

El dolor de mis padres me retuvo con ellos, mis posesiones materiales me mantuvieron en la casa, yo pase mucho tiempo caminando por la casa, mi madre por fin se resigno a perderme, y quiso tener otro hijo, tuvo un hijo, y pronto va a ser madre otra vez, espero que vuelva yo a ser su hija, es mi mayor deseo.

Mi hermano ya es grande, mi madre ya casi tiene 50 años me tengo que apurar si quiero ser su hija, pero si no se puede en esta vida, será en la que sigue.

Cuídate Meli, no te dejes influenciar de ningún desencarnado, ¡oh! mi nombre es Victoria.

Mientras escribía el libro, llegó a mi oficina un cliente con un caso muy especial, que estuvo de acuerdo en compartir su experiencia, pues considero que podría ayudar a mucha gente con su historia y decidí incluirlo en este libro porque tiene que ver con el mundo de los desencarnados, asi que esta es su historia.

Todo lo que sucedió fue documentado por escrito y con grabaciones.

A solicitud suya su nombre real ha sido cambiado, lo llamaremos Daniel.

Daniel llega a su primera cita informándome que estaba tomando medicamentos para la ansiedad, había sido diagnosticado con desorden de ansiedad y ataques de pánico; su médico lo había estado tratando por el ultimo año con alprazolam y sertraline, además tomaba pastillas para dormir, pues le costaba mucho conciliar el sueño y cuando lo lograba solo dormía por una o dos horas y nuevamente se despertaba.

Daniel me dijo: estoy desesperado, esto no se lo deseo a nadie, ni a mi peor enemigo, llevo 5 años sufriendo, pero en los últimos meses se ha empeorado, es una desesperación que ni siquiera puedo describir.

Siento angustia, miedo, todo me asusta, he llegado al punto que no puedo ni manejar mi carro, estoy a punto de perder mi trabajo, hace ya un tiempo que no voy a trabajar, me dieron un tiempo para que me sane, imagínese, yo hago entregas de alimentos, debo manejar todo el día, y para poder llegar hoy aquí alguien tuvo que traerme, no soy capaz ni de manejar hasta aquí, que es tan cerca, yo vivo a 5 minutos de tu oficina Mary Luz.

Le pregunté su dirección y era correcto, estaba a 5 minutos de mi oficina y era una línea recta lo que tenía que conducir para llegar.

Le pedí que de la forma más específica posible me dijera que era lo que sentía, él me lo describió con las siguientes palabras:

- Angustia

- Tristeza

- Miedo, mucho miedo

- Todo me asusta

- Desesperación

- Siento que algo se mueve en mi cabeza

- A veces creo que me voy a enloquecer

- No puedo dormir, entonces me tengo que tomar la pastilla de dormir, me duermo pero no descanso, es como si mi cuerpo estuviera dormido pero yo no descanso nada.

- No puedo ya ni manejar mi carro, dependo que alguien me lleve y me traiga.

- Las pastillas solo me adormecen, he tratado de dejar las pastillas y siento que me voy a volver loco.

- Al despertar en la mañana, tengo una extraña sensación de no saber donde estoy, quien soy, de donde vengo, no sé cómo explicarlo me siento raro, como si no fuera yo.

En su historia familiar reporto que había crecido con su mamá, 2 hermanos, un tío y primos, pero que su papá nunca estuvo presente en su vida, que no mas lo conoció de vista, Daniel era el menor de tres hermanos.

Consideraba que aunque tuvo muchas carencias económicas, porque eran una familia de muy bajos recursos, había tenido una niñez feliz, no hubo violencia domestica, no fue abusado o molestado sexualmente y su mamá había sido muy amorosa con ellos.

Daniel me informo, que él siempre había sabido que era homosexual, que como a los 8 años lo descubrió, porque empezó a notar que le gustaba ver hombres desnudos.

Al preguntarle cómo se llevaba con su pareja, me respondió que se llevaban muy bien, que su esposo, pues se habían casado, era muy amoroso, comprensivo y respetuoso con él, que tenían sus desacuerdos en ocasiones, pero que nunca se faltaban al respeto, ni había maltrato o violencia, que en general se llevaban muy bien y se apoyaban en todo.

Me comento que había tenido 2 eventos difíciles en su vida:

Uno cuando había muerto su pareja de sida en su juventud, puesto que se querían mucho y había sido muy difícil verlo sufrir, que gracias a Dios él se había hecho todos sus exámenes médicos y estaba sano, no fue contagiado con sida, que había sufrido mucho por el padecimiento de su pareja y su fallecimiento, pero al final siente que lo supero.

El otro evento doloroso fue el de la muerte de su mamá, quien falleció hace 5 años de cáncer, pero que por asuntos migratorios no pudo ir a verla cuando estaba enferma, ni tampoco cuando murió pudo ir a su funeral.

Reporto que se sentía, triste y culpable, además que le era muy difícil aceptar que se hubiera muerto, ya que su mamá era todo para él, que en verdad sentía que no lo había superado.

La primera vez que veo un cliente hago la evaluación del caso y la primera sesión de hipnosis. Dentro de la evaluación que hago analizo la capacidad que tiene la persona para entender asuntos espirituales, que no tienen que ver con la religión.

Aclaro esto, pues la tendencia de muchas personas es de confundir religión con espiritualidad, lo cual son 2 cosas diferentes, ser religioso no implica que seas espiritual, ni ser espiritual implica que seas religioso, puedes ser muy religioso y ser muy poco o nada espiritual, o puedes ser espiritual y ser muy poco o nada religioso.

Aunque los dos tipos de personas son espíritus encarnados, si veo que la persona es religiosa o espiritual y no cree en la reencarnación, respeto sus creencias y valores y me quedo en silencio; pero si veo que la persona tiene la mente abierta a otro tipo de conocimiento, les explico sobre la reencarnación.

Daniel era creyente de Dios, pero no era religioso, además me comento que él si creía en la reencarnación, así que le dije que había que aceptar la voluntad de Dios y dejar ir a su madre, puesto que todos teníamos que irnos algún día, a entregar la tarea que nos habían encomendado en la Tierra, y que resistirnos a la voluntad de Dios, era una lucha sin sentido y llena de dolor.

Daniel me dijo que entendía y que iba a ser todo lo posible por dejarla ir.

Usualmente como les he comentado en mis otros libros, en la primera sesión de hipnosis lo que hago es ayudarles a buscar un lugar seguro a nivel mental.

Si veo la oportunidad una vez que caigan en un estado profundo de hipnosis de poder ayudarlos a hacer conexión profunda para resolver conflictos personales, o con sus seres queridos desencarnados, tomo la oportunidad y aprovecho para que se despidan o digan lo que consideran que se quedo sin decir a su familiar fallecido, para que los dejen ir desde la primera sesión.

Ese es mi plan, pero no se lo digo a la persona para que no esté predispuesta, solo si veo la oportunidad, hago dos sesiones en una para adelantar trabajo, funciona con muchos pero no con todos, ya que cada persona es única e individual y se debe tratar como tal cada caso.

Partiendo del punto de que todo lo que existe en el universo es energía, yo le solicito a la persona que me diga: cuál sería el mejor lugar para descansar que escogerían, les pregunto cuál es su color favorito y uno o varios animales que les guste.

La razón por la cual hablo de energía antes de mencionar el lugar, el color y el animal, es porque todos estos elementos son energía con diferentes esencias, vibraciones, ritmos y cadencias que ayudan a recuperar la energía "enferma" por decirlo de alguna manera, aunque prefiero mejor decir energía en desarmonía, que es lo que causa el malestar o enfermedad en un ser humano.

Cuando digo recuperarla, me refiero a liberación de energía en desarmonía, para transmutarla o transformarla en energía vital como era en su origen.

En el caso de las mujeres les pregunto cuál es tu flor favorita, no porque a los hombres no les gusten las flores, pero me limito un poco al hacer esta pregunta a los hombres, puesto que algunos se sienten incómodos porque culturalmente, en la cultura latina lo de las flores es mas asunto de mujeres; hay en otras culturas, por ejemplo en algunos países Árabes que tienen como costumbre regalarsen flores entre hombres y está muy bien visto, en la latina no.

Daniel escogió un jardín y un lago para descansar y relajarse, con suerte para él, eligió como animales favoritos un león y un pavo real y no escogió flor favorita, pues dijo que le gustaban todas.

Digo que con suerte escogió un león. puesto que cuando me llegan clientes con miedo, algunos medicados y diagnosticados con ansiedad y ataques de pánico, no quieren saber nada de animales fuertes o salvajes, algunos ni quieren saber de ningún animal y me complican la situación, puesto que toca llevarlos pasito a pasito, y hay unos que es muy lenta su recuperación.

¿Por qué usar animales, flores, colores, agua, paisajes, olores, piedras, hierbas, música?

Bueno, porque todo es energía y a un organismo energético "enfermo" hay que ayudarlo a sanar con energía.

¿Ahora les pregunto, alguno de los elementos que les estoy nombrando ha sido creado en un laboratorio?

La respuesta es obvia NO, ya que simplemente todo lo que necesitamos para estar sanos o para sanar, ya existe en la naturaleza, Dios ya nos proveyó con todo para que vivamos sanos, o sanemos si nos enfermamos, con todo lo que hay en la naturaleza, solo que lo hemos olvidado.

La enfermedad y la sanación están en la energía, no hay que inventar nada, todo ya existe, solo hay que descubrirlo.

Este caso es muy interesante ya que tiene unos matices increíbles y en lo caul aprendi mucho, no tenia yo ni idea con lo que estaba a punto de encontrarme, pero sin más preámbulos metámonos de lleno al caso.

En la primera sesión hice una inducción hipnótica con Daniel, llevándolo a su lugar seguro, el respondió muy bien y vi la oportunidad de intentar adelantar trabajo con el asunto del apego a la mamá, ya que me di cuenta desde el principio que podía caer en estados profundos de hipnosis, pues hay gente que en la primera sesión cae en un estado leve, otros en estado medio y otros en estado profundo.

Cuando caen en estado mediano o leve, a medida que van transcurriendo las sesiones van cayendo en un estado más profundo.

Daniel cayó en estado profundo desde el principio, entonces le pregunté:

Mary Luz: Daniel, ¿te gustaría decirle a tu mamá hoy lo que no tuviste tiempo de decirle?

Daniel: si quiero.

Mary Luz: está bien, voy a contar de 3 a 1 cuando llegue a 1 hablaras con ella la tendrás en frente de ti.

Daniel frunció el ceño en señal de sorpresa y dijo:

Daniel: ¡sí, esta aquí!

Mary Luz: habla con ella Daniel, lo puedes hacer en silencio mentalmente o verbalmente, como te sientas mejor.

Daniel empezó a hablar y entre lagrimas le decía a su madre cuanto la amaba y extrañaba, le pedía perdón por no haber estado con ella en su enfermedad y al momento de su muerte, yo mientras tanto guardaba silencio.

Cuando vi la oportunidad le dije: Daniel, pregúntale ¿dónde está?

Daniel: Mary luz, dice que todavía está aquí, que no se ha podido ir, está muy preocupada por mí, y eso la ha detenido de irse.

Mary Luz: pregúntale si esta lista para irse.

Daniel: dice que por favor me ayudes, que ella sabe de mi dolor y que la tiene muy preocupada mi sufrimiento.

Mary Luz: dile que hay que seguir su camino, que yo te ayudare en todo lo que pueda.

Daniel: dice que si, pero insiste en que me ayudes.

Mary Luz: hare todo lo que esté a mi alcance si tú me lo permites.

Daniel: dice que si, que se va a ir y que gracias.

Mary Luz: ahora tu Daniel, ¿estás listo para dejar ir a tu mamá?

Daniel: si, ya entendí que no le estaba haciendo ningún bien, reteniéndola aquí con mi dolor.

Mary Luz: muy bien, despídete de ella.

Daniel hizo con sus brazos como si abrazara a su madre, de hecho la estaba abrazando, le dijo que se fuera tranquila, que él iba a estar bien, la despidió y dejo de llorar, lo deje descansar por unos 2 o 3 minutos.

Le dije que descansara debajo de su árbol, puesto que los árboles son otras de mis herramientas favoritas para ayudar a sanar, son maravillosos y Daniel había encontrado su árbol.

Todos tenemos un árbol personal que nos ayuda a sanar, Daniel era muy afortunado había encontrado el suyo.

Luego de eso le dije: mira quien ha venido a ayudarte, mira quien sale detrás de los árboles, es tu león, él acudió a tu llamado.

Daniel: ¡que ojos tan lindos! y se ha lanzado encima de mí, me abraza ¡que cariñoso es!

Mary Luz: él tiene un regalo para ti Daniel, abrázalo y descubrirás cual es el regalo, sentirás una hermosa energía que recorre tus brazos y todo tu cuerpo, es la energía de la fuerza de una bestia, pues a partir de hoy serán un equipo, él te esta compartiendo su fuerza de bestia y tú tienes el corazón y la inteligencia de un hombre, un equipo perfecto.

Daniel: si, puedo sentir su energía, es muy lindo, cariñoso y muy fuerte.

Daniel abrazaba a su león y le agradecía por su ayuda, entonces le dije:

Mary Luz: mira quien está allí, ¡es tu pavo real! también quiere ayudar.

Daniel: oh si es muy lindo, pero es más reservado que el león, me mira desde lejos, es como si me preguntara si se puede acercar, el león de inmediato se lanzo a abrazarme, ahora esta echado al lado mío.

Mary Luz: pues si quieres que se acerque, pídele que lo haga.

Daniel: si ya lo hice, ya viene hacia mí, es muy cariñoso también, solo que un poco más reservado.

Yo deje que Daniel se sintiera fortificado con sus dos animales por un rato, le di esa instrucción, que solo estuviera tranquilo con ellos por un tiempo, y allí estuvo tranquilo, hasta que de pronto rompió el silencio y me dijo:

Daniel: Mary Luz, todas las flores de mi jardín son hermosas, pero hay una flor que sobresale por encima de todas, es blanca, luminosa, ¡muy linda! no digo que las otras no lo sean, son maravillosas, pero esta sobresale por encima de todas, es como si dijera sin hablar, ¡"mírame"!

Mary Luz: disfrútala Daniel, ella está aquí para ayudarte también.

Nota:

Ustedes dirán: ¿pero cómo es eso? ¿Esto es locura colectiva o qué? ¿Cómo así que animales, áboles y flores que vienen a ayudar? ¿Qué es eso? bueno, eso es simplemente la maravilla de trabajar con el mundo invisible, todos estos elementos son reales, para los que lo creen y los que no lo creen.

En los libros de psicología o de hipnosis, cuando hablan de técnicas de relajación, encontraras que la instrucción que dan para hipnotizar a alguien, es de utilizar la "imaginería" (es el termino técnico que se usa en psicología) para llevarlos a un estado confortable.

Yo les puedo decir con certeza, que no hay tal imaginería, pues la forma como lo explican, es como si simplemente fuera una creación mental irreal del individuo, lo que lo llevara a un estado de hipnosis, tal cual lo dice en otra definición que me encontré en el diccionario:

Imaginación: Facultad humana para representar mentalmente sucesos, historias o imágenes de cosas que no existen en la realidad, o que son o fueron reales pero no están presentes.

Aunque anteriormente ya hablamos de esto, insisto, en mi opinión, la imaginación es algo completamente diferente a lo que dice el diccionario, los seres humanos tenemos la capacidad natural de caer en estados de hipnosis por medio de la relajación física y mental, y una vez bajo hipnosis entramos a otras realidades, en otras dimensiones, como lo explique antes.

"Lo Que llaman imaginación es una realidad en otra dimensión". Luz

Sí, es un hecho, existe un mundo invisible, en otras palabras: no es que nos estemos imaginando cosas

> *irreales en un estado de hipnosis, es simplemente que viajamos a través del tiempo y del espacio a nivel etéreo y en efecto estamos allí, en esa realidad, solo que estamos viajando con nuestra energía etérea, la energía mental y energía materia que es el cuerpo, están sentados en mi oficina en mi silla pensadora. Daniel más adelante confirmaría esto.*

Luego de sacarlo del trance le pregunté como se sentía, Daniel me dijo:

Bien gracias, entonces le explique paso a paso cual iba a ser el proceso por el que tenía que pasar para lograr una mejoría, le dije que tenía que ser muy disciplinado con sus sesiones, con los ejercicios que le iba a dar, pues había que entrenar su mente para recuperar el control de ella, y no que su mente lo siguiera controlando, le explique la formula de sanación que me dio el ángel Joel y que escribí en mi segundo libro:

1. **Amor**

2. **Disciplina**

3. **Conciencia**

Amor: ¿de quién para quién? de ti, para ti mismo, pues lo que sana es el amor, y solo amándonos infinitamente llegamos al punto de la sanación, sucede cuando ya estas harto de sufrir, y llegas a un punto de estar listo para sanar.

Disciplina: Tienes que hacer, lo que tienes que hacer para sanar.

Debes venir a todas tus sesiones y seguir mis recomendaciones, te voy a dejar unos ejercicios muy sencillos, que deberás hacer con mucha disciplina, pues aparte de las sesiones vas a tener que entrenar tu mente, todo el mundo tiene una mente, pero no todo el mundo la tiene entrenada.

Es igual como todo el mundo tiene un cuerpo, pero no todo el mundo lo entrena, igual que entrenas cualquier musculo de tu cuerpo, también debes entrenar tu mente. Pues el objetivo es que tu mente este a tu servicio y no tú al servicio de tu mente.

Le dije que tomara muy en serio su ejercicio, que era muy sencillo pero muy poderoso, que íbamos a ir al paso que él quisiera ir, que si cuando nos volviéramos a ver y yo le preguntara si había hecho su ejercicio y él me contestaba que no, simplemente no estaba haciendo su parte y no iba a avanzar, que esto era un trabajo en equipo; pero que si él hacia su ejercicio mental le iba a dar uno más avanzado, le explique la lógica de porque funcionaban los ejercicios y la importancia de tomar muy en serio su recuperación, que la solución la tenia él, puesto que la decisión de sanar o no, es personal.

Conciencia: Cuando hablamos de conciencia, hablamos de conocimiento, es entender que nosotros hacemos las creaciones de lo que nos aflige, es saber de dónde hice yo esta creación de dolor, y como puedo salir de aquí, si yo hice la creación de dolor, yo la puedo destruir.

Al terminar de explicarle el proceso paso a paso y asegurarme de que había entendido, le pregunté:

¿Cuando quieres volver? hay mucho trabajo por hacer, él me contesto: yo te llamo después.

Yo pensé, ummm ¿acaso no estabas desesperado?

Nota:

En mi trabajo debo lidiar no solamente con la incredulidad de la gente, sino que además con la inconsciencia, con tanto sufrimiento como por el que estaba pasando, ¿cómo es posible que quiera esperar y llamar después para continuar?

Lo note incrédulo, lo veo todos los días en mi oficina con muchos de mis clientes, gente atormentada con un padecer increíble, con años y años de sufrimiento, pegados a una pastilla que no funciona, hasta con intentos de suicidio, en grados extremos de padecer, y me dicen: luego la llamo para hacer una cita.

También debo aclarar que los entiendo, pues las técnicas que yo utilizo aunque son las más antiguas del mundo, tan viejas como la Tierra misma, se consideran nuevas, pero de nuevas no tienen nada.

Lo que pasa es que la ciencia humana que esa si es nueva, ha hecho un excelente trabajo en enterrar el conocimiento valioso de técnicas ancestrales de sanación, y en vez de combinar los nuevos descubrimientos con los principios básicos y técnicas milenarias, han convencido a todo el mundo que la magia está en una pastilla, y que la sanación está afuera, no adentro del individuo, en otras palabras, que la sanación se puede vender y ellos la tienen a la venta.

La gente lo ha creído, y por lo tanto la consecuencia es incredulidad, ante lo simple y sencillo, lo básico que hay en la naturaleza, como aceptar que la auto sanación existe.

Por otro lado, no se puede negar, vivimos en un mundo lleno de engaños, existen además una gran cantidad de charlatanes, que también han hecho muy buen trabajo en corromper estas técnicas ancestrales de sanación; hasta tal punto que la gente ya no quiere creer.

Mi mensaje es: que la sanación física y mental está en la energía y que los elementos para lograrla ya existen en nosotros mismos y en el universo, que todo se nos ha dado para estar sanos.

Así que acostumbrada o adaptada más bien, a este mundo incrédulo y dormido en que vivimos, lo que me dijo Daniel, no me sorprendía, simplemente eran gajes del oficio, de hecho pensé, dudo que se aguante unos días, pues el asunto es grave, y lo despedí, diciéndole que cuando estuviera listo continuaríamos.

Así fue, al otro día me estaba llamando, me dijo:

Mary Luz, estoy desesperado, he hecho los ejercicios de entrenamiento mental que me dijo, y no funcionan, sigo sin dormir, la desesperación es terrible, el miedo no lo puedo detener.

Le dije de forma directa lo siguiente:

Daniel, tu llevas 5 años lidiando con esto, hasta el punto de gravedad al que has llegado, ¿qué te hace pensar que con una sola sesión de hipnosis vas a hacer un cambio ? así como te tardaste 5 años en cocinar todo este dolor, hasta llegar al punto de gravedad en el que te encuentras, vas a tener que pasar por un proceso de recuperación, te lo explique paso a paso, es un proceso por el que debes de pasar, un trabajo que tú debes hacer con mucha disciplina y seriedad; no te vas a tardar años, claro que no, pero si lo debes tomar muy en serio y tienes que hacer, lo que tienes que hacer.

Daniel, debo confesarte que me sorprendió cuando me dijiste, que luego me llamabas, no sé cómo puedes aguantar tanto.

Daniel comento: oh ok entiendo, ¿puedes verme mañana? le dije si, he hicimos una cita.

Nota:

El objetivo de la hipnosis es buscar la causa de la situación que se está viviendo en el presente, puesto que todo tiene una razón de ser, todo lo que nos sucede fue causado en un momento de nuestra existencia y lo que estamos viviendo es el efecto de esa causa, no puede existir un efecto sin una causa.

La forma como yo se lo explico a mis clientes es de la siguiente manera:

La mente humana es como un closet donde guardamos cosas que necesitamos, y en muchos casos también se guardan cosas que no necesitamos, que nos sirvieron en algún momento, pero que ya no usamos.

Imagínense un closet lleno de zapatos, ropa y accesorios sin uso que ya no nos quedan y guardado allí ocupando un espacio, además llenándose de polvo, dentro de ese desorden crece mugre y cada vez se va poniendo más sucio.

Igual es la mente de un ser humano, se va llenando de emociones, de tristezas, decepciones, frustraciones, desengaños, sufrimiento, dolor, desamores, rencor, enojos, etc. Todas las emociones y sentimientos que puedas asociar con dolor, que puede vivir un ser humano.

También tenemos memorias buenas o placenteras que nos ayudan a aprender, pero los momentos dolorosos también tienen como objetivo el aprendizaje, crecimiento personal y espiritual y cuando empezamos a sufrir de dolor emocional es porque nos conectamos con las emociones guardadas que son dolorosas, puesto que allí es donde nace lo que llaman trauma, que en mis palabras lo prefiero llamar, asuntos sin resolver que necesitan ser procesados, asimilados y desintegrados para quedarse con la sabiduría de la experiencia y dejar ir el dolor.

Así que empecé las sesiones con Daniel para limpiar el closet mental como lo llamo yo:

Daniel asistió a dos citas mas, donde en una hicimos regresión de edad y se vio como niño jugando con amigos y familiares en México su país natal, en condiciones muy humildes pero contento, recordó una ocasión en la que su madre se sentía menos ante su familia por no tener un esposo que la acompañara, según su palabras la veían menos sus familiares por ser una mamá soltera.

En la otra sesión se veía como niño preguntándole a su mamá donde estaba su papá, las dos sesiones habían sido muy intensas y productivas, había revisado su niñez con carencias económicas y afectivas de parte de su padre, había gritado llorado y expresado todos sus sentimientos con respecto a su niñez.

En la cuarta sesión recordó los miedos que tenia de niño en su primer día de escuela, todos sus compañeros estaban tranquilos pero él lloraba porque creía que nunca iba a volver a ver a su mamá.

Habíamos limpiado todo el dolor que tenía guardada a consecuencia de estas experiencias en las tres sesiones anteriores, porque literalmente lo que hacemos es limpiar toda esa energía de dolor acumulada, todo iba muy bien, entonces le di un comando hipnótico a Daniel pidiéndole que se fuera a la raíz del problema que estaba enfrentando en este momento.

Daniel dijo:

Daniel: estoy metido en un espacio muy pequeño, está oscuro aquí.

Mary Luz: mira alrededor e identifica ¿donde estas? ¿te puedes mover?

Daniel: no, el espacio es tan pequeño que si me muevo choco con la pared, bueno, no es una pared, es... es, no sé... ¡es una caja!

Nota:

> *Daniel estaba muy asustado, entonces lo calme, para que no se fuera a perder la sesión, ya que hay gente que se asusta tanto cuando revisan vidas pasadas de eventos traumáticos en su vida, que se salen del trance, simplemente abren los ojos y ya están afuera, pues bajo hipnosis el hipnotizado esta en completo control de querer estar en estado de hipnosis o salirse, lo que sucede entonces, es que se pierde la sesión, toca repetirla, así que yo les aconsejo simplemente, que sean valientes y vean lo que tengan que ver, pues no puedes sanar lo que te niegas a enfrentar, todo lo que se expone a la luz, en luz se convierte.*

Así que me apresure a tranquilizar a Daniel:

Mary Luz: mantén la calma Daniel, sé valiente, solo actúa como un observador y un reportero, mira y repórtame todo lo que está pasando, mira como estas vestido y dímelo.

Daniel: si Mary Luz, yo me calmo, tengo los pies descalzos, un vestido de colores brillantes, bombacho, como flojo, creo que soy una mujer, sí, soy una mujer... ¡oh me falta el aire!

Daniel estaba jadeando, como si no pudiera respirar bien y gritaba, no puedo respirar… ¡aquí no hay aire!

Entonces me apresure a moverlo en el tiempo para revisar un poco mas que era lo que estaba sucediendo, le di esa instrucción que se moviera en el tiempo, a otro momento importante de esa misma vida, conté 3, 2,1 y le dije: aparece allí y dime ¿dónde estas?

Daniel: ¿qué te importa? no me molestes.

La cara de Daniel, no era la misma, su voz era retadora y burlona, entonces le dije con voz fuerte y demandante:

Mary Luz: ¿quién eres?

Daniel permaneció en silencio, sin inmutarse, no contesto.

Le volví a insistir, ¿en el nombre de la luz dime tu nombre?

Daniel: Satán es mi nombre, me da gusto que Daniel sienta miedo, me alimento de su miedo, él reza mucho pero siente miedo, eso me ayuda a estar aquí.

> *Nota:*
>
> *Ya había tenido casos así, son entidades desencarnadas que se pegan a la energía del aura de las personas.*
>
> *¿Qué es el aura? la palabra aura es un término de la nueva era, pero en realidad en términos científicos, es el campo electromagnético que tenemos los seres*

humanos alrededor del cuerpo físico, o energía materia y la ciencia humana ya lo sabe, pero otra vez viene el bloqueo con el mundo invisible y se niegan a creer en todas las implicaciones que hay de este campo electromagnético con la salud física y mental humana.

Así que le dije:

¿Qué haces allí? Daniel tenía su cara transformada, los gestos que hacia eran retadores y burlones, entonces me dijo en tono burlón:

Daniel: yo solo me estoy divirtiendo aquí, la paso muy bien pegado a sus miedos y me gusta hacerlo sufrir.

Quien quiera que estuviera hablando a través de Daniel, en verdad se divertía, pues las caras que hacía eran de placer, entonces le repetí la pregunta:

Mary Luz: ¿qué haces allí?

Daniel: mira Mary Luz, te voy a explicar, cuando nos encontramos gente que sufre, con dolor y llenos de miedo, ellos nos atraen, son como un festín para nosotros, nos atraen como un imán, es como si nos llamaran.

Mary Luz: gracias por la explicación, pero te tienes que ir.

Daniel: ¿por qué? ¿Por que tú me lo dices? (riéndose)

Mary Luz: no, no es porque yo te lo diga, tú sabes que te tienes que ir, y también sabes a donde te tienes que ir, es tu decisión si lo haces a las buenas o a las malas.

Daniel: si, yo me voy, al fin y al cabo ya me canse de este pendejo.

(Dijo esto con un ademan levantando la mano derecha mostrando el cuerpo de Daniel)

Mary Luz: ¿sabes muy bien quien te está sacando de aquí verdad? Daniel ha pedido ayuda y se le ha concedido.

Daniel: si, si, si, ya sé, ya no me digas mas, yo sé que me tengo que ir.

Nota:

Antes de continuar debo explicar algo para evitar malos entendidos, honestamente me costó mucho trabajo encontrar las palabras para explicar esto, pues hay tantas cosas escritas acerca de este tema y tantas malas interpretaciones y manipulaciones, que en realidad tuve que pedir ayuda al cielo para hacerlo de la forma más sencilla y clara.

Hasta el momento siempre he hablado del mundo invisible y de la reencarnación.

También he escrito libros, donde bajo hipnosis con la ayuda de médiums, hemos hecho contacto con seres de otros planetas y además con entidades celestiales, mi segundo libro fue una invitación a creer en ese mundo invisible que es una realidad.

Hoy debo decirles que mientras escribía este libro, por medio de otro cliente que llego a mi oficina. Hicimos contacto con otra hueste celestial de una jerarquía más alta; los ángeles tienen jerarquías celestiales y este ángel, o mejor dicho arcángel me pidió que escribiera un libro, para que el mundo se enterara de que ellos son reales y existen, mi quinto libro es un encargo de él.

Sin más rodeos, con humildad les confieso, que es un privilegio y un honor que me haya escogido para tal encargo, es el arcángel Miguel.

Sé que lo han oído mencionar en las diferentes religiones que lideran la humanidad, yo no sabía mucho por no decirles nada de él, hasta que fui contactada por el ángel Joel en mi segundo libro CREE, pues como lo escribí al principio del libro, yo no sabía absolutamente nada de ángeles, nunca me había interesado el tema, no hablaba de ellos, ni leía de ellos, ni me interesaban, simplemente era algo que ni se me pasaba por la mente.

Después de que Joel me dicto CREE empecé a leer sobre los ángeles, así que les hare un breve resumen de quien es el arcángel Miguel.

El Arcángel Miguel es el lider del ejercito celestial, es el que mantiene el orden, el que luchó contra Satanás cuando hubo ángeles que se revelaron a Dios, es temido y respetado por Lucifer y todos sus demonios o ángeles caídos.

Trabajar con él ha sido un gran honor y privilegio, además que es un gran reto, puesto que literalmente tiene la esencia de un guerrero y te trata como un soldado, no acepta debilidades y te exige disciplina y perfección, su esencia es infinitamente amorosa, pero fuerte, un amor fuerte que me ha hecho temblar cuando me ha regañado, como un papá regaña a su hijo, donde me ha tocado el corazón.

Tiemblan los cielos y el inframundo al sonido de su espada, tiene acceso al mismísimo infierno, que en realidad son los lugares más obscuros donde habitan las almas mas inmundas y obscuras, él es intocable para ellos, agachan la mirada los demonios más temibles ante su presencia o con solo nombrárselo.

Sí, así, como lo están leyendo, existe él y todas las huestes celestiales de las que han leído en los libros, no son una leyenda, un cuento o una historia, siempre se ha hablado de los ángeles y arcángeles en el transcurso de la historia de la humanidad, pero mucha gente ha decidido no creer y convertirlos en ficción, cuando en verdad son más reales que la pequeña realidad en la que vivimos.

Continuemos:

La entidad que me estaba hablando a través de Daniel empezó a decir que sí, que el sabia que se tenía que irse, precisamente porque ellos saben que al descubrirlos pueden ser sacados de allí.

Al nombrarle al arcángel Miguel, Daniel se puso en posición fetal y dijo:

Daniel: no, no, yo me voy, ya cállate.

Mary Luz: te voy a dar la oportunidad de que empieces a purgar hoy todas tus maldades y te vayas a donde te corresponde ir para purificarte y asi caminar hacia la luz cuando estes listo, o simplemente te salgas y vayas a donde tú quieras a seguir haciendo maldades, ¿qué prefieres?

Daniel: no, yo no estoy listo para irme al purgatorio, quiero divertirme más, ya me voy, al fin y al cabo ya me canse de este cuerpo.

Hubo un silencio, yo entonces dije: Daniel, Daniel, ¿me escuchas?

Daniel: si Mary Luz, aquí estoy.

Acto seguido Daniel continúo hablando:

Mary Luz, hay alguien más aquí y me dice que debo tener pensamiento positivo, que sea fuerte, que no me preocupe, que todo va a estar bien, que he pedido ayuda y me la han concedido, te dice: gracias Mary Luz.

Me explica que la razón por la cual me pasa esto es porque soy muy sensible, y por eso me lastiman, que debo tratar de cambiar para que no me afecte tanto el sufrimiento de la gente, que tengo muy buen corazón y que la gente abusa de mí por eso.

Me aconseja, que aprenda a decir que no, que debo de empezar a pensar más en mí, que todo va a pasar y que volveré a ser el Daniel de antes, fuerte y alegre, que voy a estar bien que me ayudaran a liberarme, me da un beso.

Entonces se me viene a la mente la palabra Satán, pero me dicen que no haga caso de eso, que voy a ser liberado, que poco a poco voy a fortalecerme, que por favor me ayudes a fortalecer la energía de mi espalda, los hombros, mis nervios y el cerebro.

Te pide que me enseñes a cambiar el pensamiento negativo a un pensamiento positivo y de esta manera me van a ir desapareciendo los ataques de pánico, que en cuanto esté bien voy a tener un futuro muy bueno, que hoy ya me quitaron algo que me estaba molestando, que me voy a ir recuperando.

Mary Luz: ¿quién te habla Daniel? pregúntale su nombre.

Daniel: dice que su nombre no importa, que no es uno solo, que son muchos ángeles para toda la gente, que él es uno de los ángeles que me cuida; me dice que hay mucha gente que me quiere mucho y que debo aprender a recibir ese amor y a sentir que me lo merezco, que soy muy buena gente y que soy capaz de darlo todo hasta el punto de olvidarme de mi, que debo ser un poco más duro, pues cada quien debe dar sus propios pasos, que el camino que cada quien está tomando es el que nos dirige hacia donde esta Dios.

Que no me preocupe ni tenga miedo de lo que mi familia piense sobre mi sexualidad, puesto que la sexualidad no identifica a las personas sino su corazón, su espíritu, su alma, sus acciones, eso es lo que importa.

Que aunque yo no les diga que soy homosexual, ellos lo saben y lo aceptan, porque ellos saben que soy una persona con valores y no llevo una vida de escándalos ni exhibicionismo, que de hecho están sorprendidos de mí, porque pensaron que me iba a perder.

Dice también que mi mamá está orgullosa de mi, que no esté preocupado de si mi mamá me perdono o no, que en realidad no tiene nada que perdonarme, que lo que necesito es perdonarme a mí mismo, ser amable conmigo mismo, y empezar a ser yo mismo mi prioridad.

El ángel me cuenta que él estuvo conmigo en la entrevista de inmigración, que de hecho había muchos ángeles conmigo allí ese día, por eso todo salió bien, que cuando salí al carro y llore fue de alegría de tanta energía que había allí, me dice que hoy he sido liberado de esta entidad pero que hay que seguir el proceso, que es verdad que Dios y la virgen nos escuchan cuando les pedimos, ya se va Mary Luz, se despide.

Nota:

Todo el tiempo estuve muy atenta tomando las notas de lo que le decía su ángel a Daniel, estaba muy contenta de saber que había intervención divina y estábamos siendo asistidos, puesto que por lo general los casos de entidades pegados al campo electromagnético son un poco difíciles, así que me alivió el hecho de que se le había otorgado ayuda y estábamos siendo asistidos.

Bueno, en general siempre nos ayudan pues todo lo que sucede en este lugar es porque Dios permite que suceda, no se mueve ni una hoja en el universo, ni nada sucede sin la voluntad de Dios, la ayuda allí está siempre, solo que debes estar disponible para recibir esta ayuda y si no, ni te enteras que existe.

Entonces me dispuse a sacar a Daniel del trance.

Mary Luz: muy bien Daniel, lo has hecho muy bien, Ahora ve un ratito a tu jardín para que te sientas fortalecido, 3, 2, 1 ¡aparece allí!

Daniel: allí esta mi león, la flor, el pavo real, pero me miran extraño Mary Luz, como asustados, como si me desconocieran.

Mary Luz: no te preocupes Daniel, es que pasaste por un momento difícil, pero ellos te aman mucho y están aquí para ayudarte.

Daniel: si, ya se acercan, son muy cariñosos... ¡ay qué lindo león! se me echa encima, y el pavo también, la flor se estira para que la mire.

Mary Luz: si descansa, simplemente descansa y recupera tu energía.

Luego de dejarlo en recuperación por unos breves minutos lo saque del trance, todo había quedado grabado, pues en estos casos me aseguro de que quede una evidencia de lo sucedido, la incredulidad de la gente es grande y solo oyéndosen a si mismos pueden creer que es lo que los aqueja.

Daniel escucho la grabación y estaba atónito, expreso que era increíble como su voz estaba transformada y sus palabras eran vulgares, entonces me apresure a tranquilizarlo y a decirle que era un suertudo, que tenia ángeles de luz que Dios había oído sus oraciones y se le había otorgado ayuda celestial, que en verdad se la había ganado, pues nada nos dan de gratis, todo no lo tenemos que ganar, estamos aquí para ganarnos la luz.

Daniel expreso que no se acordaba sino de trozos de lo que había sucedido, pero que se acordaba muy claro de la palabra Satán, y me pregunto si era el mismo diablo el que lo molestaba.

Le dije que no, ese no es un demonio grande no te preocupes, ese es uno pequeño, en los demonios también hay jerarquías y créeme ese es de los pequeños, yo he lidiado con unos grandes y este no es uno de ellos.

Daniel se tranquilizo y apresuradamente dijo: dame una cita para mañana, yo voy a ser disciplinado como tú me dijiste, debo hacer esto una prioridad; entonces acordamos para vernos el día siguiente.

Daniel se presento a su cita muy puntual y colaborador, entonces le hice una inducción hipnótica, rápidamente cayó en estado profundo de hipnosis.

Daniel: ya estoy en mi jardín Mary Luz, la flor blanca me recibe, ¡oh que linda! se estira hacia mí y me acaricia con sus pétalos, no lo puedo creer, ¿esto es real Mary Luz?

Mary Luz: no lo dudes Daniel, tan real o más real que la pequeña realidad en la que vivimos.

Daniel: es que estoy sorprendido, hasta siento su olor y como me toca, ¡oh me habla! me dice que ella es la paz, sigue acariciándome con sus pétalos blancos brillantes, ¡Mary Luz esto es increíble! es como un animalito que me acaricia, me dice que no este triste que Dios está conmigo, me dice que lo que yo pida se me concederá, que yo soy bueno por eso Dios está conmigo.

¡Allá viene mi león! a él no hay que llamarlo, ¡viene corriendo! ¡Augh! se me tiro encima, me abraza, ¡oh que lindo Mary Luz! las flores bailan, el pavo abre y cierra su cola, llamando mi atención, ¡wow! ¡No lo puedo creer! ¡El árbol me habla! me dice:

¿"Y… yo que"? entonces me acerco a él, y él como que se estira para alcanzarme, me dice que tenga fortaleza, que en realidad yo ya soy fuerte, pero que me tengo que fortalecer mas.

Mary Luz: ¡que lindo! disfruta la compañía de todos los que te aman y están allí para ayudarte, y prepárate para viajar una vez más a donde tengas que viajar.

Daniel: si Mary Luz, guíame.

Mary Luz: voy a contar de 3 a 1 cuando llegue a 1 estarás donde tengas que estar, para ver lo que tengas que ver.

Acuérdate que vas como un observador y un reportero, tu eres mis ojos, y yo soy tu guía, 3, 2,1 ¡aparece allí! y dime ¿donde estas?

Daniel: me veo cuando cumplí 15 años, alguien me dio dinero para irme al cine por mi cumpleaños.

Mary Luz: muy bien Daniel, disfruta de ese momento y prepárate para viajar a la causa del problema que tienes ahora.

Luego de pedirle que fuera a la causa dijo:

Daniel: ahora veo la imagen de una persona que enterraron viva, esta persona está encerrada en una caja, ¡ay esa persona está viva! Mary Luz, es una mujer.

Mary Luz: mira tus pies, dime si los puedes ver.

Daniel: si, veo mis pies, no tengo zapatos.

Mary Luz: descríbeme tu ropa.

Daniel: es ropa bombacha, como de colores luminosos, verdes, rojos entremezclados.

Mary Luz: lo estás haciendo muy bien Daniel, ahora dime, ¿eres tú esa mujer?

Daniel: (exaltado) ¡si Mary Luz! soy yo la mujer.

Mary Luz: ¿cuál es tu nombre?

Daniel: Gloria.

Mary Luz: ¿en qué año estas?

Daniel: 1858

Mary Luz: ¿en qué país?

Daniel: Inglaterra.

Mary Luz: ¿qué edad tienes?

Daniel: 35 años.

Mary Luz: muy bien, voy a contar de 3 a 1 y te irás al momento antes de que estuvieras en esa caja, para encontrar la razón por la cual estas allí, ¿estás listo?

Daniel: si.

Mary Luz: 3, 2,1 ¡aparece allí! y dime ¿dónde estás?

Daniel: estoy en un castillo, estoy como encerrada, no me permiten salir. Son mis padres los que no me dejan salir, yo soy la hija de unos ricos, el lugar donde estoy es muy lujoso, los muebles de la habitación son muy finos, puedo ver desde mi ventana pinos y arboles, es un paisaje muy bello.

Mary Luz: muy bien, continúa relatándome todo lo que suceda.

Daniel: ya vienen por mí, los gendarmes están aquí, pero en realidad yo no hice nada, me acusan de hereje, yo les digo que yo si creo en Dios, pero no me escuchan, me llevan... me dicen ¡camina!

Ahora me están metiendo en la caja y me gritan: ¡te vas a morir! clavan la caja donde me metieron, oigo como ponen todos los clavos, por momentos siento que queda un espacio por donde podría respirar, pero luego veo que todo está cubierto, no hay ningún espacio, han cubierto completamente la caja, me tiran al arrollo... allí morí asfixiada.

Les alcance a gritar que los perdonaba.

Mary Luz: has sido muy valiente, ahora que has dejado ese cuerpo deja que la energía fluya libremente, puedes recordarlo todo, cosas que ni sabias que tú sabias, dime ¿cuál es el aprendizaje de esa vida?

Daniel: fallecí, fui asesinada porque me acusaron de hereje de no creer en Dios, pero en realidad si creía en Dios, solo que me negué a creer en Dios como ellos querían que yo creyera.

Los reyes exigían que creyeran en Dios como ellos lo ordenaban, de otra forma te mataban.

Por no seguir las reglas que seguía toda la gente, me tiraron a un rio encerrada en una caja estando yo viva. Pero yo los perdone, y se los grite, les dije que los perdonaba.

El dolor de esa experiencia de vida se quedo guardado en mi, por eso es que le tengo miedo a los lugares cerrados, me desespero si estoy en un lugar cerrado, ahora entiendo de donde traigo ese miedo.

También producto de esa experiencia me da miedo estar solo, y miedo a lo desconocido. También tengo miedo al futuro, porque ella quería tener un futuro que nunca llego.

También siento miedo a no saber donde estoy, donde me encuentro y proviene de allí de esa experiencia dolorosa.

Eso es todo Mary Luz, de allí traigo esos miedos.

Mary Luz: muy bien Daniel, prepárate para sanar, dejar ir ese dolor y quedarte con la sabiduría.

Acto seguido hago una sesión de liberación energética. Luego lo envío a su lugar seguro para que se recupere.

Daniel llega muy puntual a su cita, me informa que se está sintiendo mejor pero que aún tiene problemas para dormir, que ya está mucho más tranquilo, que esta asombrado con su recuperación y muy dispuesto a trabajar duro para liberarse de esto, yo lo felicito por su buena actitud y disposición, acto seguido empezamos una nueva sesión de hipnosis.

Daniel cae rápidamente en un estado profundo de hipnosis, yo estoy a punto de darle una instrucción para que vaya a su lugar seguro, pero Daniel no me da oportunidad de hablar e interrumpe diciendo:

Daniel: hay un ángel que me quita peso de la espalda, es como si me jalara algo de la espalda, me saca también algo de la cabeza y me sopla el corazón.

Durante las palabras de Daniel, él iba moviendo sus manos mostrándome de donde él sentía que le sacaban algo, entonces yo le pregunté:

Mary Luz: ¿qué te sacan?

Daniel: Mary Luz, él ángel me dice que el ataque ha sido fuerte, que me han dejado muy lastimado, me está limpiando la energía, literalmente siento que algo me saca.

Mary Luz: pregúntale su nombre Daniel.

Daniel: dice que su nombre no importa, me dice que no tenga miedo que Dios está conmigo, que nada me va a pasar, me abraza, no entiende porque tengo miedo, si tengo tantos que me aman.

Mary Luz: muy bien Daniel, solo infórmame por favor cuando él haya terminado de limpiarte y dale las gracias de mi parte por favor.

Daniel: si Mary Luz, pero él te escucha y ya ha terminado dice que continuemos.

Mary Luz: ahora prepárate para ir a tu jardín Daniel, a medida que voy contando hacia atrás viaja a tu jardín.

Daniel: ya estoy en mi jardín, allí esta mi flor, mi león corre hacia mí, es tan cariñoso, quisiera que lo vieras como corre apenas me ve, el pavo es más tímido pero ya viene también, mi león me dice que voy a ser muy valiente, mi árbol me dice que tome toda la fuerza que necesite de él, la fortaleza del león y el árbol me van a ayudar, me dicen que tengo esas 3 personalidades, la del león, la del pavo y la del árbol, el que me está diciendo esto es el árbol, y me asegura que voy a descubrir ese potencial en mi, apenas vaya mejorando, que no tenga miedo de nada, que ponga todo en manos de Dios.

Mi árbol y mi león me dicen: ¡te lo dijimos que tú podías! el pavo real solo me mira… Mary Luz algo pasa con mi flor, se está marchitando, le pregunto qué le pasa y ella me responde que es su ciclo que va terminando, que vendrá otra en su lugar que me querrá igual que ella, que no me preocupe, que aunque ella se vaya, siempre estará conmigo la luz de la pureza, la luz del altísimo.

Me explica, que desde el principio ella sobresalía de las otras flores para que no dudara del altísimo, que toda la vida es por ciclos, tarde o temprano aquí o en otro espacio nos vamos a encontrar, que no me preocupe que voy a estar bien, que para que quiere que me repita lo que ya sé, también me comenta que me ve más fuerte, que ve un hombre fuerte, no como cuando llegue, que parecía un animalito asustado, que hoy era el momento de decírmelo, que ya casi estoy como mi león de fuerte, me lo está diciendo porque no sabe si la próxima vez ella va a estar conmigo, pero por si al caso, ya me lo dijo.

El león me dice que cada vez lo voy a necesitar menos, pues estoy adquiriendo una fuerza terrible, que ellos han sido enviados para ayudarme, que el pavo real, aunque lo vea delgadito es muy fuerte, que escogí bien las 3 fortalezas que necesitaba.

Mary Luz, ahora me habla el pavo real, me dice que yo tengo su fuerza y su belleza, los pavos reales te protegen, te dan fortaleza y belleza.

Que las personas que eligen a los pavos reales es porque tienen belleza interior, pero que no piense en la belleza de afuera pues esa belleza se acaba, pero lo de adentro sigue y sigue, es el tipo de belleza que todos quieren tener pero que pocos, pocos la tienen; que si todos hicieran un esfuerzo la tendrían porque todos somos hijos de Dios, pero que no todo el mundo se esfuerza por llegar a esa belleza.

Me comenta que estoy recibiendo mucha ayuda de parte tuya, que no sabe por qué le pregunto si yo ya lo sé.

Mary Luz: ¡oh que lindo saber que los pavos representan la belleza interior! porque yo tengo un pavo real al lado, me lo dijo uno de mis ángeles, pero yo me quede pensando ¿un pavo real? ¿Será para que me muestre más? pues tengo la tendencia a ser tímida y ahora tú me dices que es por la belleza interior, gracias por la información, que lindo.

Daniel: el pavo contesta a tu comentario, dice: que no te hagas, que tu sabias que es por la belleza interior que buscamos los pavos reales.

Nota:

Bueno, me imagino que yo ya sabía a nivel subconsciente esa información, porque a nivel consciente yo no entendí el día que me dijeron que era un pavo real el que tenía al lado, y que estaba conmigo siempre, pensé que era que me tenía que mostrar más, pero en fin, estaba a punto de enterarme que en realidad yo sabía cosas que no sabía que yo sabía, pues más adelante me empezaron a decir que hiciera lo que yo ya sabía hacer, ya lo verán.

Daniel: el pavo real dice que lo estamos haciendo hablar mucho, que le decimos el tímido, pero que en realidad no lo es, que él solo estaba esperando la oportunidad que le correspondía para hablar, y me reafirma una vez más que lo bello es lo de adentro.

Mary Luz, todos te dicen que gracias por ayudarme, que ellos me trajeron aquí, pues me vieron buscando ayuda y sintieron mi dolor, que ven que no disfruto de nada por mis miedos, pero que las cosas pasaron como tenían que pasar, que ellos me ayudan.

El pavo me comenta que cuando yo finalmente viajé a México, para visitar a mis familiares después de la muerte de mi madre, ellos estaban conmigo en el avión para que no me diera miedo, que no entiende cómo es que no me doy cuenta de lo grande que es mi corazón, que tengo mucha luz, que aunque siempre tengo una sonrisa y soy una persona maravillosa, que también tengo mis problemas y que debo de aprender a canalizarlos, que no me preocupe, que tú me vas a ayudar a hacer eso; que debo aprender por mí mismo, me dice con tono fuerte pero amoroso, ¡basta de sufrir por los demás !

Mary Luz: vaya que es en serio que el pavo no es tímido, mira al tímido no para de hablar.

Daniel: el pavo contesta a tu comentario, dice:

Que él solo estaba esperando que le dijeran de allá arriba cuando era su turno de hablar, y sigue comentando lo siguiente:

> *Todos somos hermosos, independientemente de la naturaleza que tengas, pues todos somos creados por Dios. El pavo*

Mary Luz, el león y el árbol guardan silencio, solo escuchan y lo que comentan es que ellos no tienen nada más que decir, que ya el otro lo dijo todo, que ya lo conocen, que él es así.

Luego de terminar de recibir las lindas palabras de su pavo, hicimos una sesión donde recordó momentos difíciles de su juventud, e hicimos liberación de energía de dolor.

Nota:

Quiero detenerme un poco aquí, para hablar de la liberación de energía en desarmonía, como yo le llamo, ya que he escuchado muchas técnicas que utilizan llamadas: Liberación de emociones y de hecho lo ofrecen como un tipo de terapia alternativa.

Si, claro que se puede liberar energía emocional, atrapada en la energía materia que es el cuerpo, con diferentes técnicas, pero solo si es algo superficial pues en muchos casos es necesariono llegar a la profundidad de la hipnosis regresiva, déjeme decirles porque.

La razón por la cual estamos encarnados en cuerpos humanos, es para evolucionar el alma a través de la EXPERIENCIA.

Los seres humanos somos experiencia pura, como me lo dijo el ángel Joel, aprendemos a través de la experiencia; en otras palabras, pasamos por momentos dolorosos y de placer con el único objetivo de aprender lecciones para ir evolucionando y perfeccionándonos, hasta llegar al punto de no necesitar encarnar mas, y seguimos aprendiendo pero a un nivel diferente en otras dimensiones.

He escuchado cosas como estas de parte de clientes y profesionales de terapias alternativas.

Clientes:

¿Hay alguna forma de que me puedan quitar todo este dolor, sin necesidad de tener que recordar todo lo que me paso?

¿Por qué tengo que pasar otra vez por recordar lo que me sucedió si me duele tanto?

Yo no quiero ni saber nunca más de eso que me sucedió, porque me sigue doliendo.

¿Puede la hipnosis borrarme la memoria y que yo no recuerde lo que me paso para que ya no me afecte?

<u>*Terapeutas:*</u>

No hay necesidad de que las personas recuerden lo que les sucedió, ¿para qué ?si se puede liberar la emoción sin que la recuerden.

Para que hacerlos sufrir, si vienen a que los sanemos.

<u>*Mi respuesta es:*</u>

<u>*"No puedes sanar lo que te niegas a enfrentar".*</u>

Si el objetivo de reencarnar en humano y vivir una experiencia humana es para evolucionar a través de la experiencia, ¿cuál sería el sentido de la experiencia si nos negamos a asimilar el dolor y el placer, para en consecuencia entender la sabiduría de cada experiencia?

El dolor y el placer tienen un propósito que se llama <u>aprendizaje</u>.

Si te niegas a enfrentar las experiencias dolorosas sin resolver, que se han convertido en conflicto dentro de ti, es como si te negaras a aprender.

Si te quedas atrapado en el placer y creas apegos y no dejas ir, también te estás negando a aprender.

Todas las experiencias humanas son efímeras y temporales, lo único real y perenne es el amor, de hecho es lo único real, el resto es solo una ilusión, simplemente una forma de aprender.

Hay una razón divina por la cual pasamos por cada una de las experiencias en la vida y esa razón es en el mejor beneficio del crecimiento del alma.

El objetivo no es que sufra la persona en el momento que recuerda la experiencia que tanto le causo dolor, el objetivo es liberar la energía de dolor y quedarse con la sabiduría, y esto ocurre al concientizarse de que tuvo que pasar por esa experiencia dolorosa para aprender.

Por otro lado, la energía emocional de dolor que es liberada se debe transmutar o transformar en energía pura, como era en su principio; puesto que todo se recicla en el universo, nada se pierde, todo el dolor al transformarlo en sabiduría se convierte en energía purificada, el entendimiento de lo que te sucedió, el aprendizaje o enseñanza de esa esperiencia y el perdonar a tu agresor es lo que hace que surja la conciencia del amor.

Al final todo se debe convertir en amor, algunas veces hacemos el rol de "victimas" y otras de "victimarios" nos intercambiamos de roles para enseñar y aprender lecciones, por eso es que hay que perdonarnos, porque todos nos equivocamos y al perdonar abrimos las puertas para que nos perdonen cuando nosotros nos equivocamos.

Ejemplo:

Violación:

¿Cómo podemos saber que el que fue violado no fue un violador en una vida pasada? O ¿que la única forma de que entendiera una determinada lección era a través de esta experiencia de vida? O ¿tal vez le debía karma a quien lo violo? Y esto son solo 3 probabilidades las que doy, las posibilidades son infinitas, imagínense cuantas interacciones humanas pueden tener las almas, para crear causas que a su vez generen efectos.

El karma no es revancha, no es castigo, es: <u>causa y efecto.</u>

No puede existir efecto sin causa, cualquier experiencia por la que pasamos en la vida tiene como objetivo aprender y es el efecto de una causa creada en algún momento de nuestra existencia.

Cabe aclarar, que al hacer liberación de energía en desarmonía, siempre lo debe hacer una persona debidamente entrenada para hacerlo, con la conciencia del amor y entendiendo que el que sana es Dios, el terapeuta solo es un facilitador y de que no se trata de que sufra el sujeto, sino de que enfrente lo sucedido, lo entienda, aprenda y pueda liberar el dolor.

Daniel se presenta a una nueva sesión, reportándome que aunque ha mejorado mucho, se siente muy fortalecido y además ya está manejando su carro nuevamente a distancias cortas, sigue teniendo mucho miedo y no puede dormir.

Le explique que era un proceso de recuperación por el que estaba pasando, que mantuviera la fe y buena disposición, que todo a su tiempo se iba a resolver, y que dependía mucho de él que llegara hasta el final, que era fundamental que se mantuviera fuerte.

Luego de esto empezamos la sesión hipnótica.

Daniel: el ángel me dice, ¡alto! ¿Qué tienes? ¿Por qué te sientes solo? ¿Por qué tienes miedo?

Sí, te están atacando mucho, pero si tú quieres puedes vencerlos, es algo que debes quitar de tu mente, tú puedes, pero necesitas ayuda.

Es como si te cambiaran códigos de programación, estas teniendo sensaciones en tu cuerpo otra vez, dile a la persona que te está ayudando que si ella quiere, te puede quitar todo eso.

Nota:

Yo pensé, ¿oh si ? pues yo si quiero de eso no hay duda, y si tú dices que yo puedo, pues te lo creo, me imagino que iré sabiendo que hacer por el camino, porque en realidad todo lo que yo hago en mi trabajo ha sido un descubrir, en serio que hago cosas que yo no sabía que podía hacer y digo cosas que no sé ni de donde me salen, así es que han nacido algunos de mis libros, que no han sido dictados, simplemente me salen las palabras, pero qué bueno que me dicen que puedo.

Lo agradecí en silencio y pedí con humildad que por favor me guiaran.

Daniel continuaba hablando:

Mary Luz, me dicen que es como si me hubieran reprogramado las emociones, que en realidad no tenía que pasar por tanto dolor, se han aprovechado de mi sensibilidad, que tengo mucha luz, que voy a salir adelante.

El me insiste Mary Luz, me dice: Daniel, ella te puede ayudar, ella sabe cómo ayudarte, tú fuiste creado para ser feliz.

Mary Luz: ¿hay alguna otra entidad en su energía? (le pregunté al ángel).

Daniel: dice que son varios, que por eso siento que me tiemblan los brazos, pero me dice: cálmate, vas a estar bien.

Nota:

Recordé que en una ocasión, me habían dicho los invisibles que había muchas formas de sanar, pero que uno de mis dones de sanación estaba en mi voz, en ocasiones anteriores ya me había enfrentado a entidades oscuras como les he comentado anteriormente, así que este era un enfrentamiento más.

Mary Luz: (con tono imperativo) ¿qué entidades hay allí? ¡Hablen!

Daniel: hay 3 sombras que me persiguen, se han presentado, los puedo ver.

Mary Luz: ¿qué quieren?

Daniel: dicen que sufren, los han enviado y ellos obedecen porque se sienten identificados con mis miedos, Mary Luz, los puedo ver, sufren tanto como yo, están muy asustados.

Nota:

Ustedes se preguntaran, ¿de qué hablan? ¿Cómo así que los enviaron? ¿Quién los envía?

Lo explicare con una frase que ya he dicho anteriormente, repito frases con el objetivo de que se vaya hilando lo que se va aprendiendo y todo vaya tomando mas sentido, pues todo esta conectado.

"Para los que lo creen y los que no lo creen, todos los días se enfrentan dos fuerzas visibles e invisibles, la fuerza de la luz y la fuerza de la oscuridad, sabio el que lo crea y muy inocente el que se niegue a creer"
Luz

Se los explicare de la forma más sencilla posible.

Es como una competencia, hay dos bandos, el de la luz y el de la oscuridad o luz oscura, que todos los días luchan por ganar almas.

Hay reglas preestablecidas, que las he aprendido o recordado por el camino, con la práctica de este trabajo, y una de las reglas es el libre albedrio, ya que por decisión propia, muchas veces nos llenamos de miedo y cuando tienes miedo ¡voilá ! se abre la puerta a entidades oscuras del mundo invisible.

En términos más científicos, es electromagnetismo, los atraes como abeja a la miel.

Daniel acababa de confirmármelo una vez mas, dijo explícitamente:

"se sienten identificados con mis miedos".

Ahora bien, ¿quién los manda ? la respuesta es: los oscuros, hay jerarquías en el mundo invisible de la luz y de la oscuridad, así como hay ángeles y arcángeles de luz que lideran legiones celestiales, así también hay seres de oscuridad lo que llaman demonios, que son ángeles caídos que también lideran demonios de oscuridad, y como lo había sospechado desde un principio y además se lo había dicho a Daniel, estos son pequeños, pero no se confundan, que sean pequeños no significa que son inofensivos y además que estén liderados por demonios grandes para propósitos perversos.

¿Por qué se le llama luz oscura, a los de la oscuridad?

Porque ellos también vienen de la luz, solo que a través de su maldad nos ayudan a reconocer la luz que vive en la oscuridad; es un concepto un poco difícil de entender, pero poco a poco lo irán entendiendo.

Pero continuemos:

Al confirmar que eran pequeños demonios, aproveche para ofrecerles la oportunidad de que se fueran a pagar sus deudas, para luego poder ganarse la oportunidad de irse a la luz.

Yo sabía que esto iba a enfurecer a su jefe, porque no solamente les iba a echar a perder su misión, sino que además, si ellos aceptaban irse al purgatorio que es el lugar donde deben ir, es como si le hubiera ganado esas almas.

Con humildad les digo, que si estoy haciendo este trabajo es porque no tengo miedo, si te metes en esto, aquí hay que tener temple de acero en muchas áreas, así que se los ofrecí.

Mary Luz: escúchenme bien, hay dos opciones, hoy se van a tener que salir de allí, pueden salirse e irse a donde ustedes quieran a seguir haciendo maldades, o pueden irse a pagar sus deudas por las malas acciones que han hecho y así purificarse para poder empezar el camino de regreso a la luz, ¡decidan !

Daniel: dicen que se sufre mucho al lugar donde tienen que ir, pero dicen que si, que aceptan tu oferta, que se van al purgatorio y que están arrepentidos.

Mary Luz: los felicito, ¡orare por ustedes! ¡Salgan de la energía de Daniel! miren al lado derecho, en el nombre de la luz se abrirá la puerta que los llevara a donde tienen que ir.

Daniel: ya se van Mary Luz, dicen, gracias.

Daniel llega a una nueva sesión reportando que esta mas recuperado, que se siente más fuerte, que aun siente muchos miedos, pero que ahora los enfrenta.

Comenta también, que está muy disciplinado con sus ejercicios mentales, que nota sus efectos puesto que le han ayudado a controlar sus miedos y que además hoy llego a su cita manejando su carro, que ya está manejando cortas distancias venciendo sus miedos, pero que aún tiene muchos problemas para dormir, que prácticamente la pasa en blanco despierto toda la noche.

Por mi parte lo felicito y lo motivo a seguir adelante, luego de eso comenzamos la sesión de hipnosis.

Estando Daniel en un estado profundo de hipnosis, le pido que se vaya a la causa de lo que está experimentando ahora, Daniel me informa lo siguiente:

Daniel: estoy acostado y algo están haciendo en mi cabeza, dicen que hay una programación en mi cabeza.

Mary Luz: por favor sé mas especifico, ¿estás acostado en donde?

Daniel: es una mesa, o una camilla… como que me examinan, mueven algo en mi cabeza.

Mary Luz: ¿quién te examina? ¿Estás recordando una consulta con el doctor?

Daniel: no Mary Luz, no son gente de aquí.

Mary Luz: ¿qué quieres decir con que no son gente de aquí?

Daniel: que no son humanos... son grises, tienen los ojos grandes, ovalados, negros. Hablan entre ellos mientras me examinan, quieren saber cómo funciona mi cerebro, no me duele nada, pero si mueven algo en mi cerebro, lo puedo sentir aunque no me duele.

Mary Luz: ¿quienes son ellos? ¿Con que autorización hacen eso?

Daniel: dicen que ellos no necesitan autorización.

Estaba yo a punto de empezar a interrogarlos, cuando Daniel me interrumpió diciendo:

Daniel: Mary Luz, te dice el ángel que no importa quienes son, que no te distraigas, que te concentres en reprogramarme, que tú sabes cómo hacerlo, te dice lo siguiente:

Mary Luz, limpia y reprograma a Daniel, lo han desprogramado, le movieron emociones y la parte que controla el sueño también está afectada, tienes que hacer limpiado y sellado, para que no vuelvan a acercarse a molestarlo, tú sabes cómo hacerlo.

Nota:

Confieso que fue una sorpresa para mí cuando me dijo que yo sabía cómo hacerlo, pensé de nuevo: ¿oh sí? ¿Yo sé hacerlo? pero no me atreví a decir nada, me limite a seguir instrucciones, con la certeza que iba a venir a mi mente lo que yo tenía que hacer, porque simplemente ya me había ocurrido anteriormente.

Después entendí, cuando hice regresiones a mis vidas pasadas, que ya había hecho este trabajo anteriormente en otras vidas, en realidad si sabía hacerlo y cuando trabajaba simplemente estaba recordando lo que ya sabía, recordé las palabras del ángel Joel.

"Somos lo que hemos sido" Joel

Mary Luz: sí, lo hare, gracias por ayudarnos.

Daniel: dice que siempre busques a los seres de luz para que te ayuden, que han podido ayudarnos porque hemos pedido ayuda, de otra forma no podrían intervenir.

Mary Luz, te dice que tienes un ejército de luz que te protege, pero de todos modos ten cuidado.

A mí me dice que debo de cambiar mi estilo de vida, que no todo es trabajo, ¡ya basta de esclavitud Daniel! ¿Por qué cargas con cosas que no son tuyas?

Dice que no les es permitido identificarse pero que siempre, siempre que necesites ayuda Mary Luz los llames; todos somos ángeles, pide siempre a los ángeles ayuda, a la gente que ayuda, si nosotros vemos que necesitan ayuda llegamos, a ti llegamos porque tú nos atraes, pues somos una inmensidad.

Mary Luz, tu nos atraes porque tu corazón es de luz, todas las personas que ayudan con amor a la humanidad los ayudamos y siempre estaremos allí, el de abajo es poderoso, pero para Dios no hay imposibles.

Mary Luz, dile a Daniel que piense mas en él, que no cierre su corazón, que sí está bien ayudar, pero que ayude sin que le afecte.

Daniel sonríe, pero por dentro se está muriendo de dolor como los payasitos, él es de los que quisiera tener poder para resolverle la vida a todo el mundo y él no fue creado para eso, Daniel fue creado para ser feliz, dile que ya no sufra mas, que aunque no disfrutó por mucho tiempo, todavía puede disfrutar, vienen cosas buenas para él.

Nota:

¿Qué quiso decir el ángel de luz que nos guiaba con que tengo un ejército de luz? quiso decir que cuando trabajas con las fuerzas de la luz, inevitablemente te echas de enemigos a los oscuros, yo les he dicho a varios demonios en diferentes ocasiones, que no es nada personal, que simplemente tengo que hacer mi trabajo como ellos hacen el suyo y ellos me han contestado que para ellos si es personal.

Pues que les puedo decir, no esperaba menos de ellos, de todos modos tengo que seguir adelante, tengo que hacer lo que vine a hacer.

También fue lindo cuando el ángel dijo, que a todas las personas que ayudan con amor a la humanidad, los ayudan y siempre estarán allí, pues esto es una confirmación para los humanos que trabajan para un mundo mejor que nunca están solos, siempre hay entidades de luz o hermanos mayores apoyando y ayudando, la esencia y vibración de luz, de los que trabajan con amor y por amor para la humanidad, atrae la vibración de los seres de luz, todo es energía.

El ángel se despidió y entonces yo procedí a hacer la limpieza, el sellado se haría después, cuando ya todo estuviera limpio.

¿Como lo hice? simplemente recordé lo que ya sabía hacer, a mi mente venia la información, yo misma estoy sorprendida era en serio que sabía. En un futuro libro revelare como lo hice.

Daniel llega a una nueva sesión, venia contento, tenía una gran sonrisa, comentando que su esposo estaba viendo el cambio en él y que estaba feliz de que estuviera mejorando, pero que seguía con el problema que no podía dormir, que había mejorado, pero que igual solo conciliaba el sueño por unas 2 horas y luego se despertaba y ya no se podía dormir.

Hice una inducción rápida de hipnosis y Daniel cayó en trance profundo.

Daniel: mi árbol me saluda y me abraza, me dice que toqué fondo pero que estoy renaciendo, mi león y pavo real me miran y escuchan mi plática con el árbol.

Mi árbol dice, que él sabe que hay gente que me quiere ver en el piso y saben que estoy bajo de energía, has pasado por algo muy difícil me dice, pero lo estas superando, sabes que eres fuerte y humilde y que necesitas ayuda, la has pedido y te la han dado, ¡vamos adelante, te lo dije, tu eres fuerte! tú fuiste creado para dar amor, tienes la fuerza mía y la del león, ¿ves? el pavo real es muy cauteloso, muy inteligente y precavido, también tienes su energía, estas dotado con esas 3 energías de nosotros.

También tienes la pureza, el brillo y la luz de esa hermosa flor blanca, el blanco de la pureza de tu alma, no de la pureza del cuerpo, pues tu materia, como las materias no son puras, pero tu alma si.

Necesitas que te terminen de hacer el ajuste, pues hay una área descontrolada, tu solo no lo puedes hacer, pero pronto volverás a la normalidad, siempre que nos llames estaremos contigo, pero tenemos limitaciones, el único que te puede ayudar en todo es Dios.

Cada uno te ayudaremos en nuestra propia función, para eso fuimos enviados, para ayudarte, ahora continua, necesitas ir con los otros para que te ayuden.

Mary Luz: muy bien Daniel, ¿ves cuanto te aman? ahora continuemos con la limpieza.

Daniel: si Mary Luz, me siento amado, gracias.

Mary Luz: ve nuevamente a la causa del problema, ¡3, 2,1!

Daniel: estoy como en una especie de quirófano, hay 3 personas… o mejor dicho, seres que me miran, son los mismos que vi la vez pasada, no son humanos.

Mary Luz: quiero que observes todo lo que pasa allí y me digas que es lo que hacen.

Daniel: me están examinando, quieren saber cómo es que funciona mi cerebro, es como si metieran su mano adentro de la energía de mi cerebro y mueven cosas.

Si… ¡ay, ay! ¡Movieron algo en mi cabeza!! ¿Qué hago?

Mary Luz: mantén la calma Daniel, todo está bien, mantén el control, eres muy valiente, escucha y sigue mis instrucciones.

¿Cuál es el área de tu cabeza en la que sientes que han movido algo? muéstramelo con tus manos.

Daniel: (mostrándome la parte izquierda de su cabeza desde la frente hacia atrás en la nuca) es como en esta área, es la zona 864.

El ángel esta aquí, él fue el que me dijo el numero del área y te dice: hay que acomodarlo Mary Luz y luego actívale el pensamiento positivo, tu puedes hacerlo; al dejarlo activado él empezara a transmutar el pensamiento negativo a positivo, lo han desprogramado y además tiene muy malas tendencias de engrandecer lo negativo y rara vez ve lo positivo, tiene la tendencia a multiplicar y darle mucha importancia a lo negativo, solo acomoda y activa el sistema Mary Luz, de ahí en adelante su mente empezara a hacerlo por si solo.

Mary Luz: si, así lo hare, gracias por la ayuda.

Otra vez mis queridos lectores, no sé como lo hice, pero lo hice. ¿Sorprendidos? yo estoy tan sorprendida como ustedes.

Nota:

Por otro lado quiero aclarar que las habilidades que tengo, que no sabía que tenía y que he ido descubriendo por el camino, no servirían de nada, si la persona que busca mis servicios no estuviera dispuesta a sanar; ya que al fin y al cabo la decisión de estar sano o enfermo es personal, aunque suene un poco paradójico, muchas personas a través del sufrimiento que produce una enfermedad, aprenden lecciones muy valiosas, que de otra forma no aprenderían si no pasaran por este dolor.

Todo tiene una razón de ser en la vida y de todo se aprende, aprendemos de las experiencias bonitas y agradables y aprendemos de las experiencias dolorosas.

Daniel estaba muy dispuesto a deshacerse de todo este dolor, había estado sufriendo por muchos años y había llegado el momento de deshacerse de su padecer, su actitud dispuesta, su disciplina y fe jugaron un factor muy importante para que su caso fuera todo un éxito, y de hecho, viene a mi mente los casos de personas que he tenido que literalmente se sientan en mi silla, pensando que tengo algún tipo de poder especial y se sorprenden cuando les digo que no, que el poder de sanar lo tiene Dios, y ellos deben descubrir su propio poder de sanación, que yo solo tengo una serie de habilidades que puedo aplicar para ayudarlos a resolver lo que tengan que resolver, que simplemente soy una facilitadora para que la sanación suceda; algunos entienden el concepto, otros insisten en que yo soy la que los debo de sanar, en tal caso les digo que no se gasten ni su tiempo, ni su dinero, porque simplemente no va a funcionar, hay que hacer cada uno su parte, es un trabajo en equipo, hay una frase que escribí inspirada en estos casos.

"El mundo busca la sanación afuera ignorando que la llevan dentro". Luz

Daniel se presenta a una nueva sesión informándome que se siente mucho mejor, que ha mejorado substancialmente y que hasta ha vuelto a sonreír como antes, también ya ha empezado a trabajar nuevamente puesto que ya se siente más fuerte, que lo único que lo sigue molestando es que aun no logra dormir toda la noche completa, que se duerme por un rato y se despierta.

Yo lo felicito por su progreso y lo motivo para que siga adelante.

Luego de una inducción hipnótica rápida, Daniel cae en profundo trance hipnótico y dice lo siguiente:

Daniel: Mary Luz, aquí está el ángel que nos ayuda, me saluda y me dice que le da gusto que ya esté mejor, te envía una lluvia de amor a tu corazón.

El ángel me dice que le gusto mucho verme esta mañana, pues me sentía tan bien que irradiaba amor y quería amor para todo el mundo; que además con lo bien que me sentía lo agradecía a cada momento, que mi actitud positiva es muy importante, y que al final lo que se lleva la gente cuando se van con Dios, es la experiencia de amor que tuvieron en la vida.

Me confirma una vez más que siempre que los llame y les pida amor y protección la tendré, que ellos siempre están dispuestos a ayudar.

Mary Luz, a ti te dicen que siempre que tú pidas por ayuda también la recibirás, y que no dudes que cuando tú clames al arcángel Miguel te protegerá y ni se diga de su ejército.

Mary Luz: dile que muchas gracias.

Daniel: el ángel me dice que no me preocupe por si no me dan propinas en mi trabajo, que esta gente cuando rindan cuentas, entonces entenderán el gran error que cometieron, que de alguna u otra forma yo recibiré dinero por mi trabajo, que aprecie lo que tengo, que la gente debe aprender a apreciar lo que se le ha permitido tener, y a no envidiar lo que otros tienen.

Me aconseja que no me preocupe por mi familia en México, que ellos estarán unidos nuevamente, que aunque ellos no saben el dolor por el que he pasado, pues yo no les cuento nada para que no sufran, ellos saben que algo no está bien, mejor dicho esto es lo que me dice:

Yo sé que tú prefieres sufrir para que ellos no sufran, pero aunque tú no les digas nada, ellos saben que algo anda mal en ti cuando tú les dices que todo está bien, pero ellos siempre te tienen en su mente.

La persona que está contigo te quiere mucho, te cuida, aunque también tiene muchas carencias emocionales de sus padres, pero van a salir adelante, tú has fallado pero se aprende de los errores, tu futuro depende de ti, tienes todo para salir adelante, solo que debes tomar las decisiones correctas, hay mucha gente que hace oración por ti y eso te ayuda.

Ya se retira Mary Luz, me dice que ya puedes continuar con tu trabajo, pero antes de irse quiere decirte esto:

Recuerda que hay que limpiar, ajustar, armonizar y sellar su cerebro y todos sus órganos, pide que en nombre de Dios todo quede en su lugar armonizado y sus órganos lo entenderán para que ya no lo vuelvan a molestar.

Mary Luz: ¿por favor me explicas lo del sello?

Daniel: dice que aunque él sabe que tú ya lo sabes, te lo va a explicar:

Explica que yo soy mucha tentación para ellos, puesto que soy un ser muy sensible y por eso los atraigo, que cuando tú me estés armonizando te darás cuenta, cuando va a ser el momento en que has terminado de armonizar para poder poner el sello; te pide que pongas especial atención en la parte de arriba de mi cerebro, ya que es la que está diferente y desconfigurada, repite nuevamente: Daniel necesita ser armonizado, ajustado y sellado, de lo contrario en la primera oportunidad volverán, debe ser una especie de sello que lo haga invisible e indetectable a ellos.

Mary Luz: dile que muchas gracias por su ayuda y que tengo una pregunta para él.

Daniel: sí, dice que preguntes.

Mary Luz: ¿debo escribir la historia de Daniel? considero que la humanidad necesita saber esta información.

Daniel: sí, contesta que si Mary Luz, que lo incluyas en tus escritos, que lo escribas de una forma fácil, entendible y digerible para que cualquier persona lo pueda entender, de esa manera, gente que tiene tendencia a quedarse en el dolor o a ver las cosas de forma negativa, sepan de esta información y lo que puede suceder cuando se vibra en el dolor.

Mary Luz, sigue dándote instrucciones: el sello debe ser transparente y potente, debes hacerlo con tus manos como cuando tu pasas energía, yo te voy a ayudar cuando lo estés haciendo, finalmente les digo que la gente debe orar mas, acercarse más a Dios, cualquier oración de cualquier religión llega al señor, Dios es amor y luz y por medio de la oración te acercas a él.

Mary Luz: ¿entonces no puedo saber tu nombre?

Daniel: él dice que su nombre no importa y dice que sí, que es un ángel, dice así: lo importante es que sepas que yo cuido de Daniel, así como hay muchos ángeles que cuidan de las personas, somos muchos.

También es importante que sepas Mary Luz, que aunque cuido de Daniel hay cosas que no puedo hacer, tengo mis limitaciones por eso él ha llegado a ti, por eso lo traje contigo, necesitas hacerlo tú, además se requiere que Daniel escriba su historia, era parte del plan, tenía que resolver muchas cosas, entender el mensaje que esta experiencia le trajo, superar cosas que no había superado y aprovechar todo para sanar.

Ya casi se acerca el final de esta misión, cuando ya termines dile a Daniel, que él no es Dios para arreglar los problemas de la gente, que deje de sufrir tanto por los demás, que hay que ayudar pero no echarse los problemas de otros encima, que si quiere ayudar, que haga una oración por los que ve sufrir y solo ayude en lo que pueda que eso es suficiente.

Ya se fue Mary Luz.

¡Oh! un momento Mary Luz, antes que empieces tu trabajo, mi mamá está aquí y quiere agradecerte por tu ayuda, pregunta si te puede dar un abrazo a través mío.

Mary Luz: ¡si claro! (me acerque a él y lo abrace).

Daniel: te dice que gracias por tu abrazo, que a ella le hubiera gustado mucho haber recibido abrazos de la gente, pero que tenía miedo a recibir amor y que ahora está en un lugar donde hay amor y ahora lo entiende y ve todo tan claro, ella tuvo que tomar pastillas para dormir, tranquilizantes durante el día para controlar su ansiedad, ella te dice esto:

Porque yo no sabía nada más de cómo solucionar mi dolor, tomaba pastillas pensando que me sanarían, pero mi hijo ya sabe que no se debe vivir así como yo lo hice, empastillado.

Mary Luz, mi mamá me recomienda no preocuparme por el dinero, que mientras ayude a mi tío que es como mi padre seré bendecido, pues los hijos que ayudan a sus padres nunca serán abandonados, dice que sabe que tengo un corazón muy generoso y que nunca me faltara nada, pero que tengo que poner atención en mí mismo, y poco a poco con el transcurso del tiempo voy a ir mejorando, dice que se tiene que ir que solo le dieron permiso por un momento, pero que se tiene que regresar.

Se despide Mary Luz, y me agradece por compartir mi historia, porque voy a ayudar a mucha gente que necesita saber que esto es real, para que ellos no tengan que pasar por lo que yo pase, que será como una graduación para mi, que aunque mi nombre verdadero no aparezca en la historia, lo importante es la esencia del mensaje que dejo.

Me dice:

Hijo estas en buenas manos, Mary Luz tiene mucha información que necesitas saber, pero debe ser dosificada, tenias que pasar por todo esto para entender todos los conocimientos que vienen, estas a punto de acabar con esto, nos abraza a los dos Mary Luz ...se fue.

Luego de esto, seguí las instrucciones que me había dado el ángel y lo que sucedió a continuación fue muy impresionante, pues al hacer la limpieza me encontré con lo siguiente:

Daniel: hay un gris aquí Mary Luz en el lado izquierdo, cuando pasaste tus manos sobre mi energía, aunque tú no me tocas puedo sentir tu energía, es como si lo hubieras sacado, la imagen de él se me presento, está aquí en el costado izquierdo.

Daniel me mostraba con su mano derecha, el área exacta donde se localizaba el gris.

Mary Luz: pregúntale, ¿por qué está allí?

Daniel: dice esto Mary Luz: este cuerpo me lo dieron para estudiarlo, no le hago daño, solo lo estudiamos, queremos saber cómo funciona.

Mary Luz: ¿quién eres?

Daniel: soy un gris.

Mary Luz: ¿de dónde vienes?

Daniel: de una galaxia lejana, no tenemos a donde ir, estamos perdidos, salimos de nuestro lugar y ya no supimos como regresar. Estudiamos todo lo que encontramos.

Mary Luz: ¿por qué salieron de su lugar? ¿Cómo es que no saben cómo regresar? Explícate.

Daniel: nos expulsaron los mayores, por no seguir sus reglas, como yo hay muchos aquí perdidos y nos gusta alimentarnos de la energía que nos hace sentir aceptados.

Hay de todos, pero yo en especial busco una persona que me ayude a olvidar ese miedo de no saber de dónde soy, de donde vengo... yo soy el que le transmito ese sentimiento a Daniel al despertar, por eso él se siente desubicado en las mañanas al despertarse, no quiero hacerlo, pero es lo que siento, y al estar dentro de su energía le transmito esa sensación de que no sé de dónde vengo, ni a donde voy.

Mary Luz: siento mucho tu sufrimiento, pero te tienes que ir.

Daniel: pero... ¡no se a donde ir!

Mary Luz: lo siento mucho, quisiera poder ayudarte, pero no puedo, debo hacer mi trabajo, tienes que salir.

Daniel: yo no quiero lastimarlo, déjame estar aquí, yo no sé a dónde ir, no sé si soy bueno o malo, solo sé que no tengo a donde ir.

Mary Luz: te entiendo, aunque sé que no me alcanzo a imaginar tu dolor, pero te tienes que ir.

Daniel: entiendo, ayúdame a salir de aquí, ya entendí que me tengo que ir, no quiero dejarle ninguna suciedad a este cuerpo que me permitió estar aquí, lo que me atrajo de él fue su luz maravillosa, esa energía es como un paraíso para cualquier ser, todos los seres humanos son especiales, no solo estoy en su costado izquierdo también estoy en su estomago, por eso sus ácidos estomacales se descontrolan. Pídele a tu Dios que me ayude.

Mary Luz: ¿ustedes creen en Dios?

Daniel: creemos en un creador, pero no se mas, me hubiera gustado ser un humano, yo no quería dañarlo.

Mary Luz: ¿tienes algún nombre?

Daniel: Siros, me llamo Siros.

Mary Luz: y… ¿qué recuerdas de la galaxia de dónde vienes?

Daniel: solo sé que nos expulsaron, yo era muy pequeño. Solo andamos por el universo perdidos y nos atrae la luz de ciertos seres.

Mary Luz: me dijiste que creen en la existencia de un creador, ¿sabes orar?

Daniel: he visto y sentido cuando Daniel le pide a Dios que lo ayude, y me he sentido muy bien, pero debo estar adentro de él para sentir, porque afuera no siento nada, dentro de él, todo lo que siente él lo siento yo, supe lo que es la soledad, la tristeza, el dolor, pues él la sentía, cuando él te decía que se despertaba y no sabía dónde estaba, es porque era yo el que despertaba primero que él y en verdad no sabía dónde estaba.

Cuando lo atacaron los oscuros, quise ayudarlo, pero no pude, no me es permitido, hasta le he dicho: Daniel haz esto, le pongo pensamientos para que lastime a otro, pero su conciencia no se lo permite, dice que no está bien.

Mary Luz: ¿quieres orar?

Daniel: si, me gusta cuando él lo hace, aunque una vez afuera ya no sentiré nada.

Siros, rezó un padre nuestro, repitió conmigo las palabras que yo decía, le pidió perdón a Daniel y le dio gracias por haber estado un tiempo en su cuerpo y me dijo: ayúdame a salir.

Mary Luz: muy bien, por favor sigue mis instrucciones.

Al darle las instrucciones Daniel estiro su mano y me dijo:

Ayúdame a salir, ¡ay Mary Luz! esta atorado, (mostrando el costado izquierdo) es horrible Mary Luz, siento como se mueve tratando de salir y no puede.

Mary Luz: Siros, solo sal suavemente, concéntrate en salir hazlo lentamente.

Daniel hizo una mueca de incomodidad.

Daniel: Mary Luz, ya salió, pero ahora esta agarrado de mi mano, no se quiere ir, dice que tiene miedo.

Viendo como Daniel estiraba su mano como sosteniendo algo les dije:

Mary Luz: solo suéltalo Daniel. Siros no temas, en verdad lo siento mucho, quisiera poder ayudarte, pero ya debes irte.

Daniel: ya salió… se fue Mary Luz.

Luego de que salió Siros, Daniel me reporto que sentía el estomago diferente, como más liviano y relajado, como si se le hubiera quitado una presión a la que se había acostumbrado desde hace mucho tiempo, me conto que los médicos lo habían estado tratando por gastritis por muchos años.

Yo procedí a acomodar los órganos y a hacer el sello con un escudo de protección transparente e indetectable, tal y como me lo había indicado el ángel; al preguntarle a Daniel si podía ver su escudo de protección, me contesto que si, que podía ver un escudo de pies a cabeza y que el de la cabeza era 3 veces más grueso e impenetrable que el del cuerpo.

Luego de terminar le pedí a Daniel que fuera a su lugar seguro, habíamos trabajado arduamente y necesitaba descansar, allí lo estaban esperando.

Daniel: Mary Luz, todos han salido a recibirme, mi león se ha lanzado sobre mí y me dice:

¡Bravo eres valiente! el árbol me dice, por eso nos enviaron a ayudarte ¡sabían que podrías! la flor te ha dado el entendimiento, el pavo te lo enviaron para que recordaras que tienes fuerza e inteligencia, estamos aquí contigo y ya está llegando el final de esta misión, ya pronto nos despediremos de ti.

Mary Luz, yo les digo que de solo pensar que se tienen que ir me da tristeza, el pavo me dice que no este triste, que mas bien me acuerde siempre de nuestro encuentro, no queremos irnos pero todo es parte del proceso, este mundo es de ciclos Daniel, nos iremos pronto pues está a punto de terminar nuestro trabajo aquí, pero en realidad siempre estaremos aquí cuando nos necesiten.

El león se tira al piso y dice:

Antes que te vayas, vamos a jugar, ¡wow Mary Luz! el pavo se me echo encima, ya perdió la timidez, esto es increíble Mary Luz, las flores están bailando, el árbol también mueve sus ramas, es como si fuera un día de fiesta, basta que pienses en nosotros y estaremos contigo, por ahora se está cerrando este ciclo, me dicen todos.

Mary Luz: les doy gracias a todos por habernos ayudado, han sido un gran apoyo y alegría tenerlos.

Daniel: te dicen Mary Luz, que ellos están dispuestos a ayudar a quien los llame con amor, que así como tú, hay otros seres de luz ayudando y ellos están agradecidos de que tú hagas buen uso del don que recibiste.

Mary Luz: gracias nuevamente, ahora vamos a llamar a alguien más Daniel, necesitas empezar a dormir mejor, así que llamaremos al especialista en esta área, es el mapache, él es el tótem especialista para dormir.

Daniel: ya viene Mary Luz, no más que tu lo nombraste y llego corriendo, y dice: sí, yo lo ayudare, y no tienes que agradecer Mary Luz, es una de mis funciones, con él tengo que trabajar mas pero lo hare.

Mary Luz: ¡gracias!

Daniel: dice que ya se tiene que ir, que no mas vino a tu llamado, pero que se tiene que ir, parece que está muy ocupado Mary Luz, se fue.

Mary Luz: gracias a todos por su ayuda, despídete Daniel, es hora de regresar.

Daniel: siento un poco de pesar de irme, pero ya me despedí.

Nota:

Queridos lectores, no dudo ni por un instante que hay muchos de ustedes que se estarán preguntando:

¿Pero cómo es posible que todo esto sea cierto? ¿Es esto real?

Pues permitanme decirles que no es nada fácil para mí contarles lo sucedido, no porque lo encuentre difícil de creer, porque la verdad, mi alma reconoce esta gran verdad, desde el primer momento en que me contacto el ángel Joel, cuando escribí mi segundo libro CREE no lo he dudado; sino porque es muy difícil exponerte de esta manera ante un mundo en decadencia, que ha perdido la capacidad de reconocer los trozos de verdad entre tantas mentiras, ya que con tanto sufrimiento y dolor generado por nosotros mismos, han estado escondidos en el lugar más difícil de encontrar; donde con tanta confusión nunca buscarías, donde jamás imaginarias que podría estar, donde no sospecharías que está escondido, un escondite tan profundo y difícil de hallar que solo estando iluminado podrías encontrar.

¿Dónde está ese lugar?

<u>*Dentro de ti mismo.*</u> *Todos estamos distraídos, buscando afuera lo que siempre hemos tenido adentro. Por eso mismo no hemos encontrado, porque estamos buscando donde no hay.*

¿Qué tiene de increíble reconocer en un animal, en una flor, en un árbol, en una hierba, en una piedra, en un elemento, como el agua, el fuego, la tierra, el aire, la fuerza de sanación más pura que existe?

La esencia que todo lo puede, que todo lo sana, que todo lo transforma, la esencia infinita e indestructible del amor.

En cada uno de estos elementos esta la esencia del amor con la que todo y todos hemos sido creados.

El mundo se pelea y se masacra todos los días, peleando por religiones, queriendo poner a su propio Dios como verdadero y nos hemos olvidado de que Dios es amor.

Nos hemos olvidado que todo no lo ha dado Dios para vivir sanos y felices, en cada pedacito de la naturaleza, incluido el ser humano hay un pedacito de Dios, y cada pedacito está hecho con infinito amor y perfección.

Cada uno con una esencia única, un espíritu individual, una función especial, una personalidad original, un carácter diferente, en fin una forma de ser que lo hace inigualable, único y necesario para completar un todo.

Eso es un tótem animal, vegetal o mineral, una energía con unas características únicas, que se nos ha puesto en la naturaleza para que cumpla una función especial, que solo Dios pudo haber creado con tanta perfección.

Se necesita tener un mucho de loco, para atreverse a decir lo obvio y lógico que el mundo ya no puede ver, pues este mundo ha caído en el pozo de la incredulidad, producto de la manipulación y abuso de los que tienen escondido el conocimiento.

Viene a mi mente una frase que alguna vez me dijeron:

"El conocimiento con amor te lleva a la sabiduría, el conocimiento sin amor te lleva a la oscuridad". Los invisibles.

Sí, lo he dicho muchas veces en mis libros, el conocimiento ha estado escondido y manipulado desde el principio de la humanidad con el objetivo de esclavizar a la humanidad.

Entre más ignores ¿quien eres? ¿De dónde vienes? ¿Para dónde vas? ¿De que estas hecho? Que no sepas las leyes de la evolución y lo que te rodea, ¡mas fácil de engañar y manipular serás! no cabe duda que el conocimiento te protege y la ignorancia te pone en peligro.

Daniel llega nuevamente a su sesión, a este punto habíamos estado trabajando todos los días en las últimas sesiones, diariamente hacíamos una sesión.

Daniel me informa que está muy bien, trabajando normalmente, que la alegría ha retornado a su vida, sus labores han vuelto a la normalidad, pero que sigue sin poder dormir de corrido, aunque ya ha logrado conciliar el sueño sin necesidad de pastillas, se sigue despertando abruptamente y le cuesta mucho volverse a dormir, también comenta que hay veces que no puede ni conciliar el sueño.

Yo le explique que poco a poco iba a ir recuperándose hasta que llegara a un estado de "normalidad", si lo podemos llamar de esta manera, que habían sido 5 años creando esta situación y tomando medicamentos hasta llegar al punto de dolor al que llego, y que en verdad el progreso había sido impresionante, pues llevábamos trabajando apenas 2 semanas y el cambio había sido muy satisfactorio.

Mientras yo le explicaba esto, sabiendo que estaba teniendo la conducta esperada, pues habían sido muchos años con este padecimiento y se debía recuperar progresivamente, mentalmente me preguntaba que podría haber faltado, habíamos seguido todas las instrucciones que nos habían dado, sabía que faltaba hacer trabajo todavía, pero me cuestionaba internamente, ¿por qué no había una mejoría más substancial en el área del sueño? pero en verdad, yo no me imaginaba lo que estábamos a punto de descubrir.

Bajo hipnosis le doy un comando hipnótico a Daniel, solicitándole que busque su álbum para buscar respuestas de que es lo que le sigue molestando; Daniel sin que yo le diera la instrucción, se fue para su lugar seguro.

Al llegar allí, sus tótems (animales y plantas) lo reciben un tanto sorprendidos, muy cariñosos como siempre, pero le dejaron saber que no entendían por qué otra vez estaba allí, si ya se habían despedido.

Daniel: no sé, solo me vine aquí porque me siento muy bien en este lugar y todavía falta terminar, no hemos finalizado.

Mary Luz: Daniel, luego que termines de saludarlos, necesito que por favor te concentres en el álbum.

Nota:

Vale la pena recalcar, que yo estaba sorprendida de cómo los tótems no sabían nada, me llamo la atención de que ellos creían que ya habían terminado, lo cual me hace llegar a la conclusión que en verdad cada elemento, tiene su propia esencia y hacen el trabajo que les corresponde, pero hasta allí, no tienen más información.

Recuerden que cuando hablo del álbum, me estoy refiriendo al libro de su existencia, bajo hipnosis podemos revisar este libro para mirar las causas de lo que nos está sucediendo, bueno de hecho es la misma técnica que estaba usando con Melisa.

Daniel: si Mary Luz, ya tengo mi álbum en mis manos.

Mary Luz: 3, 2,1, ¡ábrelo!

Daniel: el mapache si vino anoche a mi llamado Mary Luz, pero se quedo mirándome asustado, dio la vuelta y salió corriendo a gran velocidad, eso es lo que sale en mi álbum.

Mary Luz: muy bien Daniel, ahora le vamos a preguntar a tu album ¿por qué salió corriendo el mapache?

Daniel: estoy triste, siento opresión en el pecho.

Mary Luz: te entiendo Daniel, pero hay que seguir adelante, no te puedes dejar caer, no te rindas… hay que seguir.

Daniel: mi ángel ha llegado, es él quien te va a hablar.

Mary Luz, Daniel siente que el tiempo se le está yendo, que no sabe por qué está aquí en este planeta, que entiende que es por una razón, pero que siente que el tiempo se le va y no ha cumplido con su trabajo, a pesar de que es un ser con mucha fortaleza necesita mucha ayuda; necesita algo muy fuerte, yo no te puedo precisar exactamente que es, tiene una inflamación en el cerebro, es todo lo que yo puedo hacer, es hasta donde yo puedo ver, nosotros también tenemos limitaciones, durante mucho tiempo lo estuvieron afectando y lo han dejado desprogramado.

Lo que si te puedo decir, es que ya se está recuperando esta a un paso de salir adelante, de dejar ese daño atrás, además no le ayuda el hecho de que hay gente en su trabajo que se alegra de sus problemas, sonríen al verlo sufrir y no saben que es exactamente lo que le está pasando, pero les alegra su dolor.

Lo siento por ellos, porque todo lo que le das a tus hermanos se regresa, pero es parte de la naturaleza humana, ya ellos rendirán cuentas de todo lo que hagan.

Lo que me gusta mucho es que el Daniel, que está saliendo de esta situación viene con ¡más fuerza, más luz, más fortaleza! y lo más importante con más conocimiento para cuidarse de él mismo.

Pero esto no va a suceder, hasta que esté completamente limpio de todo el daño que le causaron, el daño fue grande.

Mary Luz, soy Daniel el que habla ahora, aquí está mi mamá, dice que ella quisiera poder hacer algo, pero solo puede pedirle a Dios que me ayude, me da muchos abrazos, lo que antes no hacía, porque no sabía cómo hacerlo, me dice que ahora si ya no le puedo ocultar nada, que antes todo el tiempo decía que estaba bien, pero que ahora si sabe que es lo que me pasa, ella me confirma que el mapache venia anoche a ayudarme, pero se retiro corriendo y que dice que lo siente mucho pero que no puede ayudarme.

Me abraza muy fuerte Mary Luz, la llaman, solo le dieron permiso de venir a verme, se tiene que ir, y te recomienda que por favor me ayudes.

Mary Luz: no se preocupe señora, hare todo lo que esté en mis manos y a mi alcance.

Daniel: te dice que gracias, que ella lo sabe.

Mary Luz: muy bien Daniel, ¿el ángel continúa allí?

Daniel: si.

Mary Luz: pregúntale si necesito alguna instrucción.

Daniel: dice que no, que continúes con tu trabajo que él estará aquí y ayudara en lo que se necesite.

Mary Luz: muy bien Daniel, ¡a trabajar! te necesito concentrado, cada pregunta que yo te haga, la respuesta llegara a ti sin ningún esfuerzo, vas a mirar dentro de ti, tú serás mis ojos y yo seré tu guía, ¿estás listo?

Daniel: si.

Mary Luz: mira adentro de ti, pon mucha atención a cada detalle, voy a contar de 3 a 1 cuando llegue a 1 sabrás que es lo que te está impidiendo dormir ¡3, 2, 1!

Con una cara de fastidio, Daniel contesto de inmediato:

Daniel: ay no Mary Luz…hay otro ser pegado a mi energía.

Mary Luz: no desesperes Daniel, no estás solo, recuerda, ya falta poco, no pierdas el enfoque, lo estás haciendo muy bien, ¿dónde está localizado?

Daniel: en mi cuello, es como si fuera algo plástico adherido a mi cuello, es… es, un plasma negro.

Mary Luz: ¿plasma?

Daniel: si, no sé qué es eso, ni sé por qué dije esa palabra, solo se vino a mi mente.

Mary Luz: no importa, no te distraigas con eso, escucha lo que te voy a preguntar, ¿quién está ahí?

Daniel: (con voz y actitud enojada) ¡como molestas! ¿Por qué te metes?

Mary Luz: solo hago mi trabajo y parte de mi trabajo es sacarte de ahí. ¿Sabes que te tienes que ir verdad?

Daniel: ¡déjame! no me quiero ir.

Mary Luz: no es opcional, Daniel no está solo, te me escondiste muy bien, pero tu tiempo allí ha terminado, no puedes quedarte más allí, ¿quieres irte a la buena o a la fuerza? ya sabes a quien(al arcángel Miguel) pediremos ayuda si te pones difícil.

Daniel: (Daniel en posición fetal) no, no, está bien yo me voy.

Nota:

Queridos lectores, yo sé que esto parece de película de terror, pues créanme que lo es, así como en las películas de exorcismo que ustedes han visto, literalmente se transforma la persona y su voz, tu puedes ver que no son ellos los que hablan, ni como se mueven y se ríen, se tornan agresivos, estas entidades literalmente usan su cuerpo, quisiera poder darles más explicación de lo que sucede en mi oficina, pero esto es cuestión de verlo.

También como dicen en la TV, no intenten hacer esto en casa, pues desde la primera vez que me contacto el primer ángel, me dijo que solo podía hacer esto en esta oficina, que no lo intentara en otro lugar, pues este lugar está protegido.

Cuando le pregunté al ángel Joel ¿por qué yo? me dijo: porque te lo has ganado y uno de los dones de sanación que tú tienes, está en tu voz, por eso es que responden a tu voz.

Así como todos tenemos dones y virtudes, en diferentes áreas, uno de los míos está en la voz.

Continuemos.

Mary Luz: ¿quieres irte a empezar a pagar tus culpas para purificarte y caminar de nuevo hacia la luz, o quieres seguir haciendo daño?

Daniel: es que se sufre mucho donde me tengo que ir, no, yo no estoy listo para irme, todo esto fue causado a propósito… me tengo que ir, por favor ora por mí, y por los que nos obligan.

Mary Luz: ¿necesitas ayuda para salir?

Daniel: Mary Luz, se fue, se salió, ya se fue.

Mary Luz: ¿estás seguro?

Daniel: si, sentí como se salió.

Mary Luz: muy bien Daniel, continuemos.

Daniel: si ya, llévame a descansar.

Mary Luz: no Daniel, hay que seguir, si te encuentras bien continuamos, hay que acabar con esto, ¿cómo te sientes?

Daniel: pues si, estoy bien.

Mary Luz: ¿puedes seguir? en todo esto hay gasto de energía, te necesito fuerte.

Daniel: si estoy bien, puedo seguir.

Mary Luz: muy bien, vamos a hacer exactamente lo mismo, vas a seguir mirando dentro de ti, vas literalmente a hacer un rayo X de tu cuerpo, si hay algo mas lo vas a saber y me lo dirás, escucha mi voz y sigue mis instrucciones.

Daniel: si Mary Luz, estoy atento.

Mientras le daba las instrucciones, Daniel se puso la mano en la cabeza al lado izquierdo, y aunque no decía nada, hacía gestos de confusión y malestar, entonces le pregunté:

Mary Luz: ¿qué pasa Daniel?

Daniel: siento como si algo se moviera al lado izquierdo de la cabeza, como si algo me punzara, ¡ay Dios! Si... algo se mueve dentro de mi.

Daniel estaba asustado y visiblemente incomodo entonces le dije:

Mary Luz: ¡ni un paso atrás Daniel, fuerza! identifica que es, observa y descríbeme que ves, sigue mi voz, no importa lo que suceda mi voz te sigue, y escuchas perfectamente mi voz y mis instrucciones, ¿qué es?

Daniel: veo como unas cadenas que no coinciden en sus hoyos, algo así como si no estuvieran engranadas donde corresponden.

"Ja...Ja... ja..." (Risa estruendosa con gestos y voz burlona) ¡Soy yo! yo lo hago, yo soy el que me muevo, alguien me mando, muchas energías negativas me empujaron aquí para desquiciarlo, ja, ja, ja.

Yo aunque confundida, pensando que esto era un caso impresionante de nunca acabar, mantenía la calma y además el temple, le dije con fuerza:

Mary Luz: ¿quién eres?

Daniel: ¿por qué te tengo que decir?

Mary Luz: (con voz firme) ¡en el nombre de la luz! dime, ¿quién eres? ¡Sabes que aquí estas obligado a decir la verdad!

Nota:

Al principio de mi trabajo como hipnotista, yo no tenía ni idea que iba a hacer este trabajo, esto ha sido un despertar en todos los aspectos de mi vida, ayudo a despertar a la gente que llega a mí y ellos me ayudan a despertar a mí.

He aprendido en el transcurso de este trabajo que si les digo en el nombre de la luz, los demonios no te pueden mentir, están obligados a decir la verdad, como también aprendí que al solo nombrarles el arcángel Miguel, tiemblan de miedo.

Hay demonios de diferentes tamaños y jerarquías, hay unos más fuertes y poderosos, esto no es un juego, esto es real, mis ojos y mis oídos lo han visto de cerca, y les puedo dar fe de esto; muchos me preguntan por qué nunca los he filmado y puesto en el internet, mi respuesta es simple, esto es algo muy serio, no me gusta hacer show con el dolor ajeno, mi trabajo es informar a la gente de lo que voy descubriendo, ayudar a despertar a la humanidad y a colaborar con sanar al que llegue a mí y esté dispuesto a sanar; hasta ahí llega mi misión, no pretendo convencer a nadie de nada, solo les informo y los invito a creer, repito una vez mas lo que ya he dicho:

¡El que quiera creer que crea y el que quiera negarse a creer que no crea! ¡CREE!

Por otro lado, recuerdo que cuando era niña vi una película de terror y dure varias noches sin poder dormir, la primera noche luego de ver la película tuve pesadillas, y decidí no volver a ver más películas de terror, yo creí por mucho tiempo que era miedo, pues déjeme decirles que era mucho más que miedo, era conocimiento, mi alma sabia que eso era cierto, que no era ficción, ahora lo entiendo, era el reconocimiento de una verdad que mi alma conocía y se expresaba como miedo.

Continuemos.

Daniel: (riéndose nerviosamente, retorciéndose en la silla y apretando los dientes, como cuando te fuerzan a hablar y no lo quieres hacer):

Soy alguien que le gusta divertirse, me mando mi amo, el oscuro, yo solo me estoy divirtiendo pero él está lleno de luz y me bloquea, por eso solo en la noche puedo trabajar, (gritando) ¡los sellos que le has puesto no han servido de nada! me salgo yo, y vienen otros.

Mary Luz: ¡no me engañas! ¿No será que ya llevas mucho tiempo allí? tú no eres nuevo allí, los sellos sirven, solo que tú estabas bien escondido, ¡pero ya saldrás!

Daniel: (apretando y rechinando los dientes) ¡si! llevo tiempo aquí con él," ja... ja... ja..." (Mostrando con sus manos lo que decía) ¿Puedes creer que la parte izquierda de su cerebro sabe más sabrosa que la derecha?

Esas palabras eran muy fuertes, fruncí el ceño de solo pensar en sus palabras, sentí dolor por Daniel, pero al mismo tiempo me dio más fuerza para continuar y le dije:

Mary Luz: ¿qué más tienes que decir?

Daniel: muchas cosas quisiera decirte, pero aquí no me dejan, me tengo que comportar y no me gusta, ¡déjame en paz!

Mary Luz: ¡en el nombre de la luz! dime ¿cuál es tu nombre?

Daniel: (retorciéndose) no se mi nombre, no me acuerdo, no sé quién soy, no nos dan un nombre, ¡ya déjame ir, no quiero hablar más!

Mary Luz: ¡por supuesto que te irás, hoy saldrás de allí!

Daniel: ¡déjame! ¡Te voy a atacar a ti!

Mary Luz: (con carácter y voz fuerte) ¡no me amenaces, no te tengo miedo!

Daniel se quedo inmóvil, sus ojos cerrados apuntaban hacia mí, como si me mirara, sus facciones eran serias y agresivas, hubo un silencio… yo rompí ese silencio:

Mary Luz: ¡habla! di lo que tengas que decir pues ya te tienes que ir.

Daniel permanecía en silencio, entonces decidí ofrecerle si quería irse a pagar sus culpas.

Mary Luz: hoy te tienes que ir, eso es un hecho, pero te daré la oportunidad de elegir si te quieres ir a donde te tengas que ir, para pagar el daño que has hecho y luego de purificarte puedas llegar a la luz, o simplemente salirte de allí y seguir haciendo lo que has venido haciendo, o te saco, ¡decide!

Daniel: con voz más calmada, no quiero ser de ellos, ya estoy cansado, quiero ser bueno.

Mary Luz: ¿a dónde debes ir? ¿Al inframundo o al purgatorio?

Daniel: debo ir al purgatorio. Tú tienes que ayudar mucho a este ser, su debilidad es su corazón y su cabeza, así es que lo atacamos y podemos hacerle diferentes daños, a mi me mandan como mandan a otros a atacar las almas, seres como yo atacan a las personas que tienen luz, otros a seres oscuros, los que atacamos a los de luz es porque se nos hace más divertido, como son fuertes, son como retos para nosotros, se disfruta más, pues siempre hay puntos débiles que usamos a nuestro favor, pero en realidad somos como marionetas de los oscuros.

Mary Luz: ¿quién es tu jefe?

Daniel: son demonios que quieren que seamos demonios.

Mary Luz: ¿quién eres?

Daniel: es que nosotros ya no recordamos mucho, no sé quién soy, ni mi nombre, nos borran la memoria, ya no sé si quiero ser bueno o malo, no sé si es por mi o por este ser de luz que he cambiado, tal vez este ser de luz me ha hecho cambiar…pero está asustado, él siente que nunca va a salir de esto, está muy preocupado, y teme que tenga alguna enfermedad en su cerebro, pues siente una bola en su cerebro y que se le mueve algo, pero soy yo el que me muevo adentro.

Yo simplemente me muevo durante las noches y por eso es que no puede dormir, ahora que ha venido contigo nos movió a muchos, yo llevo mucho tiempo aquí, hasta ahora que tu le moviste a los otros, nos movimos muchos; asegúrate de que no quede nadie adentro para que se libere de todo, con tu ayuda se ha liberado de muchos seres que estuvieron aquí, porque él mismo con sus miedos les dio el poder de hacerlo.

Asegúrate de sacarlos a todos, pues nos camuflamos, nos escondemos muy bien para que no nos detectes.

Mary Luz: necesito que me des más información...

No me dejo terminar de hablar e interrumpiendo dijo susurrando:

Daniel: no puedo decirte más, pues ya saben que no quiero estar más aquí y me bloquean, me limitan para que ya no pueda dar más información, solo sé que están muy molestos conmigo porque no hice todo el daño que querían que hiciera.

A este ser de luz le ha ayudado mucho su fe, tu ayuda y las creencias en el mundo invisible, en verdad que lo tiramos al suelo, aunque querían cosas peores pero el supremo no se los permitió, te voy a decir lo que siento de él: me dice que el mensaje de esta situación es hacer cambios en su vida, amarse mas, respetarse más, amar la vida, me dice que quiere llegar con muchos reportes cuando le toque irse de este espacio, que ya sabe que el miedo no es del supremo... ya me tengo que ir, estoy listo.

Mary Luz: ¡espera! ¡Dios te bendiga!

Daniel: que Dios te bendiga a ti también.

Nota:

Me sentía exhausta, pero feliz, de saber que un alma mas había decidido empezar a corregir su camino, esto es algo así como una competencia, si es que podemos llamarlo de esa manera a forma de analogía, una competencia para ganar almas, está el equipo de la luz y el equipo de los oscuros, hay reglas espirituales que rigen la competencia y los dos equipos las conocen, los de la luz las respetan pues son seres de amor y sabiduría, y los del equipo oscuro las respetan porque las tienen que respetar o si no, son reprendidos, pero si tienen oportunidad rompen las reglas, a ellos no les importa nada, porque no hay amor en ellos, solo quieren ganar más almas y hacen lo que sea para conseguirlo.

No crean que los del equipo oscuro son seres sin talentos, por el contrario son muy talentosos, y utilizan esto como arma para ganar más almas, una de las características que resalta en ellos es que son muy trabajadores y unidos, lo cual los hace muy peligrosos, ¿no es acaso ser trabajador y unido una virtud? Sí, claro que lo es, aquí se demuestra la dualidad de las cosas, porque puedes utilizar este talento maravilloso para fines de luz o para fines oscuros.

Esa noche me fui a dormir encomendándome a Dios y al arcángel Miguel, pues sabía que el oponente estaba enojado por haberle ganado un alma mas, ellos lo toman como algo personal, yo por el contrario cuando ellos se quedan con almas que llegaron a mí y no hacen su trabajo o no colaboran con el proceso, los dejo ir, y entiendo que es su libre albedrio, el derecho a elegir lo que hace que sigan en la misma situación, me doy por bien servida si di todo de mi parte y honestamente les explico, que al final estar sano o enfermo es una decisión personal a nivel espiritual, pues toda enfermedad física o mental viene de adentro hacia afuera y es de adentro hacia afuera que se debe sanar.

Hay unos que entienden la profundidad de estas palabras, otros no, somos peldaños de luz como me lo dijo una vez Joel, y cada alma va en su escalón de crecimiento y de entendimiento.

Daniel se presenta a una nueva sesión con la buena noticia de que de 100% que no dormía, pues había llegado al punto que ni siquiera conciliaba el sueño, ahora había dormido el 60 %.

¡Wow felicitaciones Daniel! eso ha sido un gran logro, si Mary Luz me siento muy bien, me contestó.

Antes de ponerlo bajo hipnosis, le explique con detalle que íbamos a revisar que estuviera completamente limpio y que si todo estaba bien, procederíamos a hacer la armonización y el sello nuevamente, Daniel dijo que si, que lo que se necesitara que solo le diera las instrucciones.

Daniel bajo hipnosis, después de darle la instrucción de que se envolviera en una luz azul, que se convertiría en una burbuja de protección, dice lo siguiente:

Daniel: ya estoy en mi burbuja azul, y alguien me dice que siempre estaré seguro en ella, que nunca se me olvide, sobre todo cuando este temeroso, que tener miedo por momentos es señal de que estoy vivo, que ya pronto voy a salir de esta situación, que yo siempre debo de estar en control para no darle poder a los miedos y no rebasen los limites, que lo importante es que ya me di cuenta de eso.

Mary Luz: ¿quién te habla Daniel?

Daniel: contesta que no importa quién es, que es ayuda de arriba.

Mary Luz: muy bien Daniel, vamos a tu jardín ahora, vamos a revisar que todo esté bien.

Daniel: ya llegue Mary Luz, estoy en mi jardín, viene mi león, veo la nueva flor blanca, mi árbol se estira para que lo abrace, y ya viene el pavo real.

Me saludan y me dicen que les da gusto verme, que recuerde que siempre tendré la fuerza de ellos y que en cualquier momento de debilidad podre usar esa fuerza, que tengo la inteligencia y audacia de ellos y que cuando yo los necesite ellos estarán para mí, pero que tampoco olvidé, que ya no necesito regresar mas a este jardín, pues todo lo que yo necesitaba de ellos ya lo tengo impregnado en mí, pero que me lo tengo que creer, que todo está en mi.

Mary Luz, me empujan como diciendo" ya… ya…vete "yo me dejo empujar sin poner resistencia, pero a la vez no me quiero ir, entonces me dicen:

Vete Daniel, desde el espacio de ellos, velaran por ti.

El león me dice:

Eres grande y hermoso como un león, tienes una fortaleza increíble, muchas veces te han querido tumbar, y aunque esta vez te tumbaron todo es un aprendizaje, aunque digas que no entiendes el mensaje de esta situación, ya lo has asimilado porque ya has hecho cambios en tu vida, ya ves lo hermoso de ciertas situaciones que antes no veías, es como si se te hubiera caído un velo de los ojos.

Un ejemplo muy sencillo, es que no hay que juzgar a las personas por su aspecto físico, ya entendiste que las acciones de la gente es lo que los hace ver hermosos, no su físico, vas a notar que será más fácil para ti detectar a alguien falso, vas a dejar de valorar más lo material.

Otra vez me empujan Mary Luz, mientras me gritan, ya Daniel, sal al mundo, ya aprendiste tu lección, tu ciclo aquí ya se acabo, hay gente que tiene que tomar más tiempo aquí, pero tu tiempo aquí ya se acabo, aunque siempre estaremos contigo.

Mary Luz: es hora de salir de allí Daniel, dale las gracias y despídete de ellos.

Daniel: si Mary Luz, ya entendí, me he despedido y me voy feliz, sé que hay que partir, pero la esencia de ellos ya está en mí.

Mary Luz: muy bien Daniel, ahora busca tu álbum, necesitamos revisar que todo esté bien.

Daniel: ya tengo mi álbum en las manos, hay algo escrito, son instrucciones para ti Mary Luz, dice lo siguiente:

Que yo no puedo activar mi pensamiento positivo por mí mismo, que tú debes activarme, necesito ser activado para cambiar todos los pensamiento negativos a positivos, que tengo activado en mi materia la tendencia a pensar negativamente, que aunque este en el proceso de hacerlo no lo logro hacer, que lo debes hacer tu por mí, ya que tengo la tendencia a hacer imágenes desastrosas en mi mente y los pensamientos negativos los engrandezco y que algunas veces hasta lo hago también con los positivos, y que eso está bien, pero el problema es cuando engrandezco los pensamientos negativos, pues allí es cuando el oponente me puede atacar.

También te informan que se necesita hacer un último ajuste en el área del sueño en mi cerebro, dicen que es algo así como si me hubiera desprogramado esa área y que luego, sí, armonices y refuerces el sello, que el sello que pusiste anteriormente está bien, pero que el problema es que adentro habían quedado energías oscuras.

Están muy orgullosos de mi Mary Luz, y me avisan que tendré que hacer muchas cosas cuando me recupere, pero que necesito estar bien para hacerlo, que mi cerebro y mis neuronas muy pronto van a estar bien y que con la activación y el ajuste que me vas a hacer difícilmente me harán daño otra vez, que gracias a que he estado abierto a todo lo que se me ha presentado acabare pronto con esto, que me han dado mucha ayuda puesto que yo la pedía a gritos, y estuve dispuesto a recibirla; pero me advierten que hay que saber a quién se le pide la ayuda, pues muchas veces la ayuda llega de otro lado, disfrazada de bondad y por eso la gente cae en tantos engaños o en las garras de los oscuros.

También me advierten, que se me desarrollo un canal para darme cuenta de cosas que antes no podía ver, que no me asuste por eso.

Me explican que cuando pida por medio de la oración algo que necesite, que no me desespere, que las cosas llegan no cuando la gente quiere, sino cuando sea su tiempo, que el creador siempre nos escucha pero es a su tiempo que se conceden las cosas.

Me felicitan porque pase muy rápido por esta situación, gracias a que yo facilite el proceso con mi buena disposición, disciplina y buena actitud, que fue muy importante el haber tomado la decisión de tomar el camino de la solución, ya que no todas las personas toman la oportunidad que se les da para solucionar, que debo estar muy agradecido, pues esto ya va a acabar.

Me comunican que mi mamá está muy contenta porque ya estoy bien, y a la vez que se siente mucho mejor sabiendo que ya no tengo malos sentimientos, ni resentimientos por mi padre, que ella sabe que pido en oración por él, que al fin y al cabo yo llegue a través de él y le da mucho gusto que ya no haya rencor en mi corazón, pues hay que aceptar las cosas como son.

También me recomiendan, que ya no me preocupe ni me moleste si mis hermanos no se acercan a mí, que ya llegara el momento de acercarnos, todos tenemos trazada una línea que por alguna razón de pronto no conocemos, pero que es así.

Me dicen que de todos modos mis hermanos me quieren y que ese cariño yo me lo he ganado con mis acciones.

Ahora están mirando mi aura, dicen que ya se ve limpia, los colores están limpios, que al final resulto productivo pasar por esto, que era necesario para hacer una limpieza, pues de lo contrario ni me hubiera enterado que cargaba con todo esto, y además que no ponía atención a mí mismo, de hecho me preguntan, ¿ya entendiste Daniel que debes poner más atención a ti mismo? Si, les contesto, ya entendí.

Ellos me explican que no lo confunda con el egoísmo, que por el contrario que para que una persona pueda dar de lo mejor de si mismo debe estar en equilibrio, de esa forma puede dar de lo mejor que tiene.

Recomiendan que ponga más atención de ahora en adelante, que cuando sienta que hay personas cerca de mí que me transmiten paz es porque están llenas de luz, pero que por si al contrario siento escalofríos o malestar, es porque están llenos de oscuridad o de seres oscuros, ya que la vulnerabilidad siempre va a existir, estamos en un mundo donde hay de todo, por eso te insisten Mary Luz, en que me actives la actitud de ser positivo y me ajustes, los órganos, nervios, cerebro, pues fueron dañados por el ataque y además por mis propios pensamientos negativos, que es algo así como si estuviera saliendo de un cascaron sintiéndome nuevo, que ahora todo va a ser mejor, pero que es muy importante mi actitud.

Están contentos porque saben que ya aprendí como comunicarme con las correctas oraciones con Dios, la virgen y con la protección del arcángel Miguel, que él y su ejército de ángeles siempre acuden al llamado.

Que interesante Mary Luz, me dicen que para ellos esto sucedió en un segundo, que el tiempo no existe donde ellos están, que de ahora en adelante me proponga a ir hacia adelante nada para atrás, que el pasado como lo ven los humanos bien o mal ya está hecho, que ahora tendré más herramientas para hacer las cosas mejor para beneficio mío, y que no me olvide de quererme más, que está bien que piense en los demás y los ayude, que eso está muy bien, pero primero debo pensar en mi, ayudarme a mí mismo para así poder ayudar a otros, que lo que sucedió es como si me hubiera desintoxicado y que siempre que quiera hablar con ellos, solo tengo que cerrar los ojos y me comunique con ellos, recuerda que siempre que llames a un ser de luz, hay siempre ayuda disponible, ya que para eso fueron creados ellos.

Mary Luz: por favor diles que muchas gracias de mi parte.

Daniel: Mary Luz, te dicen que tú los atrajiste, que ellos siempre están dispuestos a ayudar, que mientras sigas usando tu don para el bien ellos seguirán acudiendo a tu llamado, y serás cuidada y protegida, que pobre de aquellos que no han aprovechado la luz que se les ha dado, que están muy decepcionadas de seres a los que se les ha dado dones, que en vez de usarlos para beneficio de sus hermanos, los utilizan para el bien propio y dañan a los demás. Se despiden Mary Luz, que continúes con tu trabajo.

Acto seguido seguí las instrucciones que me dieron, ¿como lo hice? pues con mi voz y mis manos, pasándole energía al aura de Daniel, ni siquiera tuve que tocarlo, solo pase mis manos alrededor de su energía o campo electromagnético que es lo que llaman aura.

Si les cuesta creerlo, yo los entiendo, aunque la verdad si le ponen lógica al asunto se darán cuenta que es simplemente ciencia, la energía se transforma, solo es transformación de energía a través de un comando de voz con la apropiada resonancia y vibración energética y la energía de las manos que funcionan como canal por donde cruza la luz de Dios que es la que sana, esto debe ir acompañado de la decisión de sanar de quien necesita sanación y de su fe.

Daniel llega a mi oficina reportándome que se siente muy bien, que duerme toda la noche sin interrupciones, que ha dejado por completo las pastillas y siente que su pesadilla ha terminado.

Le digo que estoy muy feliz por él y le comento que si él se siente listo ha llegado el momento del perdón, le explico el concepto del perdón que yo manejo:

El perdón no es excusar o justificar la conducta errónea de otro que te causó dolor, perdonar es dejar ir el dolor y quedarte con la sabiduría.

Perdonar es un acto de fe, es entregar a un poder superior lo que no te corresponde juzgar a ti, es liberarte y liberar, perdonar es entender que de toda experiencia aprendemos y decidir quedarte con el conocimiento.

Además perdonar no significa reconciliación, hay personas que se perdonan y se reconcilian y hay otras que perdonan y se alejan, pues la persona que te lastimo con su conducta errónea, te puede salpicar nuevamente del dolor que carga.

Entonces Daniel ¿estás listo para perdonar?

Daniel por su parte, se apresura a decir:

Daniel: ¡por supuesto que estoy listo Mary Luz!

Le doy entonces instrucciones a Daniel para que caiga en un profundo trance, y lo dirijo a una playa para que descanse y se conecte con la energía en movimiento del mar y le digo:

Mary Luz: mira el mar Daniel, las olas vienen y las olas van, vienen y van, y así como las olas vienen y van, así es la vida de un ser humano, todo pasa, todo cambia, todo se transforma, nada está quieto, siempre todo está en movimiento, todo acaba para volver a empezar.

Hoy después de un proceso de sanación, que tú has permitido que suceda, has llegado al momento del perdón ¿estás listo?

Daniel: si Mary Luz.

Le doy entonces una sesión completa para que perdone a todos los que tenga que perdonar y que empiece por él mismo, pues al fin y al cabo la puerta se abrió de adentro hacia afuera y de adentro hacia afuera se debe cerrar, en otras palabras, él con sus miedos les abrió la puerta a todos los invasores que estuvieron por un tiempo pegados a su energía y él tuvo la fortaleza para sacarlos y cerrarla.

Una vez finalizada la sesión le pregunto:

Mary Luz: ¿cómo te sientes Daniel?

Daniel: muy bien Mary Luz, liberado y además acompañado, han llegado nuevamente los seres de luz, quieren decir algo.

Mary Luz: si por supuesto, adelante.

Daniel: ellos dicen:

> *"Los científicos ni los doctores entienden el dolor del alma, nadie lo puede entender hasta que lo experimenta, para que alguien pueda hablar del dolor del alma, primero tiene que sentirlo".* LI

A los oscuros no les interesa el cuerpo sino el alma, te damos las gracias Mary Luz, mientras veamos que tu cumplas tu misión te mandaremos más gente, pues debes saber que nosotros fuimos los que trajimos a Daniel contigo. Ya has tratado con nosotros en otras dimensiones y vidas, en el pasado tu ya has hecho este trabajo, tu función es ayudar como lo estás haciendo.

Todo estaba escrito, que tenias que pasar por esta experiencia Daniel, pronto vas a saber por qué.

Ahora me empujan suavemente diciendo es hora de irte Daniel, sigue tu camino, te amamos y siempre estaremos contigo.

Se han ido.

Mary Luz: ¡que belleza, gracias!

Esa fue la última sesión de Daniel, le di la instrucción de que la conducta esperada es que él ya pudiera dormir bien, y se reintegrara por completo a su rutina diaria.

Además le sugerí que siguiera educándose adquiriendo mas información y conocimientos y que no se olvidara de tener mucho amor a si mismo, que no creía que necesitara mas sesiones, pero que si él notaba que algo no estaba bien que llamara nuevamente.

Nos despedimos afectuosamente, los dos muy agradecidos el uno con el otro, pues los dos aprendimos.

Después de una semana me comunico Daniel vía telefónica, que estaba durmiendo bien y se sentía ¡fantástico! que todo había vuelto a la normalidad.

Como dato curioso después de que Daniel se comunico vía telefónica, nunca más escuche de él, pasaron meses, pero un día al salir de mi casa que queda muy cerca de mi oficina, exactamente el día que termine de escribir su historia en este libro, salí a la calle a recoger a mi hijo y me encontré a Daniel en un semáforo en rojo; estaba en su carro haciéndome señas, yo al verlo, le salude muy efusivamente, con una gran sonrisa me grito desde su carro, ¡gracias Mary Luz, me dio gusto verte!

Después de este interesante caso de Daniel, que nos ha enseñado con lujo de detalles, como nos puede afectar aferrarnos al dolor, o a lo que fue y ya no es, a los miedos, o a lo que pudo haber sido y nunca fue, continuemos con los desencarnados, mi más sincero agradecimiento a Daniel por la valentía de compartir su historia, para que quien quiera aprender, aprenda de su experiencia.

Por eso yo repito cada vez que puedo lo que dicen por ahí sabiamente:

> *El hombre inteligente aprende de sus propios errores, el sabio aprende de los errores de los demás. Arturo Adasme Vásquez*

Ahora continuemos con Melisa…

Siguiente desencarnado:

Desencarnado: Yo soy Samuel, soy un niño, llevo mucho tiempo desencarnado y ya estoy cansado... ayúdame por favor, ¡ten piedad de mi almita! Ya quiero irme con Diosito.

Desencarne en Tegucigalpa Honduras, soy un niñito o mejor dicho era un niñito de la calle, morí por golpes que me dieron... por robar.

Robaba por hambre, yo era bueno, pero el hambre es cruel... yo me puse en tu línea cuando fuiste a la cita que hizo tu tía para visitar a tu madrina, por allí en ese lado desencarne. Yo era el que estaba cerca de las escaleras, si...yo sé que me viste, tenias 9 añitos, yo tenía 12 años.

Tu luz al principio me molestaba, te hacia llorar, tu no sabias porqué, pero era yo con mi rabia, era mi manera de comunicarme contigo, con mis sentimientos.

No tengas miedo por ser una clarividente, tú elegiste estar en el equipo de la luz, pero acuérdate que el equipo contrario va a hacer lo posible por ganarte, solo haz el bien sin importar a quien, ese dicho es muy sabio, y tú lo has sabido llevar a cabo, me da gusto que lo hagas.

¡Oh! no pongas espejos cerca de la puerta, ni enfrente de ti al hacer sesiones para ayudar a los desencarnados, pues hay portales que no nos dejan pasar si tienes esos espejos cerca, tápalos por favor, mira que por eso es que te distraes a veces, porque ellos, los del otro equipo, hacen lo imposible para no dejarte trabajar.

¡Adios amiguita, hasta pronto!

Siguiente desencarnado:

Desencarnado: mira, yo me llamo Siomara tengo 29 años, era una mujer muy sola y triste, llena de miedos, temores y angustias. Además era muy fácil de manejar, muchos y muchas tomaban ventaja de mí.

Mis dizque amigas y compañeras de trabajo abusaban de mi, hacían que yo hiciera cosas sin nada a cambio, los hombres me quitaban mi dinero y me golpeaban; yo con mucha vergüenza te digo que soy una prostituta, sí, una prostituta, que los hombres usaban y las mujeres también, pues si no lo hacía me golpeaban.

Me siento sucia y triste… y tengo miedo de seguir así. Sé que estoy desencarnada y mi trabajo de prostituta y la vergüenza que siento me mantiene apegada a este mundo invisible.

Yo viví en Choluteca y fui a Monjaras porque allí también fui prostituta, allí por ese triangulo donde sentías tantos escalofríos porque oías voces, éramos nosotras las que te hablábamos un grupo de prostitutas desencarnadas con ganas de evolucionar.

Ya estoy cansada… por eso te pido ayuda, somos muchas aquí en tu línea de ese grupo, ayúdanos, solo sé que con tu ayuda podre evolucionar y estoy aquí haciendo línea desde que eras una niña de 9 años, cada que visitabas a tu tía, yo me iba a verte y a pedirte ayuda.

Sabes, yo nunca tuve hijos siempre quise ser madre, pensaba y decía:

El día que yo tenga una panza y un guardadito, yo me retirare de esta vida cruel y todas se reían, bueno… eso pensaba yo, pero mi historia ya estaba escrita.

Tuve unos cuantos abortos Meli, no me quedaba de otra, unas veces el padrote de nosotras nos golpeaba para abortar, y mi alma llora por cada aborto que tuve, yo le pedía a Dios perdón, y le pedía que me sacara de allí… en una de esas golpizas el padrote de una casa de citas, me golpeo de más y me dio una hemorragia, así fue como desencarne… con mi hija en el vientre.

Yo no quería mas muerte, mas abortos, le dije que me quería salir de allí, que yo me iba porque quería dar a luz y criar a mi hija, él me golpeo tanto, con mucho coraje me grito que era una perra, una mujer que nació para ser puta, ¡no eres nada! ¡Eres como una camisa que se usa y se tira! vos eres y serás una puta, una perra…

Siempre nos golpeaba para hacernos abortar y ahorrarse el dinero del aborto; yo era muy sumisa y mi alma esta aquí clamando el perdón de Dios por mis actos, mis errores y por los hijos que nunca pudieron nacer.

¡Perdónenme hijos! Perdónenme… pido perdón por todos los hogares que se separaron, por esposos enfermos sexuales, yo fui muy abusada, me obligaban a estar con hombres, con mujeres, con lo que llegara a buscar nuestros servicios.

Yo sé que ya seré libre ahora, soy feliz de saber que me liberare, necesito que me ayudes muñequita, ¡por favor ayúdame a irme al cielo! ¡Hasta pronto, te lo agradezco mucho muñequita!

Siguiente desencarnado:

Desencarnado: hola Melisa, soy Sara, una desencarnada de tu línea, ya tengo mucho tiempo esperando por ti, desde que tenias 9 años, sí, yo estuve en tu cumpleaños, donde se te quebró tu muela, pero no lloraste, eres muy buena y valiente, aunque los demás crean lo contrario, para los desencarnados eres como un escudo que nos protege, yo como lo ves soy miedosa y muy nerviosa y los nervios no son buenos.

Desencarne cuando era joven, fui muy bonita, mírame, tu puedes verme con tu mente, en tu mente salen mis imágenes.

Alta, pelo negro, muy negro, ojos color miel, una sonrisa muy bonita…hasta que me desgraciaron mi vida.

Fui raptada y violada, abusaron de mí muchas veces, un hombre muy feo, me mordía y me golpeaba… pase así muchos meses hasta que decidí escapar…mis nervios me delataron, no pude escapar, él me descubrió y me estrangulo.

Ya quería que esto acabara de cualquier manera, pero mi dolor y rabia me mantuvo allí atormentándolo, creía que ese era su castigo, pero en verdad solo seguía frustrando mi camino.

Hasta que un día te vi, yo soy del desvio que va para Tegucigalpa, allí estaba yo, cuando pasaste en el autobús y mire una línea detrás de ti, pregunté: ¿qué es esa línea? me dijeron: ven, únete a las almas en espera de la luz... de la paz.

Confundida dije: ¿qué es eso de la luz? me contestaron: la luz divina de nuestro creador, solo sonreí y dije: ¡por fin Diosito! ¡Por fin, mi tormento acabara!

Yo sé que es muy difícil para ti, que a veces no entiendes y buscas respuestas, pero ten piedad de nuestras almas, yo sé que eres muy valiente,

Eres una luz después del túnel de dolor y tragedia que tenemos que pasar, pues me aferre a una venganza absurda y no seguí mi camino cuando desencarne, pero tu corazón noble y puro, me ayudó a entender que el que hace mal, tarde o temprano pagara lo que hizo.

Ese hombre siguió haciendo lo mismo, me llenaba de rabia el daño que hacía y me creí la justiciera de todas ellas, pero ya me canse, ahora solo quiero paz y amor para mi otra vida, te agradezco mucho mi Meli, gracias por escucharme y entenderme.

¡Oh! tu perrito ladra porque nos puede ver y eso es nuevo para él, ya verás que se acostumbrara, se que Dios te premiara, me duele despedirme de ti, de mi niña que me ayudo a sanar, mi alma te quiere mi niña Melisita, mi alma siempre te cuidara, eres el sol después de la lluvia... ¡oh antes de irme! quiero decirte que la energía que viste cuando estabas dormida y de pronto te despertaste, éramos nosotros, unos desencarnados que cuidamos de ti, para que nadie te hiciera daño mientras dormías, te quiero mucho mi niña, en otra vida nos encontraremos y estaremos juntas, como hermanas… tal vez, o como madre e hija, nunca tuve hijos, solo tenía 19 añitos cuando desencarne, sí, ya no llorare más, hasta pronto mi niña.

PS:

Esta alma antes de irse me abrazo y se despidió de mí, pude sentir sus nervios y miedos ella se asusto mucho cuando mi perro ladro, y no podía creer que ya era la hora de irse, pude sentir su amor, ella me quería mucho.

Siguiente desencarnado:

Desencarnado: ¡ay! ¡Qué bueno ya voy a pasar! soy Sara María, yo era una niña cuando desencarne, tenía 11 años, iba a la escuela en Monjaras Choluteca Honduras, en 1994 fue la última fecha que escribí, y de allí en adelante era una desencarnada escondida.

Al principio me escondía para que no me vieran, pero con el tiempo note que nadie me miraba, entonces empecé a jugar, a correr en los pasillos de la escuela, vos Meli, me viste, me sentías, ¡ah! y usabas lentes como ahorita, eras una niña buena, pero tu maestra te trataba muy mal.

Pero debes saber que no era ella, eran los desencarnados desesperados que la influenciaban a ella, para que te tratara mal, yo jugaba y jugaba y en realidad, me reía de tu dolor y tu tristeza.

Los días más tristes para mí, eran los días de la madre y del padre, porque son festividades que se hacen en familia.

Tú soñabas ver a tus padres y entonces llorabas a escondidas, yo poco a poco me acerque a ti, pues me empecé a sentir mal por todo eso y vos eras noble y alegre, a pesar de todo por lo que pasabas, y los demonios desencarnados y otros desencarnados de tu línea, se enojaban por tus ilusiones de felicidad.

Ellos, los demonios desencarnados, querían hacerte trabajar para ellos, tú los rechazabas, despierta, dormida, sonámbula, ellos querían hacerte explotar, pero nunca lo lograron.

Yo empecé a hacer línea un tiempo después, cuando me hice tu amiguita, sí, así fue, en la escuela nueva, allí empecé a hacer línea.

Al principio que mire tu línea, veía como muchos desencarnados la veían y pocos querían esperar, unos la hacían y luego se salían, otros se frustraban; pero un viejo sabio, don Beto, nos decía:

Miren niños, señores y señoras ¡"el que persevera a Dios alcanza "! tengan fe y paciencia, mi Meli ya pronto nos ayudara, ella apenas es una niña, entiendan eso, entonces dije yo: ¿será que si? ¿Diosito me reuniré contigo? …ya estoy cansadita padre.

Vos Meli, tenías 9 años, lo pensé un tiempo y entonces me puse en línea cuando tenías 10 años, yo lo pensé mucho, me ponía en línea, luego me salía, empezaba línea de nuevo y Emmanuelle (el ángel) nos decía:

¡Tranquilícense, calma, calma, orden, orden en la línea! Así mismo don Beto decía: ¡tranquilícense, en orden, tengan sosiego!

¡Oh! otra cosa muy importante, cuando tu tío Meli, Evaristo Najar Romero desencarno, fue a buscarte a tu casa, tu vivías con tu abuela y la abuela se enojo y lo correteó con machete y todo. Pienso, o más bien lo que quiero decir, es que tu abuela no le tiene miedo a los vivos ni a los desencarnados, en verdad ella sabia porque iban desencarnados a su casa, sabía que iban a buscar a Meli, a su patito, ella te trataba de proteger, sé que hasta te escondió debajo de una mesa y también a tu otra hermana, pero su temor era que se metieran a lastimar a su Meli y pues el temor de ella era una realidad, tenía una nieta nacida con el numero 7, la 7, una bruja clarividente, médium, que los desencarnados buscan mucho, eres tú Meli.

A veces cuando tienes dones y no sabes utilizarlos y además, si las dos familias tienen dones por parte y parte, parte de luz y parte de oscuridad, por parte de tu mamá, de magia negra y tú de luz, entonces los dos lados luchan para que tu trabajes para ellos, la abuela sabía eso y temía que le volvieran loca a su Meli o que la convencieran para trabajar en el mal; aunque en el fondo ella sabía que su Meli iba a ser del bien, pero ella prefería que no hiciera nada para que no hubieran ataques de parte del mal, ya que al final de los años de su madre, una bruja blanca y clarividente quedo loca, ese era el temor de tu abuela, temía que a ti te pasara lo que le paso a tu bisabuela que perdió la razón, y quiso alejarte de todo eso.

Yo sé eso, porque te he seguido desde el 94, desde ese tiempo me puse en línea, luego me salía y me metía en la línea y volvía y me salía, y a si me la pase hasta que cumpliste los 10 años, entonces me puse en tu línea permanentemente.

¡Oh si! me olvidé decirte, yo desencarne porque alguien me atropello, yo iba camino a la escuela, por eso me quede ya desencarnada en la escuela, perdono al que me atropello…ya me voy, gracias.

Mientras escribía este libro recibí una llamada de mi madre, para informarme que un familiar se había suicidado, mantendré su identidad en privado, pero he decidido escribir esta experiencia con el objetivo de que la humanidad entienda, que el suicidio es una acción considerada felonía en primer grado en el mundo del espíritu, quitar la vida de otro, o acabar con tu propia vida es algo muy grave.

Para que entiendan un poco más la historia que a continuación les relatare, permítanme contarles un poco más de la relación que tengo con mi familia.

Me considero una persona muy privada como lo dije en mi segundo libro CREE, me cuesta mucho hablar de mí, solamente lo hago cuando considero que es necesario hacerlo para dar un mensaje a mis lectores, y hoy creo que es necesario, así que lo hare.

La relación que tengo con mi familia es muy lejana, pues por cosas de la vida que estoy segura son perfectas, así no las entendamos, mi familia tiene valores y conceptos exactamente opuestos a los que yo tengo, por lo tanto vengo siendo algo así, como la loca de la familia.

Mi madre y mi hermano son cristianos muy apegados a su religión, por lo tanto no creen en la reencarnación y creen que la religión y la iglesia es la que salva, yo respeto sus creencias, pero como pueden ver, son exactamente opuestas a lo que yo escribo en mis libros.

Mi hermana la menor es directora a nivel regional de una gran compañía farmacéutica, exactamente en el área de medicamentos para enfermedades mentales, o sea medicamentos psiquiátricos, y si han leído mis libros sabrán cual es mi posición frente a la gran mentira que son los medicamentos psiquiátricos, pues es todo un negocio bien montado, pero también respeto la decisión de mi hermana de trabajar en lo que trabaja, pero pues no estoy de acuerdo con los medicamentos psiquiátricos.

Entonces queridos lectores, ya irán entendiendo que en pocas palabras, yo voy en contra de la corriente en mi entorno familiar.

En una ocasión hablando con uno de mis ángeles, con Joel, el que me dicto el segundo libro CREE le dije:

Joel, es que yo soy la loca de mi familia, él con su amorosa sinceridad me contesto: no solo eres la loca de tu familia, sino la loca de muchos.

Yo me quede sin palabras, pero entendí su mensaje, no había otro camino que seguir adelante, ignorando los comentarios y juicios de los que no entienden mis palabras.

Teniendo ya claro cuál es mi situación familiar, entenderán más fácilmente lo que sucedió.

Al recibir la noticia de que mi familiar se había suicidado, sentí una profunda tristeza, yo no había tenido la oportunidad de conocer a este familiar personalmente, solo sabía de su existencia gracias a la tecnología por facebook, yo veía fotos de esta persona y supongo que ella de mi, pero en verdad ni nos comunicábamos, no existía una relación.

De cualquier manera, yo lo único que veía en facebook era: Prosperidad, armonía, felicidad, belleza, alegria... y todas las mentiras que se ven en las redes sociales, todo y todos están bien y perfectos. ¿Quien se iba a imaginar, que estaban pasando por conflictos tan graves hasta el punto de llegar al suicidio?

Parte de mi misión como lo escribí en mi libro CREE, es informar y colaborar con la humanidad en la medida posible, para que sanemos a nivel espiritual y mental nuestras dolencias, para así evitar que una persona llegue al suicidio. ¿Pero pues como puedo ayudar a mi familia si no piden ayuda? o ¿cómo ayudar a quien no quiere ser ayudado?

En fin, con mucha tristeza por la noticia recibida, prendí una vela por el alma de mi familiar fallecido y le pedí al universo, que si había algo que yo pudiera hacer por esta alma me lo concediera.

El tiempo paso, creo que como un mes, entonces un día me vino al pensamiento mirar la pagina en facebook del familiar más cercano a la persona que se había suicidado, habían puras frases de dolor, de un sufrimiento profundo, yo sentí mucha pena por esta persona, pues no me alcanzo a imaginar su dolor, así que solo cerré la pagina e hice una oración.

pasaron unos cuantos días, y sentí nuevamente la necesidad de volver a mirar esa página, yo no entendía por qué, pues yo no tengo relación con ellos y además no soy de estar mandando mensajes en facebook, a menos que sea algo necesario, y mucho menos mandar mensajes de consuelo, puesto que lo que yo escribiría no sería el típico mensaje de condolencias que se da, sino que sería de esperanza, pues yo sé que reencarnamos y yo sabía que a mi familiar no le iba a gustar que le hablara de eso, pues también practica el cristianismo y con sus creencias muy arraigadas, así que en otras palabras pues ¿que podría yo decir que fuera sincero y a la vez que no la fuera a ofender o atentara contra sus valores religiosos cristianos? (pues en el cristianismo no creen en la reencarnación) así que cerré nuevamente el correo y me salí de su página.

Al otro día, otra vez vino a mi pensamiento, la idea de mandar un mensaje a la persona más cercana de quien se había suicidado, era como si algo me dijera: escríbele, así que pensé, me voy a arriesgar, le voy a escribir, ya sé lo que mis familiares piensan de mí, entonces qué más dá, le voy a escribir.

En pocas palabras le dije:

Siento mucho por el dolor que estas pasando, por la transición de (el nombre de la persona), he escrito 3 libros que hablan sobre la reencarnación, no sé si crees en la reencarnación, pero si te sirve de consuelo, yo te puedo dar fe, de que reencarnamos, en verdad no morimos, solo desencarnamos y en mi cuarto libro, estoy escribiendo lo que pasa después de la "muerte" que en realidad es una transición.

No sé si esto que te comento está dentro de tus creencias, pero si en algún momento quieres leer sobre la reencarnación te recomiendo el primer libro del Dr. Brian Weiss: "Muchas vidas muchos sabios", pues su mensaje te va dar mucha esperanza, tú y el alma de (el nombre de mi familiar fallecido) están en mis oraciones, si quieres hablar, aquí estoy.

Mi familiar me contesto:

Gracias, pero el libro de Brian Weiss lo leí cuando tenía 17 años y me gusto, pero hace 3 años encontré la paz en la iglesia cristiana y deje atrás mis viejas creencias y mis prácticas regresivas. Ahora lo que necesito, es dinero para desenterrar a mi (familiar) y para incinerar su cuerpo, quiero esparcir sus cenizas por el mar, en los corales donde fue tan feliz, la fiscalía no me permitió hacerlo, por eso enterré su cuerpo, pero yo luche, hasta que ya logre que lo aprobaran, pero ahora no tengo el dinero.

Yo al leer eso y saber las implicaciones espirituales que ésta práctica conlleva, entendí porque yo sentía la necesidad de escribirle a alguien con quien ni tenía una relación, era el alma de quien se había suicidado la que me estaba contactando a través del pensamiento, pidiéndome ayuda, así que llame a Melisa.

Melisa de inmediato me contesto y se puso en contacto con el alma de mi familiar que se había suicidado, esta alma nos agradeció por haberle contactado, pues estaba en alto grado de desesperación en el lugar donde se encontraba, en el purgatorio.

Acto seguido nos dio el siguiente mensaje, que por motivos de privacidad solo escribiré las partes donde habla a nivel general, que no compromete la identidad de mis familiares, aunque fue muy explícita esta alma, al mandarle un mensaje a su familiar muy cercano.

Mary Luz, muchas gracias por ayudarme, por favor dile a (mi familiar) que me perdone, sé que cometí un gran error y ahora lo estoy pagando.

No quiero decir que me faltaba amor, pues era amada, pero me sentía con mucha soledad. Son mis últimos deseos que llegue el mar a mi tumba, que la llenen de cosas que tengan que ver con el mar, me gustaría que me llevaran caracoles, por favor, no me dejen en soledad y en el abandono, como cuando estaba en carne.

Por favor dile a (mi familiar) que no desentierren mi cuerpo, ni lo quemen y tiren mis cenizas al mar, pues si lo hacen me quedare penando y persiguiendo cada ceniza que tiren en el mar.

En ese momento todo hacia sentido, esta alma me estaba contactando a nivel mental, diciéndome que dijera a su familiar lo que sucedería si exhumaban su cuerpo y me contacto para evitar que hicieran esto.

Yo sabiendo que me iban a tratar de loca una vez más, y a lo que me exponía, sin pensarlo dos veces, inmediatamente mande un mensaje en facebook y para mi sorpresa, mi familiar estaba en la línea, le di el mensaje que me habían dado.

Mi familiar me contestó de una forma muy agresiva, diciéndome toda clase de improperios y groserías, me maltrato hasta quedarse sin más palabras, bueno… debo decirles que no esperaba menos; no fue una sorpresa encontrarme con esto, pues honestamente era la conducta esperada de alguien muy religioso, pero que no sabe nada del mundo del espíritu.

Alcance a decirle que no desenterraran el cuerpo, ni lo quemaran, pero no alcance a decirle lo que a continuación me dijo quien se había suicidado, pues luego de muchos insultos me bloqueo del facebook, la última frase que escribí y no sé si la alcanzó a ver antes de que me desconectara fue la siguiente.

> "¡DESPIERTA BELLO DURMIENTE! NO ES LA RELIGION NI LA IGLESIA LA QUE NOS SALVAN, ES EL AMOR DE LOS UNOS A LOS OTROS LO QUE NOS SALVARA." Luz

Quien se había suicidado me dijo:

Mary Luz, perdóname si algún día te juzgue, ahora te pido perdón y ayuda, es algo irónico, tanto que hablamos mal de ti y soy yo la que ahora te pide ayuda.

Solo ahora sé que eres un ser de luz, que no te importe si nuestra familia te dice loca, si ellos supieran que la mas cuerda de toda la familia eres tú.

Gracias, te quiero mucho, te agradezco que intercedas por mi alma, Melisa me llamo porque tú querías ayudarme, me siento orgullosa de que seamos familia, pon en tu libro todo esto por favor, pues muchos creen que al ir a la iglesia y sentir culpa, y al sentir que son pecadores ya están libres de pecado y no se limitan a juzgarsen a sí mismos, sino que también a los demás, sin saber el porqué y el que pasa en verdad.

El amor de lo que somos los seres humanos se ha distorsionado en las iglesias, se dicen hermanos y entre ellos mismos se juzgan, se acusan, y cuando salen a la calle no quieren hablarle a nadie, dicen que ellos son salvos y todos los demás son pecadores, mas no se acuerdan que con la misma vara que miden serán medidos.

Distorsionan la vida a su favor y el que está en contra de esto es pecador, muchos creen que son santos, intocables y perfectos ante Dios, mas no saben que Dios no vino por su iglesia, vino por su pueblo que somos todos, y que al juzgar solo se ponen cadenas, sobre cadenas y arrastre sobre arrastre y a los que ya han avanzado mucho los llaman locos, pecadores, brujos... hijos del diablo.

Dile a (mi familiar) que es una persona buena, que lástima, que no nos disfrutamos por tantos prejuicios en su cabeza, se dedicó a Dios, según ella, pero dile que ir a la iglesia todos los días, a cada rato, no te hace más puro o mas santo, dar dinero a la iglesia no compra el boleto hacia Dios, eso te lo ganas solo por lo que hagas sin esperar nada a cambio, pues Dios te da lo que tu das sin intereses alguno.

Dios es el creador y dueño de todo, uno decide el camino, si haces bien te quedas con las rosas y si haces mal te quedas con las espinas.

Gracias Mary Luz por tu ayuda, que ironía yo pidiéndote ayuda, eres mi salvadora, ¡gracias, muchas gracias! tu eres la que me va a ayudar a salir de aquí... me voy, los ángeles me tienen que llevar, sé que tu das sin interés alguno, gracias.

Yo agradecí a Melisa por haber sido el medio por el cual llegaba este mensaje a mí, pero me quede muy confundida, le dije a Melisa:

No entiendo cómo es que yo la puedo ayudar, ella me contesto: yo tampoco, toca esperar a que se comunique nuevamente, le dije, si, debemos confiar en que Dios nos mostrara el camino.

Seguí pensando el resto del día, no entiendo cómo es que esta alma me agradece porque le ayudare a salir de allí, que confusión, no entiendo nada.

Al otro día por medio de una de mis clientes, que también es médium y llego a mí pidiéndome ayuda, pues no entendía que era lo que le pasaba, el arcángel Miguel saco el alma de mi familiar del purgatorio, le dijo que por haber aprendido su lección y tener un corazón bueno se había ganado salir más pronto, que empezaría su camino hacia la luz.

Es posible que en un próximo libro sea escrito en detalle, como fue que sacamos a mi familiar del purgatorio por ahora no es necesario.

En ese momento entendí las palabras de mi familiar que me agradecía desde el día anterior, por una ayuda que yo ni siquiera sabía que iba a prestar.

Melisa llega diciendo que se ha sentido bien, que su vida está muy cambiada, que saber cuál es su misión y hacer su trabajo le hace sentir muy bien, yo por mi parte le recuerdo, que ella misma lo dijo en sus regresiones cuando era Eva, que hacer su trabajo la libera.

Ella asiente con la cabeza y agrega a mi comentario, sí, es cierto eso, es lo que yo siento, me siento liberada; pero es bastante difícil este trabajo, pues me han estado molestando mucho los del otro lado, hay alguien en un rincón de mi casa que me pide ayuda, se ve que sufre mucho, pero no sé cómo ayudarla, así que decidí venir aquí hoy para saber qué es lo que pasa.

¡Oh perdón! por no haberle contestado a sus mensajes Mary Luz, es que se me daño el teléfono, no funciona, por eso fue que Omaira me tuvo que hacer la cita con usted, pues mi teléfono no funciona.

No te preocupes Melisa, lo importante es que estas aquí.

Empezamos entonces una nueva sesión de hipnosis y ella bajo trance dice lo siguiente:

Melisa: Mary Luz ayúdame por favor, estoy a oscuras en un rincón, estoy en la casa de Melisa, es un hueco oscuro que está en la casa de Melisa.

Mary Luz: ¿quién habla?

Melisa: soy yo tú… (Mi familiar que se suicido)

Nota:

Melisa continuaba hablando, o mejor dicho continuaban hablando a través de ella, mientras mi cabeza iba a mil por hora, ¿cómo? ¿Qué es esto? ¿Por qué mi familiar pide ayuda? si ya esta alma está en la luz, ¿qué es lo que está pasando aquí? decidí ser cautelosa y solo esperar a que las cosas se desarrollaran.

Melisa por su parte no sabía, que el alma de mi familiar ya se había elevado a la luz.

Melisa: los oscuros nos pegan, nos castigan, prometo no quitarme la vida nunca más, por favor ayúdame.

Mary Luz: ¿quién eres?

Melisa: ya te dije soy tu (familiar).

Mary Luz: y… ¿qué es lo que pasa?

Melisa: ahora soy uno de los guardianes de la oscuridad el que habla, no le ayudes a esa alma, te va a quedar mal, esta alma es irresponsable ¿para que le ayudas? no insistas en ayudarla.

Por eso le dañe el teléfono a Melisa, ya estaba corriendo a pedirte ayuda, esa alma anda escondida en ese rincón creyendo que Melisa la esconderá todo el tiempo, déjala que sufra, ese es el camino que se merecen los que se quitan la vida, déjalos que sufran y así pidan otra vida, nos gustan, nos alimentan sus lagrimas.

Nosotros cuando los vemos sufrir en vida, los ayudamos para que decidan suicidarse, también nos gusta que la gente vea películas de terror, que tengan miedo, ¡todo eso nos encanta!

Mary Luz: que interesante, ¿pero qué te parece ahora si me dices la verdad quien eres?

Melisa: ya te lo dije, soy un guardián de la oscuridad.

Mary Luz: ¿y eres el que está en la esquina verdad?

Melisa guardaba un silencio total, luego de mi pregunta, pero su cara estaba transformada, la expresión de su rostro era: tenso, serio, agresivo.

Mary Luz: ¡en el nombre de la luz dime la verdad! ¿Quién eres?

Melisa: (con fuerza y enojada) me hago pasar por tu (mi familiar) ¡para que ella me deje entrar a su casa!

Mary Luz: dime lo que tengas que decir, ¡habla!

Melisa: mi amo nos ordeno ir a su casa a molestarla, Melisa me tiene atado de pies y manos, ella se metió con mi amo y por eso él dio esta orden.

Mary Luz: ¿cómo así que se metió con tu amo?

Melisa estaba en silencio total.

Mary Luz: sabes que aquí no puedes callar, ¡en el nombre de la luz habla!

Melisa: (con cara furiosa) ella tiene guardadas las gárgolas y les está cambiando el pensamiento, las tres gárgolas que le mando mi amo se están convirtiendo en ángeles, estaban destinadas a evitar que llegaran centinelas de luz y ahora están cambiando su destino, ahora quieren proteger su casa y la viejita loca de Maicumbé también la protege.

Mary Luz: bueno que te parece a ti también cambiar, ¿te gustaría tomar esa oportunidad y dar un paso hacia la luz?

Melisa guardaba silencio.

Mary Luz: no tienes que tomarla, si quieres puedes seguir haciendo fechorías es tu decisión, ¿qué dices?

Melisa: es que se sufre mucho a donde debo ir, antes de llegar a la luz se sufre mucho…no sé, déjame pensarlo.

Mary Luz: muy bien, mientras lo piensas cuéntame ¿cuál era el plan?

Melisa: el objetivo era engañarla, esta mujer siempre quiere ayudar y ahí es cuando dice que si, y cuando vemos una gran oportunidad para engañarla la tomamos y una vez engañada nos deja entrar, hay mucha protección en su casa, siempre mandan seres del inframundo a atacarla, pero hay ángeles en la entrada de su casa y 7 ángeles alrededor de su casa, la viejita loca de Maicumbé, mas su abuelo y otros abuelos, tienen una barda de ángeles, ¡así como los tienes tú Mary Luz!

Melisa de pronto se quedo en silencio.

Mary Luz: no te detengas, sigue hablando, aquí estas obligado a hablar.

Melisa: aquí cuando trabajas, tienes una barda de ángeles y hasta tienen celadores en la línea, por eso mi misión es confundirla, traté, pero ella me ignora, el plan es confundirla para que no acabe su misión.

Somos muchos alrededor de ella, pues no podemos acercarnos, ahora mismo estamos en una casa vecina cerca de su casa.

Esa casa se desocupo a propósito, no es casualidad que se quedara vacía, se movieron las cosas a nuestro favor para que la desocuparan, siempre estaremos vigilándola.

Mary Luz: ¿qué has pensado de mi oferta?

Melisa: aun lo estoy pensando, pero en verdad ella me ha cambiado, me lavo el cerebro.

Melisa nació para trabajar con los de la luz y con los de la oscuridad, ella es la luz en medio de la oscuridad, pero necesita venir a tus clases Mary Luz, estudiar, aprender, porque ella puede sanar con sus manos.

Si… perdónenme por tratar de confundirlas, tu familiar ya está donde debe de estar Mary Luz, en el cielo, solo que lo use como una estrategia para engañarlas, Melisa cae fácil en las trampas que le pongamos, porque no sabe decir no, siempre dice si, a todo dice si.

Deben saber que los ángeles las protegen, pero ustedes deben ayudarse también, ¿has oído ayúdate que yo te ayudare?

Mary Luz: si, y me sorprende que me lo digas.

Melisa: yo solo soy un protector de la oscuridad, pero hay muchos más grandes que yo, Melisa me tiene amarrado por eso me escondí en la esquina, en lo oscuro haciéndome pasar por tu familiar, para que me dejara entrar.

Donde Melisa camina abre tierra del inframundo, donde ella está, todo no es piso.

Dejame decirte como es que llegamos a la gente que nos llaman. Los que hacen brujerías negras, depende de lo que quieras hacer nos llamas, por medio de un ritual y una vela, nosotros nos acercamos y nos quedamos.

Por ejemplo si quieres hacer un amarre, nos llamas con una vela roja, pero también pueden hacer lo contrario, llamar a los del otro lado a los de la luz y prender una vela roja con blanco es para amor y bendición.

También para limpiar pueden usar las velas, solo tienen que poner las velas bajo la luna llena, pues esta luna limpia toda la energía; también es bueno dejar las ventanas abiertas en la luna llena para que limpie todo y en la luna nueva sacar lo que no quieres para volver a empezar, la luna nueva siempre es empezar, ésta loca lo sabe, le digo loca porque habla sola, y hasta habla con el idioma de los espíritus.

Mary Luz: ¿me puedes decir algo en este idioma?

Melisa: no, yo no lo puedo decir, porque soy muy sucio para pronunciarlo.

Mary Luz: te agradezco todo lo que me has dicho, te has portado muy bien, ¿qué has pensado de mi oferta?

Melisa: es que no se, a donde me tengo que ir se sufre mucho.

Mary Luz: pero qué más da, míralo de esta forma, igual algún día tendrás que ir a pagar, para que alargar más esta situación y echarte más karma encima, pues decide lo que quieras, recuerda al final es tu decisión.

Luego de un silencio...

Melisa: si, está bien, me voy, reza por mí, para que los ángeles me den agua.

Mary Luz: así lo hare, has decidido sabiamente, adiós.

(Luego de un silencio) Melisa, ¿me escuchas?

Melisa: si Mary Luz (con el rostro relajado y visiblemente suavizado)

Mary Luz: ¿estás bien?

Melisa: si, estoy bien, aunque un poco cansada.

Mary Luz: si, es normal, hay gasto de energía. ¿Crees que estas bien para continuar?

Melisa: si puedo seguir, estoy cansada, pero me siento bien.

Mary Luz: perfecto Melisa, quiero revisar algo, así que solo sigue mis instrucciones.

Melisa: muy bien.

Mary Luz: voy a contar de 3 a 1, cuando llegue a 1, sabrás porque tienes la necesidad de decir siempre que si. ¡3, 2,1!

Melisa: para liberarme de siempre decir si, debo revisar dos vidas.

Mary Luz: está bien Melisa, vas a viajar a una de esas vidas, ¡3, 2,1!

¿Dónde estás?

Nota:

De aquí para adelante, solo voy a escribir la información que Melisa me dio, se debe asumir que esta información es producto de mis preguntas y además en ocasiones ni siquiera le tuve que preguntar, puesto que ella relataba los hechos de corrido sin parar.

Melisa: estoy en la India, soy hindú, me llamo Alima, tengo 11 años. Esta vida ya la había recordado, estoy peleando con mi madre en la cocina, ella me sigue y me quiere pegar.

Me dice que toda mujer debe decir si a su esposo, yo niego eso.

Soy como dicen ellos, una pecadora, una rebelde y además les digo que si yo me caso es porque yo lo busco, no con el hombre que ellos decidan. Además les grito, ¡que si no me quiero, casar no me casare!

Ella muy enojada, me grita: ¡impura! y me encierran, ya que además los amenazo con escapar, luego de encerrarme me dicen que buscaran un esposo más viejo que yo, para que me logre dominar y quite esa locura de mi cabeza, que será alguien rico que me de todo lo que necesito, desde entonces me encierran hasta que consiguen el esposo.

Melisa se queda en silencio por un corto momento y dice:

Melisa: ahora tengo 14 años, me venden como ganado, como un camello a Mohamed, él tiene 28 años, soy su segunda esposa, si Mary Luz, es mi mismo esposo de esta vida.

Cada religión tiene algo de cierto y el resto mentiras, todo está escrito en el libro de la vida.

Mohamed me conoce, yo le digo que lo odio, lo repudio y él se arrodilla y me pide perdón por cualquier cosa que me haya hecho mal, pues el día de la boda me lastimo mucho, era una niña y mi cuerpo no estaba preparado para nada de eso.

¡Ay! por eso me duele tanto por dentro... tengo vergüenza, mi madre que es la misma de esta vida, llega de visita, me agarra del brazo y me dice, que siempre debo decir, si, si, si, sé servicial, ¡ya no digas que no!

Yo simplemente digo:

¿Dios que he hecho para merecer esto? y ella de inmediato, me contesta, niña escúchame, no quiero que Mohamed te repudie 7 veces.

Luego de estas palabras, considere suficiente la información que habíamos obtenido de la revisión de esta vida, le di entonces una instrucción para que se fuera a la otra vida que debia revisar.

Melisa: soy una india esclava, no sé cómo me llamo Mary Luz... bueno, la verdad es que no tengo nombre, me están vendiendo a unos españoles, me venden en la misma vida donde le cortan las manos a Omaira.

Nota:

Me detendré un poco aquí, porque considero que es importante el mensaje de esta vida de Omaira.

Omaira llego un día a mi oficina interesada en saber, porqué a ella le costaba mucho cobrar por su trabajo, ya que muchas veces en su trabajo de estilista, o en los otros trabajos que había tenido antes, en muchas ocasiones terminaba trabajando de gratis, por miedo a cobrar. Me dijo, que era como un sentimiento de no merecer el dinero, algo interno que le hacía sentir que no debía cobrar… y sus finanzas iban de mal en peor, trabajaba y trabajaba, pero no cobraba.

Bajo hipnosis buscando la raíz del problema, encontramos que Omaira había sido india y que sus amos españoles habían sido sus padres adoptivos actuales, siendo sus amos le habían cortado las manos, gritándole que era basura y que no merecía nada, que nunca olvidara que no merecía nada, que agradeciera que le habían dejado el resto de sus brazos, de hecho recuerdo que fue tan cruel como lo narró Omaira, que aunque tengo un carácter fuerte para resistir el dolor propio y el ajeno, en esta ocasión me doblego su dolor y me hizo sollozar. Al finalizar la sesión le hice limpieza de ese dolor por lo cual logró asimilar la situación y superarlo.

Omaira me reporto después, que ya no sentía vergüenza de cobrar por su trabajo y sus finanzas habían mejorado.

Continuemos con Melisa

Melisa: me tienen prohibido levantar la cabeza y mirar a la gente. Mis ojos hacen que la gente hable cosas… cosas que no quieren decir.

En realidad me tienen miedo, dicen que soy una hechicera, lo que yo toco nadie lo puede tocar, Omaira y yo en esa vida jugábamos cuando éramos niñas, no teníamos muchas lunas, o sea años y eclipses, pero llegaron los españoles y nos llevaron como esclavos.

La tribu a la que pertenecemos es la Chizuminalma, sé que queda en una isla, pero no sé cómo se llama, bueno... lo que pasa es que en ese tiempo no tenia nombre, por eso no sé cómo se llama y el año que me preguntas no lo sé, no sé qué año es, yo hablaba de lunas.

Omaira no era mi hermana, era familia más lejana, aunque en la tribu todos somos familia.

Mi padre es el Jeque y mi mamá es la india mayor, que es mi abuela Tila la mamá de mi papá actual en ésta vida como Melisa.

Nota:

Revise el termino jeque, puesto que solo lo había escuchado en culturas arabes y confirme que sí, el termino jeque también fue utilizado por pueblos indígenas latinoamericanos.

Llegan los españoles y matan a mis padres y a todos los ancianos.

Se llevan a las mujeres y a los hombres como esclavos... Mary Luz, yo si tengo un nombre, mi nombre en la tribu era Magüicha, que significa, Diosa del perdón.

En esa vida hablaba con los desencarnados, con las almas, con los Dioses. Curaba con mis manos y mis ojos miraban lo que otros no pueden ver, hasta que llego el demonio mayor...

el innombrable, acompañado de sus ayudantes, que son mi mamá y mi papá de esta vida, ellos eran los españoles que estaban a cargo de nosotras, yo era india y me hicieron su esclava.

Nos llevan a todos, mujeres y hombres, a todas las muchachas las violaron, pero a uno que me trato de violar, muere envuelto en fuego, yo puedo mover cosas con mi mente, estoy muy enojada y lo empujo, mi alma no puede matar personas, pero al empujarlo él cayo al fuego, lo oigo como grita:

¡Bruja, bruja, bruja! se lanzan entonces sobre mi varios españoles y me atrapan… les cae entonces las 7 plagas: piojos, gusanos, hormigas, chinches, moscas, grillos, insectos, se llenan en pocos días de todo eso, me piden que los ayude y yo decido ayudarlos, me quieren dejar sola, tirada, sin familia, abandonada, pero se acerca una mujer española que es mi mamá de esta vida y les dice:

Piénsenlo, ella nos puede ayudar en las guerras. Entonces, un español que es mi papá en esta vida, le contesta: piénsalo tú, que eres la que tendrás que cuidar a esta bruja.

Se quedaron conmigo y desde entonces me usaron para curar, los dos españoles que son mis padres en esta vida, son los que están a cargo del grupo de esclavos en el que Omaira y yo estamos.

Estos dos tienen sus queveres, pero no son pareja, son amantes, él viola a las mujeres y una de ellas es Omaira y yo le prometo a ella que la ayudare, yo leo sus manos y veo lo que ha pasado en sus vidas anteriores. Nos ayudamos la una a la otra, a ella le cortan las manos por castigo al haber desobedecido y darme la mano, ya que estaba prohibido que me dieran la mano.

Desde allí me dan la orden, de que solo hare lo que ellos me digan, me lo dicen así Mary Luz:

Solo harás lo que lo que se te dice, y dirás: si amo, si señor, si señora.

Ellos no se atreven a pegarme, ni violarme, pues según ellos estoy maldita y maldigo todo lo que toco; les da miedo que yo haga una venganza contra ellos por la muerte de mi tribu y todos los males que nos han hecho.

Unas lunas después me vendieron a un muchacho, ya hablábamos español, porque cuando nos atraparon hablábamos solo maya.

A este muchacho no le gustaba comprar esclavos, él se quedo en el carruaje.

Mary Luz, no sé qué fecha es, solo sé que han pasado muchas lunas, pues yo no conozco de números.

Allí está el carruaje, lo puedo ver desde la plaza donde me encuentro; estoy amarrada como un puerco, de las manos y los pies, somos muchos esclavos, hay esclavos indios y negros.

Los blancos son los señoritos, los amos, nos ponen aquí para que nos miren. Pasan y me levantan el vestido, me pasan la mano por el cuerpo, y dicen: esta niña no ha sido tocada, es una doncella. Allí hay un viejo que es un puerco, trae encarnado un psicópata, un enfermo sexual, un degenerado, cuando él me intenta tocar, sale del carruaje el muchacho y grita:

¡"Déjala, no la toques" ! hay muchos soldados españoles y otros señores españoles, ofrecen monedas por mí, cada vez ofrecen más monedas y se van retirando las ofertas, hasta que al final quedan 2, el que tiene encarnado un psicópata y el papá de el muchacho del carruaje. Entonces el que tiene pegado el psicópata ofrece más monedas y el papá del muchacho dice que ya no va a estar en la subasta, entonces oigo como dice el vendedor: a la ¡una, a las dos! Y... allí interrumpe el muchacho del carruaje ofreciendo muchas monedas por mí.

El que tiene pegado el psicópata desencarnado le grita: ¡quédatela! es solo una mujer, que no sirve ni para hacer sombra, con lo que tú ofreciste por ella puedo comprar 7 esclavos.

El alma del muchacho que me compro, es la misma alma de mi esposo actual.

El papá del muchacho me compro para que su hijo no sea doncello, pues lo han invitado al prostíbulo pero no quiere ir y su papá vio que estaba muy entusiasmado conmigo, le dice: al final no es negra.

Yo soy como una especie de premio para su hijo, por haberse graduado de la academia de policía en España.

Ya nos llevan... nos arrastran, nos jalan como si fuéramos animales. Madres, padres, hijos... vendidos y separados como perritos.

Llegamos a su casa, es muy bonito, es un rancho grande, un corredor enorme y una choza para los esclavos.

Al fondo hay mas casas, hay un río, mucha tierra y animales.

El papá enviudó, pero tiene sus queveres con esclavas y aunque rechaza a las negras, está enamorado de una esclava negra.

El es un coronel de alto rango, el señorito nos enseña a hablar español a todos, es bueno con nosotros, no le gusta ver sufrir a los niños y trata bien a los esclavos, además les ha dado carta de libertad a los esclavos viejos, pero se quedan trabajando en la hacienda, ya siendo libres y él les paga.

Me enseña a escribir y a leer, aunque el plan inicial de su padre al comprarme, es que se acostara una vez conmigo para que dejara de ser doncello, pero el señorito jamás se propaso conmigo, el papá le insiste, le dice: ya es hora, es tu regalo, pero él nunca intenta nada.

Un día me estoy bañando en el río, el señorito me mira, yo al verlo me asusto y corro, él se va detrás de mí, me dice: perdón, no fue mi intención asustarte, es que yo estoy enamorado de ti, entonces yo le digo: yo también, pero eso es imposible, usted es el señorito y yo una esclava.

Entonces él me contesta: los status sociales no importan, es lo que tienes en el corazón.

Yo era señorita y él también, así que no nos cuidamos… estoy embarazada, yo no digo nada y 3 meses después él se casa con una mujer, hija de padre español y madre inglesa; estudiada en Inglaterra, culta, bonita y muy fina... pero con un corazón muy negro.

Yo ya la perdone, pues me maltrato y me persiguió mucho, ya que me prometió que me perseguiría, puesto que no entendía cómo era posible que su esposo hubiera puesto sus ojos en mí, siendo una india.

El me tenía una casa aparte de la de los esclavos, al regresar de la luna de miel, él me busco, pero yo lo rechace, y le dije que no quería ser la segunda, que se fuera.

Un día me fui a bañar al rio, habían 3 muchachos que me veían sin yo saberlo y él también me miraba, se lanzo encima de ellos y les pego muy enojado, a mi me llevo a mi casa, me grito y me rompió el camisón blanco que llevaba puesto, pues yo no me bañaba desnuda, al romperme el camisón me vio la panza, vio que mi vientre crecía, yo me arrodillé y le pedí que por favor no me quitara mi hija ¿cómo sabes que es una niña? Me grito, yo le dije, yo solo lo sé.

Paso el tiempo, mi hija nació y me la quitaron, yo la cuidaba, la alimentaba, pero para ella yo era su nana.

Su esposa, la señora de la casa, me golpeaba y me obligaba a comer en el piso, todo el tiempo me repetía, me dirás siempre si señora, si señora hasta el día de mi muerte.

Me golpeaba por haber tenido una hija de su esposo, ella era estéril, no podía parir hijos y era la coartada perfecta para decir que mis hijos eran de ella, al tiempo tuve un hijo, mis hijos de esta vida son esos mismos hijos, todo el tiempo tuve que decirle: si señora, si señora, si señora.

Un día me mando un esclavo negro para que me violara, yo le dije que yo era una bruja y que lo convertiría en sapo si me tocaba, él me creyó y entonces me dijo que dijera que él si me había violado, para que no lo golpearan a él, pues ella había mandado a hacer un lugar que era como un tendedero para golpearnos, a mi me golpeaba mucho, luego de golpearme, me mandaba curar antes que llegara su esposo, para que él no se diera cuenta.

Me trataba como a una perra, en una de esas golpizas perdí un bebe, la que siempre pierdo, él llego antes de tiempo y vio como me golpeaban, pero ya era tarde, sangraba, la bebe ya no estaba viva, él me dio la carta de libertad, pero yo no me fui, no quise dejar a mis hijos y seguí como su nana.

El me tenía prohibido curar a la gente y leer la mano, me dijo que eso era brujería, un día me vio curar a un niño y me azotó, yo decía todo el tiempo, si señora, si señor, si señora, si señor.

La mujer muere joven, pero ella me siguió hasta después de muerta, me siguió hasta esta vida, ahora me pide perdón por todo lo que me hizo y por seguirme hasta esta vida… yo, ya la perdone.

Yo morí a los 80 años de muerte natural, después de la muerte de su esposa, seguimos estando juntos pero nunca se caso conmigo.

En mi lecho de muerte les confesé a mis hijos que era su madre no su nana, aunque ellos ya sabían que era su madre, pues una vez oyeron cuando la mujer les dijo que yo era la madre.

Morí como esclava libre… pero esclava al fin, todo lo que Dios te da se cumple, no puedes cambiar tu destino, solo puedes cambiar pequeñas cosas, un granito más, un granito menos y decides para la luz o la oscuridad.

Al terminar su relato hicimos una sesión para sanar emociones y sentimientos de dolor, para que aprendiera a decir si y a decir no, según ella lo eligiera.

Nota:

Como lo habrán notado Melisa nunca dijo el nombre del muchacho español o de la esposa, yo en varias ocasiones tuve tentación de preguntarle, pero me detuve, pues me pareció apropiado dejar que fluyera con su historia sin interrupciones; además en las 2 ocasiones que la había interrumpido preguntándole por la fecha, me había contestado muy seria, yo no sé de números, sé de lunas, entonces al final no considere necesario saber nombres para el propósito que era sanar, lo que tenía que sanar de esa vida.

Melisa llega a una nueva sesión informándome, que la han contactado unos desencarnados, pidiéndole que por favor vaya a ayudarlos en la casa funeraria donde los arreglan, para que maquille y ayude a arreglar sus cuerpos. También le piden que le enseñe a los que trabajan allí a respetar sus cuerpos, me dice que está un poco confundida que quiere saber qué es lo que necesitan.

Adicionalmente me comenta que hay muchas almas de niños desencarnados en su casa, que solamente llegaron de un momento a otro, y que ella no los había visto antes.

Al preguntarle cómo se sentía, me comento, que estaba bien, cada día entendiendo más cosas, pero que a la vez era difícil para ella, porque se confundía mucho y desconfiaba de quienes le hablaban del mundo invisible. Yo le dije, que debía ser fuerte y que hacia bien en desconfiar, puesto que siempre los de la fuerza oponente, iban a estar pendientes de hacer todo lo que pudieran para impedir que lograra su misión.

Melisa entonces me dijo: sí, es cierto, de hecho hoy fue muy difícil llegar aquí, ya me ha sucedido en otras ocasiones que me cuesta llamarla, o no recibo sus mensajes y me es difícil llegar a su oficina, y hoy fue uno de esos días; es increíble tantas veces que he venido y simplemente me pierdo, de hecho desde que me desperté, me decían:

No vayas, quédate a dormir un rato mas, no vayas… y yo de un brinco me levante, luego al subirme al carro, había un oscuro al lado diciéndome, ¿para qué vas? no tienes nada que ir a hacer allá, no vayas.

Yo lo ignoraba y seguía adelante, pero entonces me perdí, tantas veces que he venido aquí, pero me sigo perdiendo, son ellos que interfieren en mi cabeza y hasta me meten miedos cuando voy en el freeway, (autopista) pero también sentí como un ángel me guiaba sentado en la parte de atrás y me decía: no les pongas atención concéntrate en el camino.

Así es Melisa, es la confrontación de las 2 fuerzas que rigen esta dimensión, la fuerza de la luz y la fuerza del oponente y siempre nosotros somos los que tenemos la última palabra, porque somos los que elegimos, la luz sobre la oscuridad, o la oscuridad sobre la luz.

Debes mantenerte fuerte, y recuerda que la elección siempre la haces tú.

Luego procedimos a empezar la sesión de hipnosis.

Bajo hipnosis Melisa dice:

Melisa: respeten los cuerpos de los desencarnados, no porque ya no están vivos los cuerpos no sienten.

Mary Luz: ¿quién eres?

Melisa: yo soy una de los que han estado diciéndole a Melisa, que nos ayude en la funeraria donde arreglan a los desencarnados, para que aprendan a respetar los cuerpos.

Mary Luz: ¿cuál es tu nombre?

Melisa: no me acuerdo de mi nombre.

Mary Luz: ¿por qué sigues aquí todavía?

Melisa: me violaron estando ya desencarnada.

Mary Luz: cuéntame tu historia.

Melisa: yo sufrí un paro respiratorio cuando tenía 23 años y fallecí, sufría del corazón, me hicieron cirugías de corazón abierto; cuando fallecí mis padres sintieron que descanse, ellos fueron muy buenos conmigo, no fue la enfermedad la que me atrapo en este mundo invisible, fue la violación de mi cuerpo desencarnado.

Parezco un zombi. Mary Luz, ese cuadro que tienes en tu oficina que dice **Yo Soy Amor,** me despertó... yo quiero ser amor otra vez.

Melisa es buena, pero se confunde a veces, todavía no sabe a qué vino, yo si sé, su trabajo es ayudar a los desencarnados, o a cualquier ser humano que necesite ayuda.

Mary Luz: háblame más de ti, concéntrate en tu última encarnación, para que puedas recordar.

Nota:

Le di esta instrucción porque he aprendido, que cuando hablas con desencarnados ellos están en un plano o dimensión donde el tiempo no existe, entonces a algunos se les dificulta diferenciar sus vidas pasadas de la encarnación más reciente, puede haber confusión de fechas, lugares y nombres y hasta de cualquier detalle que uno les pregunte; así que literalmente, hay que hablarles dándoles instrucciones como si le hablaras a un encarnado, hay que ayudarlos a recordar.

Melisa: yo viví en Washington DC, soy hija de hispanos de México DF.

Mary Luz: muy bien, trata de recordar tu nombre, solo piensa en tu última reencarnación.

Melisa: (unos segundos después) sí, sí, ya me acuerdo, mi nombre es Emily.

Mary Luz: lo estás haciendo muy bien, ¿recuerdas la fecha en la que desencarnaste?

Melisa: (unos segundos después) si, en 1997.

Mary Luz: muy bien, estamos en el 2015, llevas 18 años humanos desencarnada, cuéntame ¿qué has hecho en este tiempo?

Melisa: he divagado en lugares donde había dolor... el dolor que yo sentía...en las morgues hay mucho dolor y eso me atrae, he estado en muchas morgues, donde siento el dolor... allí voy.

En las morgues hay muchos ojos que ven a los encarnados, hay muchos ojos de desencarnados mirando.

Melisa tiene miedo de ir allí a maquillarnos, pero ella no sabe, ella cree que si no nos busca no va a encontrarnos, pero nosotros la encontraremos a ella.

Debe estar preparada en todo momento, porque a veces no es necesario ni que nos busque, nosotros la buscamos a ella.

Su hermana (Omaira) dice que debo despedirme del cuerpo, ¿cual cuerpo? nosotros ya no tenemos cuerpo.

La hermana de Melisa... si, Omaira, su misión no es entendernos, es trabajar con los enfermos de esquizofrenia, la misión de Melisa si es entendernos a nosotros; hay muchos esperando por ustedes y el trabajo de ayudarnos, el universo se los recompensara.

Nota:

Omaira la hermana de Melisa, como les he comentado durante el libro, también tiene el don de comunicarse con los desencarnados y el mundo invisible y en una de sus sesiones de hipnosis, descubrió que su misión era estudiar Psiquiatría y ser, como ella lo mencionó literalmente, "la psiquiatra de la nueva era" y efectivamente que habían muchas almas esperando porque llegara ella a ayudarlos.

Mary Luz: ¿que más te acuerdas de tu última vida?

Melisa: sabes… yo quería ser madre, el día que llegue al cielo, le pediré a Dios un corazón fuerte y que me dé la oportunidad de ser madre.

Mary Luz, la gente debe saber que hay que respetar el cuerpo de los desencarnados, son 3 días para que tu alma llegue a donde tiene que llegar, si maltratan el cuerpo del desencarnado en esos 3 días, el cuerpo siente el dolor y el alma se puede quedar atrapada en el dolor, no solo sucede con los humanos, también sucede con los animales, con la perrita de Melisa sucedió.

A mí me violaron en la morgue de la funeraria, era un hombre mayor, mientras me estaba arreglando me violó, y como yo, hay muchos que han sufrido lo mismo y se quedan deambulando, no buscan ayuda y se alimentan del dolor que los atrae.

No juzgo, pues yo también lo hice y eso fue lo que me ató aquí en este espacio que ni sé donde estoy. Hasta que un día llegue a una funeraria donde estaban velando la tía del esposo de Melisa, no importa en qué parte del planeta está la persona que nos va a ayudar, si es en América, África, Asia, o donde tengas que ir... simplemente iras por la ayuda, es como si algo te jala y te lleva, si eso es lo que quieres.

Mi principio de vida, empezara hoy, pido por las almas y los cuerpos de los desencarnados.

Mary Luz hay 3 líneas:

- Una primera línea que Melisa debe trabajar.

- Una segunda línea que deben trabajar las dos, tu y ella.

- Una tercera línea que son los cuerpos traumatizados de los desencarnados, allí estoy yo.

Por eso queremos que ella vaya y nos arregle; para que les enseñe a los que trabajan allí a respetar a los cuerpos.

Mary Luz: muchas gracias por todo lo que has compartido con nosotras, esta información ha sido de mucha ayuda, ¿estas listas para irte a la luz?

Melisa: si, ya me quiero ir.

Mary Luz: ¡en el nombre de la luz, que se abra la puerta para esta alma!

Melisa: si, ¡ya la veo, se abrió! gracias por su trabajo, gracias por ser valientes, Melisa por personas como tú ¡ahora podemos ver la luz!

Nota:

Esta era la primera vez que escuchaba que había 3 líneas, hasta el momento solo se había hablado de la línea de Melisa, pero no sabía de la existencia de 3 líneas, ni mucho menos que una de ellas tenía que ser trabajada por ella y yo, así que luego de que Emily se había ido, le pedí a Melisa, que aun estaba en trance, que por favor les informara a los que estaban esperando en la línea que nos correspondía a las dos, que la íbamos a empezar a mover pronto.

Melisa: ellos te escuchan Mary Luz.

Mary Luz: ¡oh si! es cierto, sigo sin acostumbrarme a que ellos me pueden escuchar, diles que disculpen que simplemente no me acordaba.

Al decirles eso sucedió lo siguiente:

Melisa: ¿y que de nosotros?

Mary Luz: ¿quiénes son ustedes? ¿Quién habla?

Melisa: somos los niños.

Mary Luz: ¿cuales niños?

Melisa: somos sus hijos.

Mary Luz: (muy confundida) ¿en cuál fila están?

Melisa: no hicimos fila, solo llegamos a su casa, somos de un kinder que se quemo en México.

Nota:

Esto es real señoras y señores, cada vez me sorprendía mas de las cosas que iba descubriendo en mi oficina, yo solo le pido a la humanidad, a los ojos que han de leer estas palabras, que se abran a la verdad de lo que en realidad es un ser humano.

Ya no podemos seguir viviendo por más tiempo en la oscuridad de la ignorancia, entre mas sepamos quienes verdaderamente somos, evitaremos más sufrimiento para las almas, y si empezamos desde temprana edad a enseñarles a los niños quienes somos, que somos almas en evolución viviendo una experiencia humana, para a través de la experiencia evolucionar, y que retornamos una y otra vez a través de la reencarnación, más pronto lo internalizaremos y tendremos más probabilidades de evitar el dolor de las almas desencarnadas que se quedan perdidas, por cargarse el dolor, o quedarse apegados a alguien o a algo.

Al escuchar estas palabras, recordé que había oído en las noticias sobre este incendio en una guardería infantil en México, entonces me apresure a hacer más preguntas.

Mary Luz: ¿cuántos son?

Melisa: no sé cuántos somos, no se contar.

Mary Luz: ¿cuál es tu nombre?

Melisa: no me acuerdo.

Mary Luz: ¿qué edad tienes?

Melisa: creo que tengo 5 años.

Mary Luz: escucha nene, mira alrededor y dime como qué edad tienen los otros niños que hay allí.

Melisa: si, (unos segundos de silencio) hay bebes y niños.

Mary Luz: ¿por qué se quedaron allí?

Melisa: todo se empezó a quemar, estábamos muy asustados, después ya no se qué paso... y nuestras familias gritaban, decían que no se hizo justicia, entonces el dolor de las familias lo sentimos.

Mary Luz: ¿por qué dices que Melisa es la mamá de ustedes?

Melisa: ella es la mamá de todos, somos como los de la película donde se quedan muchos atrapados en un cuadro, en ese kínder nos pegaban las maestras, les gusta que les digan señoritas...todos estamos muy asustados y confundidos, solo queremos estar con nuestra mamá Melisa, su casa está llena de niños, ella nos da un lugar seguro, pero alguien nos dice que deben de abrir una puerta para nosotros en su casa.

Mary Luz: si, muy bien nene, eres muy inteligente has hecho un muy buen trabajo, ahora pregúntale a los otros nenes que si se quieren ir a una puerta de luz, que allí los están esperando.

Melisa: si, ellos dicen que si, todos queremos.

Acto seguido abrimos el portal para los niños, se dejo abierto para que ellos fueran cruzando.

Melisa quedo en silencio, yo la observaba, se veía relajada y apacible, habían pasado tal vez 2 minutos, me disponía a preguntarle cómo se sentía, cuando ella me interrumpió diciendo lo siguiente:

Melisa: todo tiene una fecha, un día, una hora. Hay unos que dicen que si, la mayoría dicen que si, pero algunos dicen que no.

En el pasillo de la casa de Melisa, hay un hueco oscuro por donde cruzan los oscuros y también hay un hueco en el cuarto de ella.

Mary Luz: ¿quién habla?

Melisa: soy Emmanuelle.

Su casa también es como un santuario para los desencarnados, es como cuando buscas sombra después de haber caminado mucho bajo el sol.

Melisa está confundida porque no sabe si su trabajo de cosmetología afecta su misión de vida, pero todo viene junto, ella sintió en su cabeza como un aro, una corona, explícale Mary Luz que es eso, tu sabes que es, ella confía en ti.

El portal de luz, debe quedar abierto para que crucen a la luz los niños que puedan cruzar por allí.

Hay muchas fuerzas de desencarnados oscuros, queriendo confundirles para poder llegar a ella, acá, hoy hubo mucha interferencia de los oscuros, tuvimos que ayudarla para que pudiera llegar a tu oficina.

Le meten miedos, le dicen que nada de lo que ve es cierto y que va a terminar en un manicomio, le muestran imágenes de ella amarrada con una camisa de fuerza, gracias a ti Mary Luz, ella ya puede manejar en una autopista, puesto que ella no entendía porqué la seguían en las autopistas, almas gritándole, pidiendo ayuda. Ahora ella entiende que es lo que le pasa, ella sabe que son desencarnados que fallecieron en accidentes y están atrapados en donde desencarnaron.

La licencia de cosmetología le va a ayudar a su misión, pues ella puede dar belleza por fuera y por dentro, también es muy bueno que tome el entrenamiento contigo en hipnosis, porque ella puede trabajar muy bien con hipnosis y puede también ir a enseñar a los que arreglan los cadáveres a respetar los cuerpos de los desencarnados.

Ahora soy yo Melisa la que habla, tengo miedo de lo que me dice Emmanuelle ¿como voy a poder hacer tantas cosas Mary Luz?

Ahora soy Emmanuelle el que habla: aquí tienes la respuesta a tu pregunta, **Dios no te da lo que tú no puedes hacer.**

Mary Luz, esto debes saber, escríbelo en el libro para que la gente se entere:

Hay 3 días para que se desprenda el cuerpo del alma.

- **Primer día:** es el día que te despides de tu cuerpo y de tus seres queridos, es cuando estas agonizando, te vas despidiendo poco a poco, cuando agonizas, ese cuerpo ya no pertenece a ti.

- **Segundo día:** empiezas tu caminata hacia la luz, que es cuando ya te han declarado "muerto", cuando agonizas tu alma se va desprendiendo, y tienes dos días para caminar hacia la luz, no debes esperar, te dieron tiempo suficiente para despedirte, si esperas te confundes de caminos, hay un camino derecho de luz, es como buscar un punto exacto en un bosque oscuro, sino caminas a tiempo te pierdes.

> *Nota:*
>
> *Aquí Emmanuelle nos dio un ejemplo de un artista muy famoso que acababa de desencarnar, nos dio su nombre completo y además nos dijo que era un alma muy buena, pero prefiero ocultar su nombre, no quiero protagonismos de ninguna índole, ni mucho menos que piensen que uno se quiere colgar de la fama de nadie, solo quiero que el mensaje llegue a la humanidad.*

Melisa, ¿recuerdas cuando desencarno? (nombre del artista famoso) por eso tu lo visualizaste allí parado al pie de sus hijos, hiciste bien al gritarle, ¡corre, corre, no te distraigas!

porque tu sabias que su tiempo ya se estaba acabando para que lograra cruzar el portal de la luz, lo logro cruzar porque te escucho.

- Tercer día: al tercer día estas caminando hacia la luz, hay un hilo que te junta con tu cuerpo, es el hilo del alma, junta el cuerpo con el cordón umbilical, ese cordón es de luz; entonces vienen ángeles de luz que te muestran el camino, pero hay ángeles de oscuros que se disfrazan y te tratan de engañar, te dicen que puedes regresar para dejarte atrapado.

Mary Luz: perdón, tengo una pregunta.

Melisa: Emmanuelle dice que preguntes.

Mary Luz: y que pasa cuando la gente desencarna mientras está durmiendo o cuando tiene muertes súbitas o en "accidentes", ¿ellos no tienen tiempo de despedirse?

Melisa: Emmanuelle dice: a todos se les da un tiempo para despedirse, pero no pueden quedarse apegados al dolor de esta dimensión terrenal, porque allí es cuando se quedan atrapados en este plano, **el tiempo de Dios es exacto y preciso, a todos se les da tiempo de despedirse.**

Ejemplo: hay gente que dice: se me vino a la mente una persona y justo allí estaba pasando el accidente, eso quiere decir, que cuando pensó en esa persona se estaba despidiendo.

Mary Luz: tengo otra pregunta Emmanuelle ¿hay algún consejo para minimizar la posibilidad de que perdamos tiempo, nos confundamos, distraigamos o nos engañen cuando vamos buscando el camino a la luz?

Melisa: Emmanuelle dice: para no caer en la trampa, deja que tu alma te guie, no voltees a mirar atrás y les voy a dar una oración para no dejarse engañar por los oscuros.

Creo en Dios padre, hijo y espíritu santo. Creador de lo visible y de lo invisible, muéstrame el camino que deba de seguir y ata a cualquier oscuro o entidad que quiera distorsionar mi alma.

Eso era todo lo que les tenía que decir, continúen.

Nota:

En mi práctica he descubierto, que cada libro sagrado tiene información importante para cada cultura específica, y su equivalencia en las entidades de luz y oscuridad que explican las dos fuerzas que rigen esta dimensión, pero al final sigue siendo la misma sabiduría.

Esta oración que me acababa de dar Emmanuelle, es la más cercana al catolicismo/cristianismo, pero cada cultura y/o religion tiene su equivalencia dependiendo de su religión o creencias.

Lo cual no significa que solo sirva para los que practican el catolicismo o el cristianismo, significa que puede ser usada por cualquier persona, independientemente de su religión o creencias religiosas, o en su defecto por personas espirituales que creen en Dios y que no practican ninguna religión como yo.

Creyendo que ya habíamos hecho suficiente por hoy, me disponía a darle las instrucciones a Melisa para que saliera del trance hipnótico, pero en esta ocasión esto no se dio, pues ella continúo de corrido, y se fue en automático a otro lugar.

Melisa: ahora estoy en el pasillo de mi casa, allí está la mesa que me dio una prima con un círculo oscuro, esa mesa era de su esposo cuando era soltero, allí está la mujer oscura.

Mary Luz: ¿cual mujer oscura?

Melisa: me ha estado molestando una mujer oscura que veo en mi casa, hasta se me ha lanzado al cuello a ahorcarme, sucede en mis sueños.

La veo como una araña encima del hueco, es un demonio enviado con la misión de que me separe de mi esposo y empiece a trabajar de día y de noche, para que no cumpla con mi misión.

En ese momento Melisa empezó a hablar en otro idioma, entonces yo le pregunto:

Mary Luz: ¿qué idioma hablas Melisa?

Melisa: arameo.

Nota:

El arameo es un antiguo idioma semita relacionado estrechamente con el hebreo y hablado en un principio por los arameos. (Véase ARAM núm. 5.) Sin embargo, con el transcurso del tiempo llegó a

> *abarcar varios dialectos (a algunos de los cuales se les considera idiomas independientes) y tuvo un uso extenso, sobre todo en el SO. De Asia. El arameo se empleó desde el II milenio a. E.C. hasta poco más o menos el año 500 E.C. Es uno de los tres idiomas en los que se escribió originalmente la Biblia. El término hebreo 'Ara·míthse emplea cinco veces en el texto bíblico y se traduce "en el lenguaje siríaco" o "en el lenguaje arameo". (2Re 18:26; Isa 36:11; Da 2:4; Esd 4:7 [dos veces].)*
>
> *Ref. Tomada de watctower online library.*

Melisa siguió hablando arameo, yo solo espere a que ella terminara y entonces le dije:

Mary Luz: ¿por favor me podrías traducir lo que dijiste al español?

Melisa: te envuelvo en la manta de fe y esperanza, esta manta el señor me la ha dado para envolver demonios. Vete de mi casa, no eres bienvenido, no es nada personal, solo hago mi trabajo, pido a Dios piedad por todo el mal que has causado.

Al decir estas palabras se fue Mary Luz.

Mary Luz: ¿cómo es que puedes hablar ese idioma?

Melisa: no lo sé, solo un día empecé a hablarlo, cuando me atacaron unos oscuros. Mary Luz allí viene otro, es el conde, el vampiro, ese es el que está debajo de mi cama, otro de los que me asustan en la noche y no me deja dormir.

Melisa nuevamente empezó a hablar en arameo, al terminar le pregunté:

Mary Luz: ¿qué pasa?

Melisa: no se quiere ir, corre desesperado por las paredes, se transforma en lobo y luego en vampiro, pido ayuda para que lo vengan a sacar.

3 ángeles llegan a ayudarme, pero él es muy ágil, sigue corriendo, hasta que llega Emmanuelle y lo saca.

Al estar afuera pido ayuda al dragón de 3 cabezas Ushami, él me ayuda, es mi amigo y compañero de trabajo, él lo puede llevar a donde tiene que estar, el demonio está tirado en el piso, se lo lleva encadenado y amarrado.

Raquel es mi ángel guardián, Emmanuelle es el ángel que cuida de mi misión de vida, Maicumbé es mi bruja azul, la abuela Saba es mi bruja verde y ahora está con nosotras mi abuela Cándida.

Debes en cuando viene a ayudarnos el monarca, él también quiere ayudarme más, quiere que le den permiso de ayudarme más, dicen que somos como un equipo, me dicen: nunca estas sola.

Mary Luz, hay otro hoyo oscuro debajo de mi cama, Ushami se acerca y me da una bola de luz, me dice que la ponga allí en los hoyos, lo he hecho y los hoyos se han tapado, puedo ver como los oscuros golpean a los demonios que habían destinado a entorpecer mi trabajo, cuando un demonio no cumple con su propósito es quemado y castigado por sus jefes.

Mary luz, dice Emmanuelle que es tiempo de abrir el portal.

Mary Luz: ¿cual portal?

Melisa: dice que el que abrimos era solamente para que pasaran los niños que desencarnaron en el kínder, pero que hay que abrir otro portal para que crucen los niños que van llegando y seguirán llegando a mi casa, Emmanuelle dice que el hecho de que este portal este abierto no quiere decir que abra otra dimensión, es solo para dejar pasar a las almas de los niños que están huyendo de oscuros que los acosan y los persiguen.

Un niño perseguido, engañado, es un alma que ha pasado mucho tiempo sufriendo.

Mary Luz: ¿pero entonces cual es la diferencia entre los niños que hacen la línea, y los que si pueden pasar a través del portal de luz que hemos abierto?

Melisa: Emmanuelle dice, que en realidad todos los niños pueden pasar si quieren, tu alma sabe si debe hacer la línea o no, Melisa tiene un letrero en su espalda que dice:

"El que no respete las reglas va pasar en otra vida lo mismo que paso"

Por eso se obedecen las reglas.

En caso de que sean niños que murieron ahogados, o con cualquier tipo de muerte traumática, sus almas necesitan consuelo, pero los que están en la línea es porque están enojados y hay otros que la buscan como madre y protectora.

Yo soy su ángel guía, estoy siempre cuando ella me habla, los ángeles protegen cada sesión que ella hace cuando mueve su línea.

7 veces 7, el 7 somos. 7 ángeles cuidando cada sesión y muchos rodeando afuera de su casa, 3 cuidando la puerta, 3 en cada esquina, uno en cada ventana de su casa.

Mary Luz: ¿por qué solo en números impares?

Melisa: con los números impares los demonios se confunden, no saben que ver, ni que hacer. Cuando es un portal oscuro es un ovalo, nunca es un triangulo de los 3 picos, ellos nunca saben de eso, solo saben de círculos y óvalos, por eso las estrellas de protección, porque tienen picos, así no pueden llegar a quién quieren dañar, ni llegan a interrumpir el desempeño de un trabajo de la luz.

Mary Luz: ¿me podrías hablar sobre los espejos?

Melisa: el espejo no se debe aceptar usado, porque un espejo es un portal. Si quien se miraba en ese espejo se vio feo, tu al mirarte en ese espejo te veras feo, o si esa persona se sentía superior o enojado, triste, etc. Tu también te sentirás así.

Es mejor usar espejos nuevos, debe estar nuevo, empacado, tapado y sellado, antes de entrarlo a la casa, lo sacas 3 noches y 3 días va a ser 3 veces 3, no lo debes dejar noche y día, lo que debes hacer es dejarlo durante el día mirando hacia el sol, pues el sol da energía y al anochecer voltearlo, pues la luna limpia.

Al tercer día, lo entras, lo limpias y purificas el lugar donde vas a poner el espejo siempre diciendo:

"Este espejo pertenece a la familia y será espejo no portal"

Luego lo bendices.

Cuando un espejo se rompe es porque no resistió el cambio, nunca compres un espejo desportillado, eso es indicio de que ya trae algo pegado.

Recuerden: **"Nunca la luz va a perder ante la oscuridad"**

Al finalizar la sesión como nos había indicado Emmanuelle, abrimos en nombre de la luz un portal de luz en la casa de Melisa, para los niños que lo necesitaran. Al hacerlo, Melisa me reporto, que los oscuros muy enojados se lanzaban al portal de luz poniéndose en frente del portal, abriendo los brazos y las piernas obstaculizando el paso de los niños que querían cruzar, unos ángeles se llevaron a los oscuros y se quedaron otros 3 ángeles cuidando el portal, porque saben que los oscuros lo trataran de cerrar.

También nos aseguramos de que todos los niños del kínder hubieran cruzado.

En varias ocasiones Melisa bajo hipnosis, había dicho que un alma vendría a través de ella como su hija; esta alma es la misma que encontró ella en su casa desencarnada, como la niña que había sido asesinada por su madre ahogada.

Esta alma estaba destinada a venir pronto; no solamente ella lo repitió en varias ocasiones, sino que además varios desencarnados se lo dijeron también.

¿Cómo es posible que ellos lo pudieran saber? Bueno, porque ellos están liberados de esta dimensión pesada donde vivimos, aquí estamos asfixiados por el tiempo, donde ellos están, el tiempo no existe, y pueden saber los acontecimientos que sucederán en el futuro, el tiempo no es lineal y la física lo sabe; para ellos todo está ocurriendo en un mismo momento, es por eso también, que a algunos desencarnados se les dificulta dar datos exactos de las cosas que se les pregunta, porque ya no lo ven en pasado, puesto que donde están no hay pasado ni futuro, todo lo perciben en el momento presente, que en realidad es lo único que tenemos y vivimos, en un eterno presente.

Melisa tenía una cita conmigo y me mando un mensaje diciéndome que apenas se había dado cuenta de que estaba embarazada, pero que se encontraba en el hospital porque algo sucedía con su embarazo y los doctores la examinarían para saber un diagnostico exacto, que por favor cancelara su cita.

A los dos días Omaira, su hermana, se comunico conmigo informándome que Melisa había perdido su embarazo, que se encontraba bien físicamente, pero que anímicamente se encontraba muy decaída.

Yo me apresure a llamar a Melisa, para prestarle mi apoyo y note que verdaderamente estaba muy decaída y triste; entre otras cosas le dije que todas las cosas ocurren con la perfección de Dios y que simplemente algunas veces nosotros nos resistimos a aceptar la voluntad de Dios, que se tomara su tiempo para digerir la situación asegurándose de ser amorosa y paciente con ella misma, para que a su tiempo llegara el entendimiento y la aceptación, también le recomendé que en la medida de lo posible se mantuviera fuerte, que recordara que los del otro bando siempre estaban al acecho buscando debilidades para atacar. Me dijo débilmente y en muy baja voz que si, gracias y nos despedimos.

Yo por mi parte me puse a orar por ella y le pedí a su hermana que hiciera lo mismo, le mande una oración que me había dado el arcángel Miguel para solicitar protección, porque sabía que Melisa estaba muy vulnerable.

A la semana siguiente me llamo para hacer una nueva cita, continuaba muy decaída y negativa, lo note por teléfono y lo confirme a su llegada a la oficina; luego de saludarnos, la puse bajo hipnosis.

Melisa: estoy en el hospital, me siento muy asustada, veo mucha gente, muy enferma. Entonces pienso, lo mío no es grave, será un embarazo muy difícil pero no imposible, escucho al doctor hablando con la enfermera, dice que está confundido, me hacen estudios, exámenes, ultrasonidos, hay 2 dice el doctor, son 2, pero es un embarazo ectópico.

Nota:

Embarazo ectópico: un embarazo ectópico es un embarazo que se desarrolla fuera del útero, usualmente, en las trompas de Falopio, ésta situación es amenazante para la vida de las mujeres, puesto que, a medida que el embarazo crece las trompas podrían llegar a explotar.

Ref.: tomada de la website womenonweb.org

No entendí bien que es lo que estaba mal, dicen que están afuera, no entiendo… pierdo el embarazo, me dicen que ya todo ha pasado.

¿Por qué? ¿Por qué? me pregunto ¿por qué? me siento una mujer incompleta, con mucho dolor, ¿será que ya no podre ser madre? ¿Será que Dios me castigo? ¿Qué hice mal? ¿Hice mal mi trabajo? o ¿es malo el trabajo que yo hago? Todo eso se me vino a la mente.

¡Ay, ay, ay! ¡Ahhh! me duele mi vientre.

Melisa, se sostenía el vientre, se quejaba y lloraba, yo me acerque a ella, para asegurarme que estaba bien, le pregunté:

Mary Luz: ¿Melisa el dolor es físico?

Ella contesto, entre llanto y doblada en posición fetal agarrándose el vientre:

Melisa: ¡Otra vez no, no, no!

Mary Luz: Melisa, necesito saber que pasa, por favor dime ¿te duele el vientre? ¿Es físico el dolor?

Melisa, estaba sumergida en su dolor, yo era solo una testigo, pues ignoraba mis preguntas, y seguía quejándose.

De pronto dejo de quejarse y solo dijo en tono muy bajo y serio, ya no tengo mis bebes…

Luego subiendo nuevamente el tono de voz, dijo:

Melisa: pero a esta no la voy a dejar ir, ¿por qué Dios me abandona? ¿Por qué me la quita cada vida?

¡Oh! no estaba formada, solo tenía el cordón que me unía a ella, ya, ya… ¡no quiero ser mamá! ¡Ya no sirvo para eso! ¡Augh! me duele mucho mi espalda.

Nota"

Melisa en trance hipnotico y con sus ojos cerrados se había enderezado en la silla y ahora se quejaba de dolor en la espalda, yo monitoreaba sus movimientos para asegurarme que estuviera bien, en otros casos que he tenido, la gente al recordar momentos difíciles o traumáticos literalmente grita de dolor, es una antesala a recuperarse de el dolor de ese momento, es como revivir el momento y desatascarte de donde te quedaste atrapado, todo es energía.

Energía pensamiento, energía sentimiento, que se pasa al cuerpo físico o sea a la energía materia, una vez la tienes allí, lo has sacado a la superficie y la puedes jalar para que salga completamente.

Los que se quedan con la energía de dolor adentro y no la procesan y la asimilan, esa energía de dolor se queda atrapada en diferentes partes del cuerpo físico, cuerpo mental, cuerpo astral y es la que se convierte en enfermedad física y/o mental.

La hipnosis nos da la posibilidad, de literalmente jalar la energía de dolor incrustada en diferentes partes del cuerpo emocional, o astral a la superficie del cuerpo físico y sacarla para transformarla en conocimiento, algo así como energía vital, que por el dolor o sufrimiento, se transformo en energía anti vida y que al sacarla a la superficie se puede transformar en energía vital nuevamente.

*Otra vez aquí los conceptos de la física en práctica.
La energía no se crea ni se destruye, se transforma.*

*Eso es lo que hacemos con hipnosis, transformar la
energía de dolor en conocimiento.*

*"Toda enfermedad física o mental viene de adentro hacia
afuera, y es de adentro hacia afuera que se debe sanar". Luz*

Melisa seguía hablando mientras lloraba:

¡No quiero ver niños! ¡Mucho menos mujeres embarazadas!
¡No, no, no quiero!... ¿me duele mi cuerpo y para qué?
tengo mis brazos vacios.

Busco lugares para que me entiendan, para que me digan que
mis bebes están ahí, voy a otro médico, pues yo no entendí
lo que me dijeron en el hospital, finalmente me voy al lugar
donde di a luz a mis otros dos hijos, ya se salieron me dicen,
ya no hay nada...

Nadie me quiere decir nada, yo no entiendo nada, ¿qué fue lo
que paso?

Entonces se acercan los oscuros, me ofrecen devolvérmelos,
me ofrecen trabajo, dinero, de nuevo podre tener mis hijos...

Lo supuse, sabía que así iba a ser, los oscuros son bajos,
oportunistas y advenedizos. Vaya que hacen muy bien su
trabajo, no los subestimo en absoluto, no estaba sorprendida

de lo que estaba escuchando, entonces me apresure a decirle a Melisa:

Mary Luz: Melisa recuerda: no importa a donde tú vayas mi voz te sigue y escuchas mis palabras claras y fuertes; Melisa seguía hablando:

Melisa: ¿pero a cambio de qué? ¡De mi alma! Y ellos no van a dejar el alma de mis hijos en paz, no los van a dejar avanzar.

Hubo un silencio…

Yo rápidamente le dije: hay que aceptar la voluntad de Dios, apegarse al dolor o a querer hacer nuestra voluntad y resistirse a su voluntad solo causa más dolor.

Melisa entonces dijo, con voz calmada:

Melisa: fue la voluntad de Dios… que se le va a hacer, les digo a mis hijos que sigan, que lleguen a donde tengan que llegar, veo una luz muy brillante.

Ahora está aquí el Dr. Lansy.

Mary Luz: ¿quién es él?

Melisa: es un desencarnado que fue medico en vida y me ayudo cuando estaba en el proceso de recuperación, él me ofreció su ayuda, yo al principio desconfié de él, porque tengo que ser precavida, pero me he dado cuenta que es alguien con luz que solo quiere ayudar.

Ahora está aquí, me ha levantado el vientre, dice que lo tenía caído, que hizo esto como una manera de ayudar, por si tengo un próximo embarazo, para que me pueda embarazar más fácilmente. Pero yo le digo que no me hable de eso, yo no quiero saber del futuro, ni de embarazos, que pase lo que tenga que pasar, que sea la voluntad de Dios no la mía, pues Dios sabe...

Melisa súbitamente se quedo en silencio y empezó a hacer señas, me mostraba su vientre y luego con su mano me mostraba dos dedos, luego hacia como un círculo en el aire, girando hacia adelante y mostraba luego 3 dedos, entonces le dije:

Mary Luz: ¿no puedes hablar?

Melisa: asintió con la cabeza, en señal que la respuesta era afirmativa e hizo una seña mostrando su boca cerrada tapada con la mano.

Mary Luz: entiendo, yo voy a tratar de descifrar lo que me dijiste anteriormente con tus manos y tú me dices si es correcto.

Melisa: asintió con su cabeza.

Mary Luz: ¿quisiste decir, que habían dos bebes en el vientre de Melisa y que volverán en 3 meses?

Melisa: asintió con la cabeza afirmativamente varias veces.

Mary Luz: ¿tú eres uno de los bebes?

Melisa: asintió nuevamente su cabeza.

Mary Luz: ¿eres un bebe que no podrá hablar?

Melisa: asintió nuevamente su cabeza.

Mary Luz: ¿eres niño?

Melisa: movió su cabeza en señal de no.

Mary Luz: ¡oh! ¿Eres niña?

Melisa: asintió la cabeza.

Luego Melisa empezó a hablar nuevamente:

Melisa: ella era mi hermana, ahora yo soy el niño, no sé si podre regresar en esta vida de Melisa que va a ser mi mamá, o hasta en otra vida, pero mi hermana si va a venir, bueno, no puedo decir mucho porque mi mamá no quiere saber.

Mi hermana y yo nos tuvimos que ir, porque mi hermana se había quedado en la mitad del camino, estábamos afuera porque todavía no era el momento de llegar. Solo Dios sabe si regresaremos juntos o separados en esta vida o en otra.

Dios no te da lo que no puedes sostener, mi mamá Melisa está cargando una cruz muy grande que ella misma se puso, Dios no nos pone cruces.

Mary Luz: ¿tú estás en la luz?

Melisa: si, yo estoy muy bien en la luz, mi hermana ahora también está en la luz, antes estaba en la mitad del camino.

Nota:

Al principio del libro Melisa comento que en su casa donde ella había ido a vivir, había una niña desencarnada llamada Alisha Ferrer que había sido ahogada por su mamá, y que con ayuda de una curandera habían ayudado a pasar a la niña a la luz, pues en esta ocasión descubrimos que el alma de la niña se había quedado a mitad del camino y era el alma de la bebe que debía nacer como hija de Melisa.

En varias ocasiones, diferentes desencarnados le habían dicho, que el alma de esta niña llegaría encarnada a través de ella.

El alma del niño continúa hablando a través de Melisa:

Melisa: el gato blanco lo escogimos con mi hermana para mamá. Hace 8 meses que nació ese gato, el alma de ese gato quería a mamá, es para protección de ella, ahora mi ángel y el ángel de mi hermana quieren hablar.

A veces hay almas que eligen venir antes de tiempo, por eso se caen los embarazos, porque esas almas se lanzaron fuera del tiempo que estaba pactado para venir.

Hay mujeres que tienen hijos y los regalan, esto es una forma de que esas almas lleguen a su destino donde otra mamá los esperaba y los podrá criar, esas son solo algunas de las conexiones que hay para que lleguen las almas a donde deben llegar.

Hubo un silencio.

Mary Luz: ¿Melisa?

Melisa: ya me siento con mas paz Mary Luz, tengo más esperanza y me siento resignada, aunque aún tengo miedo, en verdad mucho miedo de que me vuelva a pasar lo mismo, de que sea tierra infértil, un vientre infértil.

¿Puedo hablar, o no puedo hablar?

Mary Luz: ¿quién habla?

Melisa: soy el Dr. Lansy, he esperado mi turno, pero no sé si puedo hablar ahora.

Mary Luz: oh si perdón, dígame doctor.

Melisa: cuando estaba encarnado, yo fui un cirujano muy importante en Inglaterra, yo desencarne en 1843 y eleve mi alma, llegue a donde tenía que llegar y ahora trabajo con médiums que trabajan para la luz, hago cirugías por medio de los médiums.

Mary Luz: ¿como hace esas cirugías doctor?

Melisa: uso las manos de los médiums para hacer las cirugías, ese es mi plan de vida, por eso no he reencarnado.

Mary Luz: ¡que interesante! ¿Me podría hablar más de su trabajo?

Melisa: si claro, trabajo con Reiki, puedo remover energía enferma de las personas, tú ya lo sabes Mary Luz, recuerda que todo es energía, que somos energía.

> *"Todo es posible en la luz, la tierra tiembla cuando se unen los de la luz". Dr. Lansy*

Mary Luz: que lindas palabras, gracias doctor. ¿Quiere usted por favor ayudarme a limpiarle el dolor que tiene Melisa?

Melisa: si por supuesto, pero la cruz que lleva en la espalda no podemos quitársela, ella se la puso y ella se la tiene que quitar.

Acto seguido, hicimos una sesión con la ayuda del Dr. Lansy para colaborar con Melisa a que sanara su dolor.

Luego de agradecer y despedir al Dr. Lansy. Melisa descansaba plácidamente, mientras yo terminaba de poner mis notas, solo pasaron unos 2 minutos cuando Melisa dijo:

Melisa: mi ángel me tiene agarrada del cuello, me sostiene, hay alguien que me ataca… (Con un tono de voz diferente) vengo de la oscuridad, más oscura para obligar a esta a que escriba su nombre en el libro de la oscuridad.

Mary Luz: ¡identifícate! ¿Quién eres? ¿Qué quieres?

Melisa: soy como una abogada oscura. Les damos riquezas, poder, fama, fortuna y "los muy tontos viven una vida de lujos" ¡y creen que no pasa nada! Cuando les toca pagar por la eternidad, ya es muy tarde para descubrirlo.

Pero esta no quiere aceptar, esta, es lo mismo que tú, la tratamos de convencer y no acepta, siempre lo rechaza, es lo mismo contigo Mary Luz, siempre rechazas la oferta.

Mary Luz: no sé porque se desgastan conmigo, para que siguen insis…

Con tono sarcástico me interrumpió diciendo:

Melisa: si, si, si, ¡ya sé que no hay caso contigo! ya sé que no vas a aceptar, pero insistimos porque el que persevera alcanza, aunque contigo no hay caso. ¡Tratamos de comprar a esta! pero tampoco quiere.

Mary Luz: y porque mas bien no…

Melisa: ¡hasta pronto!

Mary Luz: No gracias, no me interesan tus ofertas, mejor no vuelvas. ¿Melisa estas bien? si Mary Luz, mi ángel aun me sostiene, es Emmanuelle y quiere hablar.

Melisa: Emmanuelle dice: ella necesita estudiar el curso de hipnosis que tú vas a dictar, es necesario que lo haga para su misión de vida.

Los hijos llegaran cuando tengan que llegar, las madres son canales para que lleguen nuevas almas.

Ya se fue Mary Luz.

Saqué a Melisa del trance y le dije que antes de irse tomara mi tercer libro **Palabras de luz para seres de luz** en sus manos, cerrara sus ojos y pidiera un mensaje y luego de pedir el mensaje abriera el libro donde quisiera. Ella acepto, cerró sus ojos y abrió el libro, ya con el libro abierto dijo: no, no, me equivoque, lo abrí en unas páginas antes, es aquí, me dicen que mire en la página 134, ahí está mi mensaje de hoy. Léelo en voz alta le dije, si Mary Luz, dice:

> *Es la actitud con la que te enfrentas a todo lo que te pasa, la que tiene la respuesta a tu sufrimiento y falta de esperanza.*
>
> *¡Vibra alto, eleva tu alma e impúlsate para tocar el infinito, extiende tus alas, atrévete a volar y a descubrir la inmortalidad de tu alma!* **Luz**

Nota:

Ahora que hemos llegado a este punto del libro, considero que es el momento perfecto para hablar sobre los juegos que se han puesto muy de moda últimamente, haciéndolos ver como algo inofensivo cuando en realidad son juegos peligrosos, que están en manos de adultos y niños.

Les hablo del juego de la ouija y de uno que han llamado Charlie, Charlie. Bueno, este es el nombre como se le conoce aquí en USA me imagino que tienen otros nombres en otros países.

Se ha popularizado tanto que ya se consigue en varias versiones, lo venden como un juego de mesa en forma de tablero en cualquier tienda por departamentos, o lo puedes jugar en línea en tu computador, la gente en su inocencia por no decir ignorancia, creen que es un juego, pero no se dan cuenta de que lo que están haciendo es abriendo puertas a otras dimensiones, el oponente o las fuerzas de los oscuros siempre buscaran la forma de llegar a la gente para ganar más almas.

Viene a mi mente una frase que alguna vez escuche, que explica muy bien lo que quiero decir, no solamente con el punto que estamos tratando en este momento, sino además con todo el libro.

"El conocimiento te protege. La ignorancia te pone en peligro".

El de la ouija es lo siguiente:

La ouija es una superficie plana de madera con letras de la A, a la Z, números del 0 al 9 y los símbolos del sol y la luna. Supuestamente, un indicador móvil contestará a las preguntas que hagan los jugadores. En la cultura popular (la ouija hizo furor en los años 20), estas tablas se consideraban una "puerta espiritual" que se utilizaba para contactar con los muertos; sin embargo, la única prueba de esto son las explicaciones de los usuarios, nada que haya sido científicamente probado.

Ref. Tomada de es.wikihow.com.

El de Charlie Charlie es lo siguiente:

El juego consiste en dividir una hoja de papel en cuatro partes, en los dos rectángulos superiores se coloca «Si» y «No», respectivamente, y «No» y «Si» en los inferiores. Luego se pone un lápiz en la línea vertical y se balancea otro lápiz, de forma horizontal, encima del primero.

La frase para convocar al supuesto demonio es: «Charlie, Charlie, ¿podemos jugar?» Si el lápiz apunta hacia la inscripción «Sí», es porque seguirá contestando preguntas. Sin embargo, la explicación es mucho más sencilla que una fuerza demoníaca hablando con nosotros, lógicamente.

Ref. Tomada de www.batanga.com

Estos son ejemplos de lo que encontraras en el internet y como pueden ver se presenta de una forma muy inocente a la gente.

Hay otros que si saben la seriedad del asunto y lo explican tal cual es, una puerta a otra dimensión.

El punto mío al tocar este tema es el de invitarlos a tener un pensamiento mas critico sobre las "modas" que se presentan a diario, recuerden, siempre:

Las fuerzas de la oscuridad están al acecho, en todos mis libros lo digo y lo repito; y no se trata de ponerse paranoico ni mucho menos, pero si tener ojo crítico.

Después de este comentario que espero tomen en cuenta, prosigamos con mas mensajes de desencarnados.

Siguiente desencarnado:

Desencarnado: ayúdanos, ayúdanos por favor ¡soy uno como tú, por favor ayuda! Soy un hombre de un ojo mas, o sea tengo un tercer ojo como tu… pero mi ambición por el dinero me ató aquí. Soy Armando, soy un elegido y elegí mal.

Si me puedes ver es porque tú eres un canal, lo que pasa es que tu no cierras los portales, inconscientemente los abres y por eso muchos podemos contactarte, por favor ayúdame, tengo muchos años desencarnado, desde 1960, ¡ayuda, ayuda, ayuda, ayuda, ayuda!

Mi historia es la siguiente: yo soy… o bueno, fui, un vidente que abuse de mi don, de mi visión, falle, falle… mi misión, y me condene. He pagado mi cuenta y por eso estoy aquí pidiéndote ayuda.

Mira, yo al principio quería ayudarte a entender tu don y poder trabajar contigo y usarte, pero en realidad entendí que llegue a ti para que me ayudes, todo pasa por una razón y necesito ayuda.

No por nada te dicen la psicóloga o consejera de los desencarnados, si Melisa, así te dicen… o te decimos, "la pequeña consejera de los desencarnados".

Mira, pasaras este examen pronto y muy fácil, proponte todo y triunfaras, sigue tu misión de vida, pero nunca abuses de tu don o los dones que Dios te dio, ¡mírame a mí! según yo, no hacia el mal, pero mi ambición pudo más que mis deseos de ayudar.

No te miento ayude mucho, pero me condene al no dar mis servicios a almas abandonadas, tal vez poseídas, traumatizadas, solo porque no tenían dinero suficiente. Si es bueno que cobres, pues es la ley de la atracción, pero lo malo esta cuando piden ayuda y suplican y les niegues el servicio, pues tú debes saber que el don es para servir y sobrevivir, ¿entiendes?

Cuando ya saques tus estudios en hipnosis te tienen que pagar, pero si una persona no tiene con qué pagar y te pide ayuda a gritos, tú debes saber que es tu deber, o si no te ira muy mal, pero si por el contrario te engañan, a ellos es a los que les va a ir muy mal.

Es una con otra, yo me cegué con el dinero y empecé a hacer trabajos, yo decía "inocentes", ¡hasta me creí Cupido haciendo amarres y rituales de amor! me creí: ¡"Dios adivinando el futuro"! y sí, se puede saber sobre el futuro, una que otra cosa, sí, se les puede decir, pero ten cuidado con hacer cosas malas que parezcan buenas, y en realidad vienen siendo muy malas, por ejemplo: no puedes decir fechas, ni divulgar información del día de fallecimiento, o como dices tú, cuando ocurre el cambio de traje, sí, eso es el cuerpo, un cambio de traje, es un traje prestado al que debemos mimar y cuidar, pues nuestro padre celestial nos lo dio.

Tú no puedes cruzarte de manos o de pies y no hacer nada por la gente, porque tú tienes la llave para abrir candados, y si te cruzas de brazos y no haces nada con esa llave que tienes en la cintura, no tiene caso tenerla. Los que te han perturbado y todos lo que te molestan, solo es para que te detengas

Dile a tu hermana Omaira que vaya con Mary Luz para que le explique lo de la religión, a tu hermana la quieren volver extremista cristiana, es bueno servir a Dios, pero todo con medida, nada con exceso.

Acuérdate de mis palabras, por favor no hagas lo que yo hice, mírame aquí después de tanto tiempo.

Ahora un consejo para la humanidad, para los que hacen amarres y esas cosas, solo se están amarrando ustedes mismos a la condenación de penar sin rumbo fijo.

Sigue adelante, que no te importe nada del qué dirán, olvida el qué dirán, pues los demás no te van a ayudar, porque esa es una verdad, siempre debemos seguir nuestro camino. ¡Canta! sigue cantando, que tu canción nos cambia.

¡Gracias, bendiciones! oh no, yo soy de Costa rica, bueno era de Costa rica. Oh si, yo vine a ti a través de los videos que viste del hipnotista Colombiano.

Gracias, si… ¡ya veo la luz, gracias!

Siguiente desencarnado

Desencarnado: mi nombre es Mateo, desencarne en 1995, te habías tardado, ¿por qué no habías hecho sesiones? nosotros te necesitamos.

Yo soy un muchacho de Honduras y vivía en el barrio la Esperanza, mi historia es un poco cruel o de lastima, pero yo no quiero que me tengas lastima por favor.

Yo tenía 14 años cuando desencarne, vivía con mi madre y padrastro; mi padrastro es el negro del cuento de horror, que más miedo te ha dado.

Yo fui abusado por él y sus amigos, hasta que me les rebele, y esa valentía me costó la vida; ¿pero qué vida tenia? ¿Qué sentido tiene si vivía en el temor? el temor te ata a seguir sufriendo… si, estoy llorando por los recuerdos.

Me puse en tu línea cuando tu ya tenias 10 años, mira, quiero decirte que el temor nos aplasta, nos hace vulnerables, para mi someterme a sus caprichos, a su acoso sexual era algo constante… y un día dije: pues si me le reveló tengo dos opciones y un propósito, la opción 1 era escapar de ese infierno y la opción 2 fue desencarnar por la ira de sus golpes, y el propósito era que de cualquier manera mi alma seria libre.

¡Oh! el porque estoy aquí es porque el dolor de mi madre y el sufrimiento de mis hermanos me ha tenido aquí, pues no estando yo los que seguían sufriendo eran ellos, y me quede sobre todo por ellos para protegerlos. Pero ahora ellos ya están grandes y ya se pueden cuidar, yo ya me tengo que ir a descansar.

Mi madre ya es una anciana y mis hermanos, unos escogieron el camino bueno y otros el camino de las pandillas… y pues mis hermanas tomaron el camino que se les enseño, estar sometidas al marido, pues cada quien escoge su destino, como yo, que decidí irme a ver que hay en el cielo.

En cuanto a mi padrastro ya era un alcohólico y cuando me golpeo me caí y me pegue en la cabeza, ahí fue cuando desencarne, él entonces se volvió más alcohólico y más loco de lo que era, pero eso no me alegra, al contrario me da tristeza, yo no quiero ningún mal para nadie.

El hombre terminó en las calles borracho y empezó a usar resistol, es un pegamento para drogarse, fue violado y golpeado, porque en mi país a los que violan, los violan, su misma conciencia lo delato.

Pido a Dios clemencia por su alma, y espero nunca verlo en otra vida, no quiero que me haga daño.

Por favor, sigue haciendo tu trabajo, te lo agradeceremos mucho, ¡suerte, hasta pronto amiguita!

Siguiente desencarnado:

Desencarnado: ¿hola como estas? Si, yo también estoy bien, bueno aquí estamos todos esperando por ti mi mamita. Yo soy una de muchos que vino a ti por tu corazón, yo quiero que sepas que cuando perdiste tus niños, nosotros te rodeábamos para que los malos no llegaran a ti y hacíamos un círculo de luz y amor.

Yo soy la que iba a la escuela con vos, yo soy de Choluteca, bueno Choluteca Nacaome... no, la verdad no sé de donde soy, no me acuerdo, llevo mucho tiempo invisible.

¿Mi nombre? Rosmeri, 1993... mira, yo quiero saber ¿cómo me hiciste recordar mi nombre y la fecha? Oh si, yo tengo 9 años, yo soy muy bonita, me gustan tus gatos y perros, pero no me gusta que vayas a ese salón de belleza, ese salón está lleno de entidades que les gusta la cirugía y usar a la gente a su favor, yo pienso… bueno, todos pensamos, que debes salirte de allí, busca otro lugar y busca estudiar, como lo estaba haciendo yo.

Yo desencarne cuando me robaron para venderme de novia de señores, sí, ellos nos tocaban, nos violaban… un día yo lloraba de dolor, el señor que llego, me eligió a mí, era un señor ¡muy gordo, gordo! y muy malvado, me violo y me mato. Era de los que son como locos, les gustan las niñas, y se enojo porque yo gritaba, porque a él le gustaba pegarles y se le paso la mano, me golpeo contra el piso y allí fallecí.

Yo salí de mi cuerpo, como si fuera una película de esas que salen en la tele, podía mirar como él golpeaba mi cuerpo, yo dije: ¿pues qué pasa? porque me empezaron a cobijar y a sacar entre dos personas a tirarme.

Me tiraron en la barranca de Tego, allí donde casi se caían ustedes. Yo no quería llevarte conmigo pero me sentía sola, y quería que jugáramos, entonces me acerque a ti para que jugáramos.

Vos dónde vas nos levantas, porque eso es lo que debes hacer, te seguimos muchos; cada día se ponen en línea muchos más, unos dos o más, nunca sabes cuantos se te van a acercar, no hay ninguna barrera contigo, nos entiendes, nos escuchas a todos y nos abrazas… bueno cuando eras mas niña, pero yo siempre te abrazo, porque eres mi mamita… yo sé que no lo eres de verdad, pero decirte así nos hace sentirnos más seguros, te queremos todos.

En tu cumpleaños te cantamos y te abrazamos mucho, este fue mi último cumple contigo, ¡te quiero mucho! ¡Oh ya sé!

soy de Tegucigalpa Honduras, te ibas de visita, pero ese día te ibas por la madrina de tu hermana, todos iban de visita.

Adios mamita, yo sé que has escuchado esto, pero yo quiero que seas mi mamita, oh al menos estar cerca de ti.

Nota:

Esta niña desencarnada, antes de irse a la luz, dibujo un corazón que decía adentro: Para ti mamita Meli.

Siguiente desencarnado:

Desencarnado: ¿hola como estáis? yo soy un europeo atrapado en Honduras, me puse en tu línea pues sabéis que tu podéis pasarnos y ayudáis a el que necesite. Pues bien, ya estoy aquí y les he dicho a todos los españoles que vos sois mi luz al final del túnel.

Ya no quiero penar, yo he sido un soldado español en el año 1497, era escolta desde muy joven.

Mi familia era de clase media, yo pelee por mi patria España, soy un soldado, un militar caído en batalla.

Me puse en tu línea y luego me salí, me puse otra vez y me quitaba de nuevo, para mi haber sido como un juego, pues eras una polla, una muchachilla, un ratoncito.

¡Yo creía que era el mandamás! cuando vivía, ¡el que todo lo controlaba! y pues ahora veis que estoy pidiendo ayuda de mi ratoncita preferida… tanto que no me gustaban los niños y termine poniéndome en la línea de una polla chiquitita.

Mira te explico. Yo desencarne, cuando desencarno el indio Lempira, fue muy difícil para mí entenderlo, pues yo peleaba por mis ideales, y él ¡por la libertad! y como es la vida, nos puso en el mismo plano, pero yo seguí peleando desencarnado, en cambio él siguió su camino, yo le gritaba, ¡cobarde, no huyas indio ! se lo grite varias veces y él no volteo a mirar atrás; entonces yo y los otros estuvimos peleando y peleando… ¡que error más grande, habéis cometido vosotros y yo también! me pegue en la historia donde desencarne y me quede guardado como en un libro de historia y otros soldados se quedaron pegados en la historia de otros libros, yo corrí con suerte de llegar a tus manos, pues yo ya ni me acordaba de la fecha exacta de cuando desencarne.

Estoy muy cansado… mi historia es para todos los que pelean por los ideales, para todos los soldados caídos en guerras.

¡No peleen por nada más que la libertad! no por tierras que no nos pertenecen, ¡ni nos pertenecerán nunca! la tierra seguirá siendo tierra y el único dueño es el creador.

¡Dios perdona mi alma! por haber sido tan cruel, matar y violar indias que no tenían culpa de nada, ¡perdona mi alma… padre a ti me encomiendo! yo ya aprendí mi lección, ustedes no caigan en lo mismo, las guerras son muy crueles e innecesarias, pues todos luchan por lo que creen es lo correcto, y al final ¿en qué mundo vivimos? ¿En el que todos tienen la razón? es ahí, ¿veis nuestro error?

Para los que creéis que mi ratoncita está loca, ¡vos no sabéis que es la locura! la locura de estar atrapado en un mundo invisible, ¡eso si es locura!

Ella nos entiende, es nuestra consejera, amiga, casi, casi nuestra tutora, sí, pues a ella le habéis encomendado Dios nuestras almas; ella desde niña tuvo miedo de hablar, de decir lo que miraba, el mundo invisible, el mundo que pocos ven y muchos ignoran.

Solo existe la labia de querer ver, pero ese no es el punto, el punto es ayudar a los que lo necesitan. ¡Que Dios le de virtudes a vuestras almas y el mar limpie vuestra oscuridad y la lleve hasta el fondo del océano donde quede aislado de vuestras almas, que Dios de amor a vuestras almas!

Gracias pollita, mi ratoncita, te quiero y te pido perdón si algún día te lastime. ¡A ti mi princesa Hondureña te llevo en mi corazón y alma! sin más se despide tu soldado militar, Ernesto de Aguilar Sánchez, ¡hasta pronto!

Cuando Ernesto se iba, una oscura que dice ser mi mamá en otra vida lo jalaba y no lo dejaba ir, Ernesto me dijo, dile que me suelte, entonces lo hice y lo soltó.

Ernesto se fue por el canal de luz, pero la mujer oscura se quedo y me dijo con voz burlona lo siguiente:

Mira, mira, muy valiente mi pequeña hijita, vas a hacer lo que yo te diga, como lo quiera y cuando lo quiera, pues yo soy la que te enseñe todo.

Cuando morí tenía 38 años y tu tenias 15 años, a mi muerte tú eras la más pequeña, aunque yo viajaba mucho, mucho, tus hermanas cuidaban de ti, tan tontas que no te enseñaron bien.

¡Eras, y eres la más débil de todas las 3! pero eres mi pequeña, la que me falto criar, y ahora te ofrezco trabajar conmigo como madre e hija.

¿No quieres? ¡NO! ¡No quiero trabajar para la luz Melisa! yo no quiero trabajar para los puritanos de la luz, me aburren, me dan risa y sueño, ¡a mí no me interesa! hasta pronto mi pequeña tonta... ¡oh! esa hija que esperas no llegara, porque los hábiles, o sea nosotros, no queremos que llegue, ni esa niña, ni el tontolín que quiere ser tu hijito, ¡tienes que pensar en ti primero, en nadie más!

Piensa en las riquezas que puedes adquirir con nosotros, privilegios que en la luz no dan, riquezas, oro, muchas ganancias, ¡todo, todo!

Deja al estúpido de tu esposo, ¿por qué estas con ese estúpido? por él abandonaste lo que te enseñe, ¿para qué vivir así? ¡Pobre!

¿No quieres lo que te ofrezco? pues disfruta de tu felicidad que no te durara mucho, pues me encargare de separarte de ese fracasado, ¡incompetente! ¡Déjalo! y déjale esos niños locos llenos de problemas...

¿No? no cabe duda, ¡eres estúpida!

Siguiente desencarnado:

Desencarnado: hola, hoy es un buen día, es un día donde encontrare mi paz, soy una niña oscura, pero no mala, oscura por el dolor y la tristeza de mi desencarnación.

Yo desencarné cuando tenía apenas 8 años, mis padres eran muy pobres, vivíamos en Tegucigalpa Honduras, era el año 1991.

Mi familia vivía en el barranco en el lugar donde la vida pasa, pero la necesidad no; donde uno sufre: hambre, frio, sed, fiebre, calor... todo.

Allí se sufre desde que uno está en la panza de la madre. Las mujeres embarazadas no tienen dinero para doctores, muchas mueren cuando nacen los bebes. Mi madre murió de un parto, eso fue lo que dijeron, yo me quede a cargo de mis hermanitos y hermanitas, éramos 6, 3 y 3.

Fue muy duro, pues yo tenía 5 años. Luego mi padre se le ocurrió empezarnos a regalar, y al final solo quedamos 3, a los más grandes nadie nos quería adoptar, pues ya éramos grandes.

Mi padre sufría mucho, empezó a beber cada día más, mi hermanito lloraba de hambre y murió de hambre y frio. En Tegucigalpa hay noches frías y tardes frías. Solo quedamos 2 niñas, mi padre al final regalo a mi hermana de 7 años, se la dio a la madrina de ella, pero en verdad la madrina la quería mas como sirvienta, que como ahijada.

Yo no tenía a nadie, mi papá intoxicado de alcohol, él tomaba todos los días mucho, sus órganos empezaron a fallar y murió muy joven, de 30 años.

Yo quede sola a merced de todos y de nadie, entonces me voy a vivir en las calles, no pasó mucho tiempo y empecé a robar, a tener amistades y a drogarme con resistol… sí, yo era la que te iba hablando ese día, si Melisa, cuando tú te acuerdas de los niños de Tegucigalpa en las calles es de mi de quien te acuerdas.

Hoy es mi día, mi buen día, el día que brillare como la estrella que soy, como le dices a tus hijos. Yo te quiero y te agradezco que no nos corras, que nos ayudes, que nos sientas, ¡sí, es verdad! ¡Lo que ves existe! las visiones siempre sucederán tarde o temprano, busca en tu alma, allí están las respuestas.

¡Oh si! yo desencarne cuando me agarraron robando, un carro me chocó, me atropello, mientras salía huyendo con la cartera de alguien, allí me atropellaron.

¡Qué ironía de la vida! tú tenías 9 años cuando te vi, ese día, era un día como hoy, un viernes, pero ese día era un viernes por la noche, hoy es luz, paz, amor y felicidad.

Desencarne con hambre, con frio…y con deseos. Así como naci… así desencarne.

Diosito estoy lista para irme contigo, aquí estoy padrecito, llévame a tu luz, ilumíname por favor…adiós, hasta pronto amiga, ¡oh si!… me llamo Ana, gracias.

Mensaje de luz a la humanidad

Mientras escribía este libro, estaba yo trabajando con otro cliente, una persona que también tiene el don de conectarse con el mundo del espíritu y servir de médium.

El, aunque será el protagonista de uno de mis siguientes libros, prefirió no dar su nombre, así que respetaremos su decisión y lo llamaremos Samuel, como me dijeron que le llamara.

Mi cliente bajo un profundo trance dijo:

Veo una luz, esa luz esta encima de mí y se convierte en 7 luces de colores: veo el violeta, azul, dorado, verde….

Es una sensación muy relajante, escucho como un canto… todos están alegres porque libré una gran batalla. Siento ahora una energía muy relajante, escanean mi cuerpo y comienzan a girar los 7 colores…

¡Oh! hay un color rosa que no había distinguido, pero está ahí, dicen que todo está bien, dicen que están felices de saber que tuve el valor para enfrentar lo que tal vez pensaron que no era tan fuerte para enfrentar, y van a ayudar a sanar las heridas de mi corazón, me dicen que he ascendido, pero no se a que he ascendido, no entiendo…

Parece que todos están muy ocupados y solo vinieron a decirme eso, todos se dispersan por todos lados, se ha quedado solo uno y te pregunta:

¿Mary Luz, que quieres saber?

Yo sorprendida conteste:

Mary Luz: ¿cómo?

Samuel: si Mary Luz, te dice que le preguntes, dice: ¿qué quieres saber?

Nota:

Aunque yo aún estaba confundida, pues apenas me daba cuenta que si, que el asunto era conmigo, de inmediato vino a mi mente un comentario que yo había hecho al principio de la sesión con mi cliente. Le había dicho que me gustaría saber cuál era la explicación de que existiera la homosexualidad en los humanos, que hasta el momento lo único que entendía era que simplemente era una conducta más humana y una forma de evolucionar del alma; pero que sentía mucho dolor al ver el sufrimiento que causaba en las almas que debían cruzar por esta experiencia, por el desamor que tenían que soportar por el no entendimiento de las otras almas; así que simplemente pregunté lo que me cuestionaba.

Mary Luz: me gustaría saber ¿por qué existe la homosexualidad?

Mi cliente empezó a hablar fluidamente y dijo lo siguiente:

Samuel: en un principio las primeras almas que enviaron a la Tierra se habían comprometido a ayudar a evolucionar el planeta, enviaron entonces 33 almas.

Estas almas estaban acostumbradas a estar libres en el planeta de donde venían, y se les explico que una de las características que tenía el planeta Tierra, era: que una vez que llegaran, iba a haber una atracción hacia la madre Tierra que los mantendría atados hacia ella, esto es lo que llaman: la ley de la gravedad.

Las almas encontrarían muy difícil acostumbrarse a estar pegados con sus pies a la Tierra, sería un verdadero reto para ellas, puesto que estaban acostumbradas a volar libremente por donde quisieran, y se les explico que de todos modos estaba permitido entrar y salir libremente de la Tierra hacia el cielo y su planeta.

Se alimentaban solo de frutos del árbol de la vida, un fruto parecido a una granadilla, se le llamaba "maná", este fruto tenía todo lo esencial que necesitaban para recargar su energía.

Una de las almas que enviaron, el alma número 11 era una de las almas con la esencia más pura, su energía fue dividida en 2 partes: Una parte femenina que sería la parte positiva o polo + del circuito; estas dos partes generaban un circuito perfecto de energía.

Al ser dividida quedaron dos gemelos, era la primera vez que la energía de esta alma se dividía, se le explico cual sería la misión, y al igual que las otras almas, acepto.

La parte positiva o sea la masculina se llamaba Abel, y la parte negativa o sea la femenina se llamaba Caín, llegaron como bebes que serian cuidados por 2 almas, que se les había dado el trabajo de cuidarlos y protegerlos.

Un alma se llamaba Adán, que era masculino y la otra Eva, la femenina.

Ellos alimentaban y cuidaban a Caín y a Abel, los dos gemelos crecieron muy rápido, era un crecimiento acelerado a comparación con el crecimiento y desarrollo de un bebe humano en la actualidad.

Algunas almas empezaron a desesperarse, por la fuerza de atracción que ejercía la madre Tierra hacia ellas, ya que las mantenía pegadas al piso, y no podían andar en libertad, volando como lo hacían en el planeta original de donde venían, y como tenían libertad de salir y entrar del planeta Tierra, algunas simplemente empezaron a marcharse, dejando atrás la promesa original de colaborar con la evolución del planeta Tierra.

Mary Luz: ¿cuál es el nombre del planeta de donde venían las almas?

Samuel: no está autorizado revelar esa información.

Mary Luz: oh si, entiendo.

Samuel: el nombre original del planeta que ahora se llama Tierra, era Tera.

Un día, una de las almas llamada Lilith, salió aterrorizada gritando que ya no podía mas con la sensación de tener que estar pegada a la superficie de la Tierra, y se marcho. Esto asusto a las otras almas y más de ellas decidieron salir del planeta; entonces, al ver que las almas se estaban marchando, rompiendo con su palabra dada de ayudar a evolucionar el planeta, se tuvo que tomar medidas extremas y se cerró la entrada y salida libre que tenían las almas, con una capa que lo cubría todo, y dejaba sellado el planeta imposibilitado para salir más almas de él sin autorización, esta capa se llama: ozono, las almas entonces quedaron sin posibilidad de salir del planeta.

Las leyes son creadas, a partir de que se rompe la ley, sin haber sido creada esa ley. En otras palabras, no era necesario crear una ley de restricción de salida y entrada de las almas, si las almas hubieran mantenido su palabra dada originalmente, de quedarse a ayudar a evolucionar el planeta.

A partir de ese momento no había forma de salir sin autorización.

Un día, en otra galaxia, un planeta llamado Satien se contamino por un virus energético, el ángel Luzbel un ángel muy amado por Dios se armo de un ejército de ángeles y gritó:

¡Quien como yo, para salvar al planeta Satien! y fue allí a salvar el planeta, y en vez de salvarlo se contamino él y su ejército de ángeles.

Este ángel se convirtió en Lucifer y su ejército en los ángeles caídos.

Al grito de Luzbel diciendo que él podía salvar el planeta Satien, siguió el grito del arcángel Miguel:

¡Quien como Dios para salvar el planeta Satien! y lucho con su ejército celestial en contra de Lucifer y su ejército hasta vencerlos.

Uno de los ángeles caídos que ahora era un demonio, llego hasta Caín y lo poseyó. Caín contaminado persiguió a Abel, quien huía asustado y desesperado de su hermano gemelo, que era la parte femenina sin saber que era lo que le sucedía, sintió que era terrible para él ver a su hermano Caín, quien era la parte femenina y a quien debía proteger que lo persiguiera con tal furia y transformado con sus ojos rojos, como si fueran fuego tratando de atraparlo para lastimarlo.

Abel confundido y asustado entro en una cueva que no tenia salida y se escondió detrás de una piedra tratando de salvarse de su hermano, pero todo fue en vano… ya que Caín trastornado por el demonio que lo poseía, busco a Abel hasta que lo encontró; le dio un golpe con una piedra a su hermano Abel, en la parte trasera del cuello llamada nuca, logrando así liberar el alma de Abel del cuerpo, en otras palabras:

Abel fue el primer asesinato cometido en la Tierra, o sea el primer desencarnado que existió en el planeta Tierra.

A partir de ese momento, existe algo mas desesperante que estar atados al piso del planeta Tierra, algo que te asfixia, que te esclaviza, que no te deja respirar, algo llamado… **tiempo.**

Entonces cuando el planeta comenzó a cerrarse por la creación de lo que llaman la capa de ozono, los seres de luz no podían pasar libremente, solo pasaban con un permiso y bajo condiciones especiales para evitar ser contaminados, cruzaban por un túnel que fue creado para este propósito, la parte interna estaba perfectamente protegida para que no fuera contaminada por los caídos u oscuros, la parte externa del túnel también estaba protegida, y a los oscuros no se les permitía entrar al planeta Tierra, ellos solo podían estar afuera de la capa de ozono.

Se pusieron reglas entre la luz y la oscuridad y una de esas reglas era: que los oscuros no podrían ingresar a la parte interior del planeta, mucho menos al túnel por donde eran enviadas las almas para conducirlas a los cuerpos humanos que ocuparían, eran almas algunas cargadas con la energía o polo + masculino y otras cargadas con la energía o polo - que es la femenina.

El objetivo inicial era conducir las almas femeninas a cuerpos femeninos, y las almas masculinas a los cuerpos masculinos, esa era la instrucción que se les había dado originalmente, a las almas encargadas de continuar con el plan de ayudar a evolucionar el planeta Tera o Tierra.

Estas almas eran conducidas por seres de luz a sus correspondientes cuerpos, pero un caído llamado Samarriel, rompió la regla de no poder ingresar al planeta y además se metió en el túnel, y como los caídos sabían que el amor se experimenta en el cuerpo humano, bajo sensaciones en el cuerpo, empezó a darles instrucciones erróneas a las almas.

Les ordeno entrar a los cuerpos humanos equivocados, pues según él, era la estrategia para salvar al planeta Tera, así se empezó a conducir las almas femeninas hacia los cuerpos masculinos, y las almas masculinas a los cuerpos femeninos, y de esta forma se contamino el túnel.

La parte de la luz permitió que esto sucediera, porque querían observar como el hombre podía evolucionar e involucionar por sí mismo, y como **ÉL** hizo su promesa al hombre, que podía hacer todo lo que quisiera, dejo que sucediera.

Los oscuros vieron que podían crear la confusión al ser humano, pues las almas no sabían que cuerpo era mujer y que cuerpo era hombre, así que al envío de las siguientes almas, los seres oscuros continuaron guiando las almas erróneamente a los cuerpos equivocados.

Aunque las almas estaban en los cuerpos equivocados, su programación genética era la atracción del femenino por el masculino y el masculino por el femenino, su deseo era procrear con el sexo opuesto, así que la confusión se dejo ver de la siguiente manera:

Las almas femeninas que estaban equivocadamente en cuerpos masculinos, se sentían atraídas hacia las almas masculinas que estaban en cuerpos masculinos, y que sí contenían un alma masculina, y eran fuertemente rechazadas por estas almas masculinas.

También las almas femeninas que estaban equivocadamente en cuerpos masculinos, se sentían atraídas mutuamente hacia otras almas femeninas, que también habían sido guiadas equivocadamente a los cuerpos masculinos, puesto que sus almas femeninas lo único que veían eran un cuerpo masculino, ¿cómo podían ellas saber que no eran almas masculinas, si todo lo que veían era un cuerpo masculino? y aparte de todo, allí no eran rechazadas, allí nació lo que ustedes en el planeta Tierra le llaman: **homosexualidad, nosotros le llamamos amor.**

Igualmente sucedió con las almas masculinas que entraron en cuerpos femeninos, y que se sentían atraídas por los polos femeninos, así estuvieran en cuerpos correctos de polo femenino o no, y nació lo que llaman lesbianismo; que no es otra cosa que almas de hombres ocupando cuerpos femeninos por equivocación, y que simplemente siguen su programación genética de almas, sin entender que están en cuerpos equivocados, igualmente, nosotros a esto le llamamos **amor**, puesto que siguen su programación inicial, que era el deseo de procrearse a través de la atracción del amor.

Nota:

Al oír esto, inmediatamente vino a mi mente lo que he escuchado tantas veces en mi consulta y además en la TV cuando he visto personas homosexuales, que han pasado por mucho sufrimiento y cuentan su historia, dicen textualmente:

"Es que yo estoy en un cuerpo equivocado, yo soy una mujer atrapada en el cuerpo de un hombre".

Y si el caso es de lo que nosotros llamamos lesbianismo.

"Es que yo estoy en un cuerpo equivocado, yo soy un hombre atrapado en el cuerpo de una mujer"

Llego al punto en que tantas almas entraron en cuerpos equivocados, que empezaron a rechazarse entre si, pues habían sido tan rechazadas, que ya no buscaban amor, buscaban solo sexo.

Algunos seres intentaban seguir buscando el amor, pero otros seres confundidos prefirieron seguir por el camino equivocado. Los demonios aprovechando el desorden, les enseñaban equivocadamente que el hombre era superior a la mujer, porque pueden tener ambos roles el de mujer y el de hombre, entonces los seres de luz al ver esto pidieron entrar al planeta para tratar de enseñar a los humanos la verdad, pero el ser humano ya llevaba muchos años así… sumido en la confusión.

Entonces los seres humanos se empezaron a sentir Dios, dueños del planeta, hasta que llego la cultura Griega.

Entonces los seres de luz empezaron a analizar la situación y se preguntaban ¿qué va a pasar con la humanidad? ¿Si hay tantos hombres andando con hombres y las mujeres andando con mujeres? pensaron en lo que había pasado con la Atlántida y otras culturas desaparecidas.

Entonces llegan a la conclusión, que se lucha en contra del ser humano y que eso se debe erradicar, se empiezan a entender los sentimientos del ser humano, llegan los grandes filósofos y pensadores de la historia, que no eran otra cosa, que seres de luz enviados para ayudar a la humanidad encarnados en humanos.

Afrodita, conocida por ustedes como la Diosa del Amor y la belleza no era más que un ser elevado hermana de Lesbo (una poetisa Griega), otro ser de luz, que fueron enviadas para que les contaran la historia a las almas que entraron en cuerpos equivocados.

El amor entre 2 personas puede ser entre 2 hombres, o 2 mujeres, y es aceptado por el mundo del espíritu.

Si hay dos mujeres que se aman o dos hombres que se aman, ¿a quién ofenden? ¡A nadie! mientras que los que si están en los cuerpos que les correspondía, con su alma femenina o masculina, los que son hombres reencarnados en cuerpos de hombres, y mujeres reencarnados en cuerpos de mujeres, es decir, con su correspondiente alma masculina o femenina los atacan, allí si están en la oscuridad.

Lo que si es una aberración, es el disfrute sexual solo por placer, sin el sentimiento del amor.

Los oscuros rompieron una regla al entrar al túnel sin ser autorizados y engañar a las almas, pues sabían muy bien, que un alma en el cuerpo equivocado, iba a ser rechazada por las otras almas que si estaban en los cuerpos correctos, y así fue.

Al atacar a las almas que entraron en cuerpos equivocados, y que son amorosas y buscan el amor de una pareja, así sea en un cuerpo del mismo sexo, los que los atacan están actuando con oscuridad.

Estas almas en cuerpos equivocados que tienen relaciones sexuales con amor, viven en el amor, simplemente es el reconocimiento del amor de las almas, así estén en cuerpos equivocados, no los ataquen, no hay nada de malo en ello.

Es la evidencia de que los que los atacan, no pueden ver más allá de solo lo físico, pues si pudieran ver más allá, verían almas masculinas y femeninas buscando amor, pero en cuerpos equivocados, eso es todo.

En cuanto a los hombres, la sabiduría del ser, la esencia del alma está en el semen, esta información fue dada por Apolo que no es más que un ser elevado que viene de Urano.

Apolo y Arces ellos jamás dijeron que el hombre era superior a la mujer porque puede practicar los dos roles, ellos solo dijeron que 2 hombres pueden tener sexo, mientras haya amor entre los dos.

Mientras no se humillen y degraden el uno al otro haciendo el rol de mujer o de hombre, aquí ya es algo delicado, pues la parte masculina la que protege y guía, y la parte femenina la inteligencia, entre hombres o mujeres que están en los cuerpos equivocados se deben descubrir, y dejar esta parte masculina o femenina cumplir con su rol.

Mas si un hombre, diseñado como alma masculina, con rol masculino, juega el papel femenino se daña a sí mismo y daña el campo energético del planeta del que quieren salir para llegar al **UNO.**

Las almas que entraron en los cuerpos que no debieron haber entrado, deben ser comprendidas y amadas, sino, las almas que crean que están en lo correcto al maltratarlos crearan mas oscuridad para ellos mismos, para los que lastiman y para el planeta.

Las almas que entraron en los cuerpos equivocados necesitan entender esto, nunca se ha hablado de la verdadera historia y origen de lo que ustedes llaman homosexualidad y lesbianismo. Hablan de derechos humanos, de libertad sexual, pero nunca del origen de esta conducta.

Mary Luz: ¿me podrías hablar sobre la bisexualidad?

La bisexualidad por su parte, es maravillosamente perfecta, desde que se lleve bajo las reglas que se deben llevar, esto les sucede a las almas que tienen las dos informaciones hombre y mujer, son almas cautivas que pueden recibir amor de mujer y amor de hombre, aunque pueden ser corruptibles fácilmente, en el sentido, de que como tienen la capacidad de tener las dos esencias; la masculina y la femenina, pueden caer también en la promiscuidad o tener sexo por placer sin amor.

Esto depende de la sabiduría y conocimiento de ellos mismos, usualmente son muy atractivos para ambos sexos, y ellos, al igual que lo que ustedes llaman homosexuales y lesbianas, que para nosotros son almas en cuerpos equivocados, deben aprender a respetarse, y a conocerse, para amarse, pues son amados por Dios, porque son su creación. Pero deben evitar caer en la lujuria y la locura del sexo, pueden al igual que las parejas que ustedes llaman heterosexuales, que para nosotros son simplemente las almas que si entraron al cuerpo correcto, tener sexo con la persona amada.

La humanidad debe respetar a los homosexuales y lesbianas, pues estas almas tienen una misión adicional al resto de las almas que entraron en los cuerpos correctos, que es: soportar vivir en un cuerpo al que no pertenecían, y además, aguantar el desprecio y el rechazo de los demás.

Nota:

> *Yo estaba conmovida hasta las lágrimas, ¡que belleza de palabras! que palabras tan justas, vaya que estas almas han sufrido en su confusión interior, han recibido el dolor del desamor y rechazo, estas almas que entraron en cuerpos equivocados, por supuesto que se merecen todo nuestro amor y respeto.*

Mary Luz: ¿qué me puedes decir del cambio de sexo?

Por otro lado, la mutilación o cambio de sexo es muy dolorosa, sin embargo los entendemos y no los juzgamos, pero esperamos que dejen de mutilarse, o añadirse partes que no pertenecen al cuerpo que se les dio. Más si deciden hacerlo, **¡son comprendidos e inmensamente amados!**

La infección del planeta no nos debe detener, deben conocerse a ustedes mismos para así poder evolucionar.

Mary Luz: mi alma siempre ha entendido que la homosexualidad o lesbianismo es solo una conducta más humana, no sabía el origen de esta conducta, pero jamás la rechazaba y he mirado con amor y entendimiento a las personas homosexuales y lesbianas.

Además estoy de acuerdo en que se amen y se casen, que tengan derechos iguales como los demás, ya que yo veo simplemente 2 almas que se aman. Pero… siempre he tenido mis reservas a que adopten niños, no porque pudieran ser una mala influencia para ellos, sino porque pienso que si los niños no son guiados apropiadamente, con sabiduría y respeto a su propia naturaleza, pueden tomar un camino que no les correspondía seguir, me explico: que el alma del niño o niña venga en el cuerpo correcto y por una instrucción errada de los padres o madres, desvíen su camino y desarrollen su sexualidad, basado en la instrucción que se les dio y no basada en la programación inicial de su alma. ¿Me podrías hablar de esto por favor?

Samuel: Si Mary Luz, en el principio de la Tierra se enviaban almas a poblar la Tierra para ayudar a la evolución del planeta, y se le entregaban almas a parejas del mismo sexo. Eran parejas de hombres o parejas de mujeres, estas almas sabían cómo criarlos con el entendimiento del respeto a su propia naturaleza y programación de su alma, sin alterar su camino, ni influir en su libre albedrío.

Si las personas que son parejas de hombres o de mujeres a quienes se les confían niños, son almas responsables, no hay ningún problema pueden tenerlos.

Pero en la situación que ahora se vive es diferente y tu estas correcta Mary Luz, absolutamente sí, puede haber confusión en los niños criados por parejas homosexuales, si no son guiados correctamente.

Mirémoslo de esta forma:

Si un niño o niña sabe de dónde vienen los humanos, saben la verdad que son almas vistiendo un cuerpo físico llamado humano, y se les ayuda a encontrar su virilidad o masculinidad o su femineidad, no habrá ningún problema o riesgo de confusión.

Pero el daño ha sido muy grave, ¿cómo saber que parejas de hombres o parejas de mujeres, están capacitadas para criar a niños?

No son leyes, ni autoridades humanas, las que pueden hacer eso, son personas como tú Mary Luz, que saben del mundo del espíritu y que ayudan a conocer las almas de las personas, pues si las almas no se conocen a sí mismas, entonces si van a confundir a los niños.

Mary Luz: también pienso que hay almas de homosexuales y lesbianas tan dolidas y confundidas por el sufrimiento que han pasado, que quieren convencer al mundo de que todos deben ser homosexuales o lesbianas y que eso es natural, pero yo no lo veo como algo natural, lo veo como una conducta humana perfectamente respetable, pero no natural, pues si fuera natural podrían procrear y ¿si todos nos volvemos homosexuales o lesbianas, entonces para donde va la humanidad ? sin un orden, sin procreación natural… pienso que tampoco es así.

El solo hecho de querer ver lo no natural o antinatural, como una conducta natural, habla de lo perdidos que estamos los humanos.

¿Me podrías comentar acerca de esto?

Samuel: el libertinaje que el demonio quiere dar a la humanidad, trata de mostrar al ser humano que puede hacer lo que quiera, y eso no es verdad.

Los seres humanos son una parte de un polo + y otro polo - ya llegan las almas programadas así de esa forma, no pueden llegar las almas a un lugar tan contaminado a descubrir quién eres y a quien te debes, ya vienes programado con tu rol sexual, pero como todo se puede desviar, y allí se complican las cosas.

Mary Luz: hablando de complicaciones, tengo una pregunta, escribí en mi tercer libro lo siguiente:

Existen donadores de semen a nivel mundial, lo cual significa que las probabilidades en el futuro se incrementen, de que hermanos de sangre sin saber que lo son, se encuentren.

¿Que pasara entonces, si estos hermanos que se encuentren, se enamoran y procrean sin saber que son hermanos? ¿A que le daremos paso, a una nueva mutación genética?

¿Me podría hablar de esto por favor?

Samuel: absolutamente Mary Luz, estas correcta.

Es una total y completa aberración, lo de encontrarse con hermanos y procrear, están tomando la idea que el demonio les vendió, que pueden hacer todo lo que les dé la gana y que pueden gobernarse a sí mismos.

Sí, es cierto, Dios le prometió al hombre, que les permitiría todo, menos reproducirse por sí mismos.

La procreación in vitro, vientres prestados o alquilados, es totalmente dañino para el alma, de los que ocupan esos cuerpos fertilizados en un laboratorio.

Las almas que vienen al planeta Tierra, que ocupan esos cuerpos que han sido fertilizados en un laboratorio, suplican que paren, que no los envíen así, pues en un embudo o una probeta no hay amor, y los seres humanos se alimentan de amor.

Las almas tienen 9 meses para acostumbrarse al amor, a sentir el latido del corazón de dos seres que se unen en el momento de la concepción.

Pero para los que vienen como bebes probetas, se les niega esto, pues al momento de la unión del ovulo y espermatozoide, en vez de escuchar dos corazones latiendo al momento de concebir, lo que escuchan en una probeta, es como un sonido similar al de un martillo golpeando un hierro.

¿Por qué hacen esto? ¡Estamos aterrados!

Los vientres prestados o alquilados, son la más grande humillación que se les puede hacer a las almas que vienen a través de este método, y la humillación de quien presta su vientre y la que paga a otra para que entregue su hijo, es el dolor de todos consumido por el terrible ego, por escuchar lo que el demonio les ha dicho.

Nosotros los del mundo del espíritu, aconsejamos que adopten hijos africanos o Asiáticos, ya que son los que más sufren, también de algunos países Latinoamericanos; pero no todos, la verdad es que donde está el verdadero sufrimiento nadie voltea a ver.

Yo he bajado, he estado en Rumania, en la Casablanca, Buckingham, el vaticano, en Children International y en muchas instituciones que se suponen deben ayudar a los niños y a la humanidad. He estado observando el lujo de sus fiestas, obras de beneficencia y viendo donde va a parar el dinero que recogen, para supuestamente ayudar a la humanidad, esto va a parar muy pronto.

Mary Luz: ¿debo de revelar esto a la humanidad?

Samuel: me gustaría que tú decidieras lo que tienes que hacer con toda la información, con todo el caso.

Mary Luz: gracias, agradezco mucho permitirme decidir, pero yo necesito saber si estoy autorizada para revelar esta información, y toda la historia de mi cliente, puesto que yo no revelaría nada sin haber sido autorizada a hacerlo.

Samuel: estas autorizada Mary Luz.

Mary Luz: muchas gracias, lo hare. Tengo otra pregunta, ¿puedo saber quien habla?

Samuel: habla Gabriel.

Nota:

Emocionada, al escuchar quien me hablaba, mis lágrimas no pude detener y con la voz entrecortada, dije:

Mary Luz: ¿el arcángel Gabriel? ¿Es el arcángel Gabriel?

Samuel: sí, soy el arcángel Gabriel el que habla a través de él, amo tus lágrimas Mary Luz, porque son lágrimas de amor.

Mary Luz: gracias arcángel Gabriel, por darme el privilegio de escucharlo y transmitir su mensaje, ¿es usted mi ángel regente?

Samuel: si. Si así me quieres llamar.

Mary Luz: ¿le podría pedir por favor que cuando este escribiendo este mensaje y el caso de este cliente, revisara mi trabajo? es que quiero asegurarme que el mensaje llegue correctamente como debe de llegar a la humanidad, puesto que ya ha habido tantas versiones y malas interpretaciones de la verdadera historia de la humanidad, que lo que han hecho es crear más confusión, dolor e incredulidad.

Samuel: me estoy comunicando a través de Samuel que lo hace muy bien, pero mi frecuencia vibratoria es muy alta para él, algunas palabras y conceptos son muy altos para él y/o transmite a través de la parte desde el entendimiento de él, pero claro que sí, revisare tu trabajo para que vaya como debe de ser.

Mary Luz: muchas gracias arcángel Gabriel, te amo.

Samuel: te amo y gracias por escuchar.

Este cliente, será el protagonista de uno de mis libros con grandes revelaciones para la humanidad, hoy el arcángel Gabriel me confirmo que se debía revelar a la humanidad este caso, que tiene una relación muy estrecha con la historia de la humanidad.

En la siguiente cita de mi cliente, luego de haber terminado su sesión, nuevamente el arcángel Gabriel hablo a través de él y dijo lo siguiente:

Samuel: cualquier ser humano que requiera meditar, o solo concentrarse en su verdadero yo, saber quién es y superar las tentaciones de la oscuridad, debe mantener 40 días y 40 noches en solitario alejado de la civilización, la tecnología y la electricidad.

Mary Luz: ¿por qué 40 días?

Samuel: son los 40 días y 40 noches en los que el caos comenzó.

Cuando se escondió el árbol de la vida, cuando se acuso a Eva inocentemente, cuando ocurrió el primer asesinato en la Tierra, o sea cuando Caín mato a Abel.

40 días es el tiempo que tenemos los seres de luz para re-establecer el orden y 40 días lo que tienen los oscuros para crear el desorden, por eso los 40 días y 40 noches sin electricidad y alejado de la civilización, solamente en contacto con tu propio ser.

Fueron 40 días y 40 noches en batalla después de lo que sucedió, o sea el primer asesinato de la humanidad, después de que las almas fueron guiadas a cuerpos extraños o equivocados, no solo almas femeninas a cuerpos masculinos y almas masculinas a cuerpos femeninos, sino también almas de luz guiadas a cuerpos de oscuridad.

En esos 40 días y 40 noches de meditación, puede pasar que decidas estar del lado de la luz, o que te doblegues a las tentaciones de la oscuridad.

Es un momento en el que el ser humano, puede decidir en esta dimensión terrenal, si sigues en la luz o en la oscuridad, si te revigorizas o te destierran de él, también puede suceder que sigas caminando sobre él, pero muerto sin alma.

Mas sin embargo, para llegar al punto de estas decisiones y que los 40 días y 40 noches te ayuden a decidir, no vas a poder decidir porque lado seguir, hasta, que logres entender que es lo que haces en esta meditación.

En estos 40 días y 40 noches si escogieras las decisiones correctas, se abrirán puertas para regresar a tu mundo cuando termines tu misión aquí en este planeta, o por el contrario pertenecerás a un mundo de egolatría y cosas materiales, si deseas ir por este camino lo podrás hacer, pero tu alma morirá.

Es dedicación de cada uno, tu sabes cuál fue la decisión que tomo Jesús cuando tuvo sus 40 días y 40 noches.

Mary Luz: los judíos saben muy bien esta información.

Samuel: si Mary Luz, los judíos son los que más saben, a los que mas información se les ha dado, mas ellos la han manipulado, pero si cada uno viene de allí es cuestión de recordar.

Mary Luz: si, y sabiendo esta información la han ocultado a la humanidad.

Samuel: no, eso no es correcto, decir que ha sido ocultada a la humanidad es incorrecto. Pues cada uno de ustedes viene de allí es cuestión de recordar.

Tan sabio es el judío como lo es el Inca, tú ya sabes eso Mary Luz.

Mary Luz: ¿si? ¿Yo sé?

Samuel: sí, tú sabes.

Los primeros seres humanos tocaron lo que hoy es el llamado medio oriente, de allí se dividieron algunos hombres en estos 40 días y 40 noches, y en ese momento en que las tierras se separaron en lo que ustedes llaman continentes, y en cualquier lugar que el hombre estuviera, ya fuera en Canadá o Australia, ya iban con esta información genética en el ADN del alma.

Se escogieron líderes y se distribuyeron en los diferentes puntos de la Tierra, no se podía permanecer todos los seres humanos en un solo lugar, puesto que iban a contaminar al planeta, hasta el punto de explotar, así como sucedió con el planeta Satien. Así que se consiguieron los hombres más sensatos, para que pudieran crear las nuevas civilizaciones.

En estos diferentes puntos donde ellos estaban localizados, se abrieron túneles para enviar las nuevas almas y tratar de que el hombre olvidara el caos, que el mismo hombre había creado. Por eso se les puso en diferentes puntos del planeta, pues la sabiduría que todos tienen, tristemente quedo como parte de la contaminación, que empezó en los 40 días y las 40 noches. Así empezaron los mitos y leyendas de lo bueno y de lo malo, y ya no se supo cual era la verdad.

Pero si cada uno hace la meditación de 40 días y 40 noches, lo podrán recordar y sabrán cual es la verdad de su origen y del origen del planeta.

El judío o hebreo no existe, es un tecnicismo inventado por ustedes.

Los humanos son almas y al decirte que eres judía o hebrea, es decirte que tienes la información que todo ser humano tiene.

Como te dije, es un error decir que los judíos no quieren compartir la información que se les ha dado con la humanidad, pues cada alma ya la tiene y aún así teniéndola, tu libre albedrio debe elegir, lo que es la verdad y lo que no.

Practica la meditación hasta que llegues al punto de lograr la iluminación y vencer la gravedad del planeta, y allí decides si te quedas o te vas, hay algunos seres que lo han hecho, hasta llegar a su punto de llegar a ascender.

Mary Luz: creo que ya entendí. Es decir: en nuestro ADN del alma ya tenemos la información, no nos pueden quitar u ocultar, lo que ya existe en nosotros.

Esa tendencia que tenemos los humanos de pensar, en lo bueno o en lo malo que suponemos que hacen las otras culturas, allí esta mi error, al afirmar que los judíos nos han ocultado información.

Samuel:

> *No todo lo bueno es bueno y no todo lo malo es malo.* **LI**

Si tú perdonas a Hitler el mundo perdona a Hitler, ora por Hitler, al orar por él, la vibración se eleva.

El era un ser que no fue guiado por la luz, jamás hay que juzgar a nadie, jamás hay que condenar.

Ejemplo: si hay un asesino o un violador, ante la ley del hombre se le da la pena capital, años de hacinamiento, al condenar al violador te condenas a ti mismo, porque si lo condenas a él, todos son condenados, porque todos son **UNO**.

Si hay un asesino, lo que lo cura es el amor, las leyes del ser humano no tienen ningún sentido, pues todos son un conjunto, hasta que no entren en la misma sabiduría no subirán la vibración.

¡La gran intervención está a punto de venir... los amamos!

Amamos al planeta y preferimos pelear, antes que ver al

Planeta destruido con todas sus almas dentro.

Nota:

Quiero aclarar algo acerca de las palabras pelear, batalla, guerrero, etc. o algún termino que suene militar.

Cuando los seres de luz se refieren con estos términos, de lo que están hablando no tiene ninguna connotación bélica o destructiva, las entidades celestiales son seres de luz e infinito y puro amor, sin la contaminación en la que los humanos vivimos.

Con estos términos a lo que se refieren, es, a que es un hecho que hay una confrontación de las dos fuerzas.

Recordemos: todos los días, en el mundo visible y en el mundo invisible, hay una confrontación de los dos bandos, eso es un hecho.

La fuerza de la luz y la fuerza de la oscuridad se confrontan diariamente.

Al decir esto el arcángel Gabriel, lo que quiso decir es, que ni por un instante nos van a abandonar a las fuerzas de la oscuridad y dejarnos arrastrar simplemente por ellos, sin enfrentarse a ellos.

Se enfrentan con las reglas que ya se han establecido, que poco a poco si están atentos, las irán entendiendo en el transcurso de lo que queda de este libro y de mis siguientes libros.

Mary Luz: ¿hay alguna implicación negativa si lo podemos llamar así, para la mujer, ya que la parte femenina que era Caín fue la que mato a Abel?

Samuel: no, no hay ninguna implicación, en absoluto, de la parte femenina con la masculina.

La cuestión entre Caín y Abel, es que su esencia era la más pura que había llegado al planeta, por lo tanto era la más fácil de cazar, ésta era el alma que menos esperaba recibir nada malo.

La parte femenina y masculina, solo daba pie para que la parte oscura supiera cual era la más débil.

Hombre parte + es la más fuerte, la que protege.

Mujer parte - es la parte que necesita protección, es la que tenía más fácil acceso, allí entro el oscuro y la ataco.

Siendo Abel la parte protectora y al voltear a ver la parte femenina de él mismo que lo atacaba, le causo un susto muy grande; pues, ¿cómo era posible que la parte débil, atacara a la parte fuerte, con tal fuerza y demencia? Abel, al ver a su hermano confundido y aunque con mucho susto, no se defendió, como debió haberlo hecho.

Por eso Abel que aún está encarnado en hombre, a través del tiempo siempre tiene la necesidad de sentirse protegido, a pesar que él es la parte protectora, fue enviado en la forma de dos hermanos para recibir a uno de nosotros, lo cual fue truncado por la parte oscura y como lo dije en la otra ocasión, 2 hombres o 2 mujeres, podían recibir y educar a una nueva alma.

¿Alguna otra pregunta?

Mary Luz: lo que voy entendiendo de todo lo que escucho, es que entre las dos fuerzas: la de la luz y los oscuros hay reglas, ¿es así?

Samuel: sí, hay reglas que deben seguir los seres de luz y los oscuros.

Una vez después de que paso el asesinato de Abel, no podían las almas pasar la capa del planeta, pues se puso un sello en el planeta y no podían entrar, o las almas salir libremente como en el principio.

Las almas que estaban encarnadas en el planeta, debían ser las que tenían que salvarse por si mismas con el amor, con su amor. Así que, los oscuros y los de la luz no podíamos pasar la capa, pero podíamos estar afuera, alrededor, por la parte exterior.

Samarriel, uno de los caídos, rompió esa regla, entro en la parte interior de la capa que cubría el planeta, guio las almas hacia los cuerpos extraños, equivocados o diferentes.

Como humanos eran guiadas alma de mujer a cuerpo de hombre, y alma de hombre a cuerpo de mujer, al entrar al túnel les dio nuevas instrucciones, les ordeno entrar en los cuerpos diferentes, puesto que según él, era la nueva estrategia creada para salvar el planeta Tierra, así se contamino el túnel.

Dios hizo su promesa de que el hombre podría hacer todo lo que quisiera, excepto procrearse a sí mismo, entonces estas almas que habían entrado en cuerpos equivocados, ya tenían la información y podían procrear hijos como Dios quería que lo hicieran.

Al Sammarriel engañarlos cuando llegaron por primera vez a la Tierra, las almas engañadas dentro de sus genes, ya tenían la información de entrar en cuerpos equivocados, y entonces se convirtió en una opción de reencarnación hace 55 años humanos. En otras palabras, al principio fue un engaño de los oscuros, pero desde hace 55 años, es una opción que se les permitió a las almas.

Mary Luz: ¿por qué se les dio esa opción?

Samuel: las almas que habían entrado en los cuerpos equivocados, sufrían mucho, cuando desencarnaban y regresaban, pedían explicaciones, pues el rechazo y crueldad de las demás almas generaba demasiado sufrimiento.

Llego a tal punto el conflicto, en el que las almas ya no querían regresar, se hablaban atrocidades de lo que les habían hecho, entonces se les dio la opción de entrar en un cuerpo equivocado voluntariamente; pues ellas consideraban que recibirían mas amor de relaciones de hombre con hombre, o mujer con mujer, pues habían sido más maltratados, por los que no tenían que pasar por el sufrimiento, de estar en cuerpos equivocados, y en muchos casos los habían obligado a estar con almas, que estaban en los cuerpos correctos, sin querer estar con ellos, ejemplo:

Un cuerpo de hombre con un alma femenina, era obligado a estar con una mujer, e igual un cuerpo femenino con un alma masculina, obligado a estar con un hombre, pues la presión social y el mismo rechazo, les hacía sentirse obligados a hacer pareja con quien ellos no querían.

Esto llevo a que se creara odio y más conflictos, así que se les permitió tener experiencias en cuerpos equivocados, para que se encontraran así fueran en cuerpos equivocados y se pudieran amar. Al fin y al cabo todo va a ser terminado y puesto en su lugar, mientras tanto con esta medida, evitamos que se haga más caos y tratamos de arreglar las cosas.

Además, no solamente se tomo esta medida por la información genética equivocada que ya traían las almas, sino que debido a la ley del balance es permitido; que como los oscuros fueron quienes guiaron a las almas a los cuerpos equivocados, también la parte de la luz podía hacer lo necesario para corregir el error.

La ley del balance:

Es el derecho que tienen las dos fuerzas, la de la luz y la de la oscuridad a tener la misma oportunidad de interferir en las almas, presentarles la oportunidad a las almas de escoger entre la luz o la oscuridad.

Ninguna de las dos fuerzas puede tener oportunidad mayor a la otra de hacerlo, esto hace que sea perfectamente justo para los dos bandos, por decirlo de alguna forma, y así permitir que sea el alma la que elija, a través de su libre albedrio o derecho a elegir.

Estoy tratando de explicarte lo mejor que puedo, pero no es el mejor momento para Samuel, no puede asimilar todo por la fuerza que emito en él, debo respetar el alma de él.

Mary Luz: arcángel Gabriel ¿debo revelar esta información al mundo?

Samuel: sí, es requerido que lo digas, si tú así lo sientes, tú me puedes contactar mientras escribes.

Mary Luz: gracias así lo hare.

Arcángel Gabriel, me gustaría aclarar algo, no quiero que se preste para malas interpretaciones, lo de la diferencia de trabajo del hombre y de la mujer.

Siempre he sentido que sí, hay roles diferentes para el hombre y mujer, a nivel de complemento del uno con el otro, sin que esto signifique que uno es mejor que el otro, simplemente pienso que hay 2 roles diferentes, que al unirlos, se complementan y forman un circuito perfecto de amor.

¿Es esto así?

Samuel: sí, es correcto. La mujer necesita protección en el momento que da a luz y cría a sus hijos, puede desarrollar trabajos fuertes también, sin embargo, su misión de vida es estar con sus hijos mientras el hombre provee, y esto no hace a la mujer débil en ningún momento, ella también puede hacer trabajos fuertes, mas no es requerido o esperado de ella.

El hombre es la fuerza y la mujer es la inteligencia.

Nota:

Espero no ser mal interpretada por lo que voy a decir, pero pues así sucedió, al oír lo que el arcángel decía, que el hombre es la fuerza y la mujer la inteligencia, pensé:

"No hombre, si hace rato que ya me di cuenta de eso, esto es solo una confirmación de lo que sospechaba"

Me acorde entonces que ellos pueden leer tu mente, así que me puse seriecita ☺

Pero ya en serio, la verdad es que sí, estoy de acuerdo como lo dicen, detrás de un gran hombre hay una gran mujer, es simplemente la combinación de los dos polos funcionando en perfecta armonía, la perfección de la fuerza y la inteligencia masculina y a su vez la perfeccion de la fuerza e inteligencia femenina que completan un circuito perfecto, si es que entendiéramos que el punto no es competir entre los dos sino complementarnos y amarnos.

Para que no les quede duda a los hombres que es chiste, yo he sido hombre en varias ocasiones en mis vidas pasadas a través de mis diferentes reencarnaciones; en mi libro CREE hablo de algunas de mis reencarnaciones en un cuerpo masculino, y en un próximo libro, hablare de otra reencarnación que tuve como hombre, en verdad tengo un gran respeto y amor por los hombres al igual que por las mujeres.

Mary Luz: en el transcurso de la historia, siempre la mujer ha sido abusada por el hombre y la sociedad, ¿por qué esto?

Samuel: esto empezó con Eva.

En el momento del asesinato, Caín no entendía que había sucedido, pues en realidad había entrado un demonio en él. Eva su madre, pidió una explicación a Caín, él no entendía y no se la pudo dar, así que Eva abrazo a su hijo Caín y le dio todo el amor que le podía dar, en ese abrazo Eva se infecto con el virus, entonces la culparon de todo lo que había sucedido.

Eva, había encarnado en un cuerpo bastante femenino, así que era fácil atacarla, el demonio les dio instrucciones a las otras almas, les dijo que el hombre era superior a la mujer, y que podían hacer todo lo que quisieran con ella.

Caín era hombre, aunque en él existía energía femenina, su cuerpo era de hombre, así que se fue.

Eva se quedo flagelada, humillada, por todas las otras almas; allí empezó la humillación a la mujer y el comienzo de la idea de culparla de todo.

Adán por su parte, no pudo hacer nada por defender a Eva, era mucho el caos y la confusión, entonces el miedo lo consumió.

Adán sabia quien era Eva realmente, y sabia que ella iba a estar bien, mas no sabía que iba a pasar con Caín, él debía estar a cargo, así que corrió a buscarlo y lo trajo de regreso.

Lo reincorporo al grupo, pero para este momento el árbol de la vida ya no estaba.

La ultima que probo del árbol de la vida fue Eva, eso fue lo que le ayudo a sobrevivir a tanto dolor, de lo contrario en la historia, en los primeros días hubieran habido dos asesinatos.

Adán tomo el cuerpo de Abel, lo subió a una colina y lo dejo ahí por 7 días, Eva estuvo a los pies de Abel culpándose por lo que le había pasado, hasta que el cuerpo de Abel fue tomado por la Tierra y entonces comenzó el ciclo de vida entre los seres humanos y el planeta.

Hasta que el hombre cansado de comer lo que le era permitido, empezó a matar animales y las bestias que eran mansas se convirtieron en bestias salvajes, devorándose unas a otras, como reacción a lo que los humanos hacían con ellas.

Los animales en el principio no eran carnívoros ni violentos, esto no era algo que el creador hizo, todos se alimentaban de lo que producía la Tierra, eran alimentados solo del fruto de la Tierra, no de carne.

La conducta violenta de las bestias en la naturaleza, fue una reacción para defenderse de los humanos cuando empezaron a atacarlos.

Las bestias no tienen raciocinio, no pueden hacer regresiones mentales, pero el hombre sí, y aún así, deciden no hacerlo y no corregir.

Mary Luz: ¿cómo se veían los humanos en el principio?

Samuel: las almas en ese tiempo tenían cuerpos sencillamente hermosos, median un poco más de dos metros y medio, tenían bellos cabellos, piel, dientes y uñas hermosas y solo se alimentaban del árbol de la vida.

No tenían que ejercitarse para mostrar musculatura o las formas, pues ya las tenían muy bien definidas, Las mujeres tenían bellos cabellos, en la cabeza y alrededor de los ojos.

Mary Luz: perdón, ¿qué quieres decir con alrededor de los ojos? ¿Pestañas y cejas?

Samuel: si, correcto, pestañas y cejas. El hombre tenía cabello alrededor de su boca y quijada.

Mary Luz: perdón de nuevo, ¿qué quieres decir con cabello alrededor de la boca y quijada de los hombres? ¿Quieres decir bigote y/o barba?

Samuel: si correcto, así lo llaman ustedes. Todo lo demás en su cuerpo era piel luminosa y durante las noches iluminaban el lugar donde estaban, en realidad la forma que tienen ahora es la misma, solo que con su involución han ido disminuyendo su estatura y su brillo.

Mary Luz: ¡oh, en serio! ¿La baja estatura es involución? yo soy muy bajita.

Samuel: ¡oh no Mary Luz! tu estatura no significa involución, es solo que en los tiempos de Adán y Eva, 2 metros y medio era la estatura y en este tiempo, la estatura máxima es 2 metros, tal vez un poco más, tu estatura, es solo el cuerpo que tú elegiste en esta vida, basada en la media.

Mary Luz: me sorprende saber, que si teníamos dientes y uñas.

Samuel: si los tenían, solo que en ese tiempo todo era más perfecto.

El vello púbico no existía en ese tiempo, apareció en el momento en que algunos seres oscuros, les empezaron a decir a los humanos, cosas que los hacían sentir avergonzados de su sexualidad.

En el lugar donde nosotros estamos, no hay sexualidad, somos asexuados, por eso los que nos pueden ver, nos ven con rasgos femeninos y masculinos.

Los demonios les hablaban a los seres humanos, les decían que la razón por la cual tenían genitales, es porque se los pusieron para degradarlos, pero en verdad, los genitales al principio no eran para la sexualidad, solo era para dejar salir líquido y el cuerpo dejara salir agua o fruto.

Mary Luz: ¡oh! creo que entiendo.

Después de que se cerró el planeta con la capa de ozono, para evitar la salida y entrada libre de las almas, pues habían incumplido con su palabra de permanecer en la Tierra a ayudar a evolucionar el planeta, es cuando los genitales empezaron a funcionar como forma de unir la energía, para crear nuevos cuerpos humanos, y así enviar las almas a que ocuparan esos cuerpos, ¿es así?

Samuel: correcto Mary Luz, al haber la restricción de entrada y salida de las almas, para que así los recibieran sus cuidadores, se decidió que las almas vendrían de otra forma, y en ese momento los genitales empezaron a funcionar como órganos sexuales.

Pero con los oscuros siempre engañando a los humanos, la contaminación se extendió, los demonios les hablaban a los humanos, les decían que sus genitales se los debían cubrir y que las sensaciones de la sexualidad ofendían a Dios.

Algunos muy avergonzados, se cubrían y se sentían mal acerca de su sexualidad y las sensaciones que experimentaban; a otros por el contrario, los oscuros les dijeron como intensificar esas sensaciones y el placer.

Los seres de luz al ver esto, también les hablaban a los humanos, entonces era y es la lucha de los oscuros y los seres de luz diciéndole a los humanos lo que deben hacer, y el ser humano olvidado de su naturaleza, hacían y hacen lo que a ciegas creían y creen que deben hacer.

Al sentir esta vergüenza y querer cubrirse sus genitales, ocurrió la mutación genética y el vello púbico empezó a crecer.

La sexualidad es algo divino, absolutamente lo es. El sexo con amor te lleva a un orgasmo, ese orgasmo es el punto máximo del amor que Dios ha permitido que el ser humano experimente.

También existe el orgasmo por sensación de placer solamente sin amor, pero es muy diferente al orgasmo con amor.

Sin embargo, existe el orgasmo para los seres de luz que no estamos en el planeta Tierra; mas sin embargo no es una sensación, ni un acto como se practica entre humanos, es simplemente una forma de saber que somos amados y eso nos lleva a experimentar el amor, bueno, cuando hablo de orgasmo es lo que ustedes llaman orgasmo, para nosotros es experimentar el amor.

Nota:

Toda mi vida he tenido un profundo respeto por el acto sexual humano, siempre he pensado que es un acto divino, donde a través de los cuerpos las almas fusionan su luz y literalmente es una entrega de energía espiritual, que debe hacerse con amor y por amor.

Para mi hacer el amor es un privilegio de pocos, tener sexo un acto de muchos, que algunos no entienden y menos en estos tiempos.

Siempre me criticaron por eso, de mojigata no me bajaban, y hasta familiares muy cercanos, me decían que era mi romanticismo lo que hacía que lo viera de esa manera.

Algunas amigas me dijeron anormal y se reían de mí, yo les decía no son solo palabras lo que les digo es también mi sentir; pero ellas insistían en que era una mojigata.

Después de haber escuchado las palabras del arcángel Gabriel, entendí porque para mí era algo sagrado y divino el acto sexual.

Es un acto de amor, simplemente mi alma lo sabía, aunque conscientemente no entendía porque me sentía de esa forma.

Por un momento, mi mente se distrajo en este pensamiento, pero el arcángel me saco de mi divagación diciendo:

Samuel: ¿algo más que pueda responder Mary Luz?

Mary Luz: ¡oh! no... pues en realidad... no sé, ya ha pasado bastante tiempo aquí en esta dimensión. (Habían pasado casi 3 horas)

Samuel: si es correcto, él debe descansar, su cansancio hace que no sea muy buen receptor y emisor, pero todo estará bien, gracias.

Mary Luz: ¡Gracias!

Samuel llega a una nueva sesión y bajo trance dice lo siguiente:

Samuel: como es bien sabido, a los niños hay que tratarlos bien, depende de los adultos como los niños la van a pasar en su vida, les das amor y confianza, o desamor y desconfianza.

El problema es que cuando les dan desamor, es porque los adultos creen que por ser adultos, están correctos en todo lo que dicen, y eso no es así.

Las almas traen su propia sabiduría, hay que proveer a los niños con lo mejor, pero también darles confianza en que podrán guiar su vida, al fin y al cabo, si el niño crece y hace malas conductas es la responsabilidad de él mismo, ¿acaso no es dueño de su destino?

En el principio se mandaban almas sabias, para que criaran con amor, y estas almas crecieran para adaptarse al planeta.

Pero también deben tener en cuenta, que otra cuestión importante aparte de la crianza, es cómo influye el estado de ánimo de una mujer embarazada al feto, pues esto determina los niveles de depresión, inteligencia, alegría, sentimientos de soledad, miedos y angustia que la nueva alma va a tener.

Los primeros sentimientos que hubo dentro del vientre de una madre, afectan directamente al hijo.

La humanidad moderna, confunde a muchas de las almas amorosas masculinas, con la mal empleada palabra homosexual y así les hacen creer a muchos algo que en realidad no son.

Hay que tener mucho cuidado con las palabras que se les dicen a los niños, pues es uno de los peores errores que se pueden cometer, hacerle creer a un alma algo que no es.

Así que mientras las almas estén engañadas no solamente en ese sentido, sino en diversas maneras, seguirán creando más confusión.

Ejemplo:

Si entrenas a un niño para ser un asesino, y crece creyendo que su destino es matar y que es un asesino, su alma sufrirá sabiendo que no es lo que le están convenciendo que es; sin embargo, en el mundo material cree que lo es, nuevamente, he aquí, el trabajo de los oscuros confundir a las almas.

Mary Luz: quiero estar segura que entendí.

Últimamente está de moda, el criar a los niños sin género o rol especifico de niño o niña, entonces los crían dándoles las dos opciones, o sea: los visten de niño y de niña, les enseñan conductas de los dos roles y supuestamente el niño debe elegir; pero yo considero que esto es un asunto muy delicado, pues se puede generar una gran confusión en la mente de la creatura. Es como si los estuvieran convenciendo de creer algo que no son, ¿para qué mostrar las dos opciones, si al final el alma ya sabe cuál es el camino?

En mi opinión, sale sobrando el querer influenciar lo que ya el alma sabe que es; en vez de criarlos con el género que ya traen, y si al final resulta, que en verdad el niño o niña viniera programado para ser del genero opuesto a su físico, aceptarlo, y dejar que él se desarrolle con el género que se identifica, pero por su propia voluntad, sin que haya habido ninguna influencia externa, que contamine la programación espiritual que ya traía, pues el alma ya sabe cuál es el camino, no se necesita presionar con la influencia.

Samuel: correcto Mary Luz, ese es el mensaje que queremos que sepan.

El alma ya viene programada, y hay que dejarlos que se desarrollen naturalmente, aceptarlos y amarlos como son, criar niños sin género, crea confusión.

Por otro lado, el llamado machismo daña a muchos niños, de almas encarnadas en hombre, sucede mucho en países Latino Americanos y de otras culturas orientales, esto causa muchos conflictos espirituales, pues muchos de ellos, el alma sabe que son enseñanzas erróneas, ya que estas enseñanzas machistas, están basadas en las apariencias del lugar donde se creció.

Mary Luz: ¿puedo saber quien habla?

Samuel: Mary Luz, el que habla es Gabriel.

Nota:

En esta ocasión solo les compartiré esta parte de la sesión de Samuel, pues lo que siguió era asunto personal de Samuel.

En otra sesión, llegó Samuel con el siguiente mensaje, que fue dictado a través de él sin necesidad de hipnosis, llego con los papeles en la mano muy confundido y me los entrego, me dijo:

Mary Luz, estoy muy confundido, no me acuerdo haber escrito esto y no entiendo lo que dice, estaba por botarlo, como ya he botado otros escritos que no entiendo y no recuerdo haber escrito, pues me asusto, pero como te conté por teléfono que los tenia, y tú me insististe que los trajera aquí están.

Les va a parecer todavía más increíble lo que leerán a continuación, pero como todo lo que escribo se los digo con amor, les vuelvo a repetir estas palabras con amor.

> *El que quiera creer que crea y el que quiera negarse a creer que no crea, yo solo soy la mensajera.*

Nota:

Las palabras que leerán a continuación, están textualmente escritas en este libro, exactamente como fueron escritas originalmente en los papeles que Samuel me entregó; si al caso, se le añadió algo de ortografía, pero en realidad venia con muy buena ortografía.

En el lugar donde estamos tenemos ambas energías:

La energía + y la energía - y una de ellas puede dominar mas nuestra esencia, así es como ustedes nos pueden percibir o identificar, como masculino o femenino.

Más nosotros, no tenemos genitales que nos diferencien, y es así como también ustedes son realmente a nivel espiritual; así que está es la causa por la que muchas almas, reprimen o no aceptan ver que tienen genitales.

Una vez encarnados en humanos deben tener genitales, para que su cuerpo tenga la función correcta y ahora además de ayudar al cuerpo a bien funcionar, los genitales son requeridos para la reproducción o forma de requerir al creador una nueva alma.

ÉL emula una parte de su propia esencia, para crear así un nuevo ser, el cual puede ser o no encarnado como humano.

Recuerden, que todos somos **UNO**, procedemos del amor, pero al salir de **ÉL** debemos evitar ser contaminados, si lo evitamos, así logramos regresar a **ÉL.**

Mas sin embargo, si caemos en la oscuridad, pero luchamos por encontrar la luz, el camino se irá abriendo, para en su momento adecuado, lograr entrar a donde pertenecemos, este es un trabajo alquímico, transformar cualquier esencia en el más puro amor.

"Y tanto amo Dios al mundo que entrego a su único hijo"

Dios es amor, y ha enviado a su único hijo a salvar el mundo, este mensaje es individual para cada uno de ustedes, Jesucristo fue enviado a ustedes para ser el ejemplo a seguir.

¿Qué les da a entender esto?

Recuerda que para Dios, tú eres único/única y el más amado.

¿Esto te dice cuál es tu camino a seguir?

¿Has estado haciendo lo correcto?

Cumple con lo que Dios te ha enviado a hacer:

¡Salvar al mundo!

¿Cómo? Reconociendo quien eres.

¿Con qué? Con amor.

¿Cuándo? ¡Ahora!

¿Por qué? porque es tu único deber **¡AMAR!**

Pensaran que esto no puede ser, pensar así es como sentirse igual a Dios, o compararse con él, eso sería una aberración.

Dios no busca comparación y mi intención no es confundirlos, pero si que sepan que ustedes/tú provienes de Dios, toda su creación proviene de su esencia, deja de pelear con <u>ÉL</u> y acepta tu verdadero origen con amor y sencillez, un regalo de <u>ÉL</u> no debe ser cuestionado, simplemente aceptado.

Dios no quiere que sufran, pero ustedes olvidados de quienes son, se hacen sufrir unos a otros.

Samuel pregunta:

¿Pero por qué Dios no viene y nos salva de esto?

Dios es perfección, tú tienes el poder de salvarte, confía en tí, **ÉL** espera tu regreso y ha confiado en tí, para esta misión.

El trabajo de Jesús, es el mismo que cada uno de ustedes debe hacer.

Ir como ovejas entre lobos, y no temas a ser devorado, al fin de cuentas, serás devorado por lobos ciegos que algún día abrirán los ojos, son tus hermanos, ¡son tú mismo ser!

Jesús se comporto como oveja, para cumplir su misión.

Te pregunto: **¿cómo tú te comportas ahora?**

Yo te respondería, que juegas los dos papeles, identifícalos y decídete por uno.

La misma historia se repite día a día, un hermano que mata a otro hermano, pero en estos días, la magnitud de este acto se ha incrementado desorbitadamente.

Todos son Caín, todos son Abel.

¿Por qué se culpan unos con otros?

¿Acaso no es mejor ayudarse unos con otros?

¿Hasta cuándo van a comprender lo que hacen?

Samuel pregunta:

El ser humano es despiadado y malo, pero a la vez proviene de la propia esencia de Dios, entonces esto me dice que la maldad proviene de Dios también, puesto que todos somos UNO y salimos de **Él** mismo.

¿Es esto así como lo pienso?

Respuesta:

Dios es solo amor. Y sí, cada ser humano proviene de **ÉL**, pero una vez desprendidos de **ÉL**, es muy fácil caer en la tentación de la oscuridad, cuando caes en oscuridad lastimas a Dios, lastimándote a ti mismo.

Recuerda, el planeta fue contaminado y hay que salvarlo y cumplir su misión, solo que ahora también hay que salvar al ser humano de la contaminación.

Te lo pongo fácil. De acuerdo a las leyes espirituales, Dios sabe todo de ti, hasta lo que ocultas y **ÉL** te ha de juzgar el último día.

Pero has pensado **¿cómo es que Dios sabe todo sobre ti? ¿Incluyendo tus más profundos pensamientos?**

¡Sencillo! Tú formas parte de Dios.

Tú eres la pagina en su libro, que le mostrara a **ÉL** todo lo que eres, muy, muy, detalladamente.

ÉL no necesita observarte y recordarte, **ÉL** sabe todo sobre ti, porque tú y **ÉL** son **UNO.**

"Y es verdad que **ÉL** padre y yo somos **UNO** solo".

Jesús

¿Qué les puedo decir? Llore al leer los escritos de Samuel, llore al escribirlo y llore al editar el libro… llore, llore y llore.

Estoy sin saber que mas decir, mi alma era la que lloraba, cuanta verdad en sus palabras, más claro no podía estar, la gran explicación del dolor de la madre Tierra y de la humanidad.

Estamos hechos de amor y nos enferma, nos destruye el desamor, y ¿quién era yo? para tener el privilegio de ser la portadora de este mensaje a mis hermanos, a la humanidad.

¿Por qué el maestro de maestros me ha dado este privilegio?

Esto es real, pero entiendo si lo dudan, en el mundo de mentiras en el que vivimos, ¿cómo saber si lo que se lee, ve, o escucha es real?

Yo los invito a que le pregunten a su corazón, él tiene las respuestas, los oscuros pueden engañar la mente humana, pero el corazón nunca te engaña, tanta sabiduría hay en este mensaje del maestro Jesús, que créanme no es conocimiento humano, mi cabeza no da para tanto, el recurso de estas palabras es divino, pero entiendo que al final, la decisión de creer o no creer es tuya, yo solo trabajo en el departamento de mensajería.

En el silencio están las mejores respuestas. Jesús

Samuel volvió a llegar a mi oficina con otro escrito, firmado de nuevo por el arcángel Gabriel que decía lo siguiente:

Estas en el infierno, mientras sigas en esta carrera en círculo, y si tal vez, en esta nueva experiencia posees sabiduría, riqueza material, falso amor, y eres engañado o te engañas, para percibir a ese amor como verdadero, entonces, si tienes estas 3 cosas podrás decir:

Para mí esto no es un infierno, tengo todo lo que quiero, para los demás tal vez lo es, "pero ese no es mi asunto".

Si piensas así estás viviendo en el infierno del engaño, y tarde o temprano te darás cuenta, pues el egoísmo y la insensibilidad de ver lo que pasan los demás, te rodea de oscuridad, la cual tu tal vez no la percibas, pero allí esta, alimentando el infierno en que viven los demás.

La biblia sí es un libro sagrado, si así lo quieren ver, aunque tristemente modificado.

Ten cuidado, tal vez cuando todo haya pasado y voltees atrás a recordar este momento, serás tentado y lo más seguro es que pensaras, que todo lo que escuchas y la información que ahora recibes, fue producto de tal vez tu mente cansada o producto de tu "imaginación".

Recuerda Samuel, eso puede pasar, confía en todo lo que se te ha dicho, y en el conocimiento que tienes.

El canibalismo viene de lo siguiente:

Durante los 40 días y noches los oscuros le dijeron al hombre, que podía comer animales y así tener la fuerza y cualidades o habilidades que ese animal tuviera.

Después de los 40 días, los dinosaurios fueron los que más sufrieron por esto, porque la estatura de los hombres había disminuido, y estos, queriendo recuperar la estatura que solían tener, cazaban dinosaurios y se los devoraban vivos.

Primero les daban alimento para calmarlos, usaban unas plantas que tenían un efecto sedante, después una vez sedados, eran devorados vivos y ellos veían como cientos de humanos y animales de otras especies los consumían.

Algunos dinosaurios aprendieron a ser agresivos, como medida de defensa y así fueron matando y formando la apariencia agresiva con la que ahora se les conoce.

Su especie fue limitada hasta cierta etapa en el tiempo, requerimiento hecho por ellos mismos, el cual fue aceptado, debido a la inclemencia del hombre fue por eso que desaparecieron los dinosaurios.

Los oscuros siguieron hablándoles así a los humanos, hasta que llegó el punto en el que al hombre se le dijo:

"¡Tú puedes tener más inteligencia, mas belleza! come a tus hermanos dependiendo de lo que tú quieras obtener".

'Si quieren un corazón fuerte, coman al humano de un corazón valiente, si es inteligente, coman su cerebro, si es velocidad lo que quieren, coman sus piernas, si quieren belleza coman al bonito y si es fuerza lo que quieren coman al fuerte.

El hombre no es malo, simplemente esta en un proceso de aprendizaje, además ha sido muy controlado por la oscuridad; pero el hombre es luz y amor, solo que le falta recordar, reconocer y aceptar su origen divino.

La historia de Caín y Abel:

El hombre decidió que esta historia se diera a conocer como está escrita en la biblia, una vez muertos Caín, Adán, Eva etc. Dicha versión fue distorsionada, para que las nuevas almas llegadas al planeta creyeran que Dios le gustaba la sangre y los sacrificios, y por ende no le agradaban los frutos de la Tierra, los cuales fueron degradados de esta manera, así pues, las nuevas almas aceptaron aunque confundidas con esta práctica, a comer cuerpos de las almas encarnadas en animales y con el tiempo, a practicar canibalismo.

La biblia está basada en un "manual" o "instructivo" del planeta que contenía las reglas bajo las cuales el hombre debería tratar y mantener el planeta, además de contener la explicación a detalle de cada planta, piedra, elemento, etc. Y la forma en que estas podían ayudar al hombre.

También explicaba de las diferentes almas que llegarían al planeta y como debían relacionarse unas con otras, y así, trabajar unidas para lograr la evolución del planeta y subir su frecuencia.

También además de esto, la biblia se basa en historias reales, las cuales como ya lo mencioné fueron cambiadas, de acuerdo al beneficio del hombre y sus intereses.

Verdad:

Dios o como ustedes decidan llamarlo, no se place de sacrificios, ni de almas que se destruyen y juzgan una a la otra, Dios solo se place del amor verdadero.

La marca de Caín no existió, él jamás fue marcado, decidió irse por voluntad propia haciendo lo correcto.

Abraham:

La historia de Abraham de la biblia está más pegada a la verdad. Dios si hablo a Abraham pidiéndole que le demostrara, de acuerdo a lo que había aprendido en su experiencia humana, como podría él siendo humano complacerlo a **ÉL** que es su Dios.

Abraham pensó por algunos días y aunque sufrió de pensar lo que él creía correcto, lo cual era entregar no a un animal, sino a su propio hijo en sacrificio, lo cual lo haría infeliz por el resto de su vida, sin embargo decidió hacerlo.

Pero Dios lejos de permitirle hacerlo lo detuvo y le dijo:

"Yo no me plazco de sacrificios ni de ver sangre derramada, tampoco de la destrucción del planeta"

"Me plazco del amor que ustedes se muestran unos a otros"

Esta es la mejor complacencia que el hombre me puede dar:

"Para el hombre su único deber es amar"

Recuerden, no se compliquen ni se hagan sufrir, su único deber es amar.

La substitución de la que habla la biblia, del hijo por el cordero, jamás sucedió, no hubo sacrificio alguno.

La historia bíblica de Caín y Abel, también ha sido utilizada para de alguna manera hacer creer al hombre, que matar o pelear entre hermanos puede ser una competencia sana, pero tengan en cuenta que Caín y Abel son una sola energía y nada bueno puede resultar de cegarse a tal punto de no ver la REALIDAD.

Gabriel

Por estos días me llego otra clienta muy especial que también se puede conectar con el mundo invisible y será parte del libro de Samuel, a través de ella nos dieron este mensaje:

¿Qué es el cáncer? El cáncer es la negatividad, la oscuridad, la falta de amor, la frustración, el deseo mas intimo y rotundo de la falta de amor, es el crecimiento de la oscuridad por dentro que va comiendo cada uno de tus órganos y destruyendo la luz que hay en cada ser humano.

El cáncer se erradica, cuando te amas profundamente a ti mismo para asi poder amar a los demás.

Cuando el cáncer se disemina es cuando a tu espíritu profundamente le falta el amor, porque no se han amado a si mismos.

Cuando el cáncer llega a los niños, es una lección elegida por ellos mismos, porque ellos quieren aprender a través del dolor, vienen a tener esta experiencia directamente, pues viene a ser parte de su crecimiento espiritual.

Cuando un niño nace y muy pequeño tiene cáncer, es porque él ha premeditado ese crecimiento inmediato y sufrimiento inmediato para crecer espiritualmente y para ayudar a sus padres o a su familia a entender el amor y unirse más a la luz.

Cuando un niño mayor tiene cáncer, es porque ellos han pedido y determinado el tiempo y la hora que van a tener su cáncer, igualmente para crecimiento espiritual.

Cuando una persona adulta tiene cáncer, es por toda la frustración que han tenido, durante el tiempo que no pudieron cumplir la tarea o la misión del amor y eso va creciendo por dentro, puede ser bueno de corazón, puede ser un seguidor de Dios, o un soldado que va creciendo junto con las leyes de Dios; pero si dentro de tu corazón no hay amor y hay dolor, no importa lo que tú hagas, tu le estas dando permiso a la oscuridad para que entre dentro de ti.

El permiso consiste: en que ellos van a ir comiendo internamente tus órganos, pero no tu alma, por eso muere tu cuerpo pero no tu espíritu o alma.

Comerse tus órganos es el pago que tu das en el momento de dejar entrar la oscuridad, al permitirles que ellos destruyan lo físico, pero no lo espiritual; por esa razón aquellos que sufren de cáncer, aquellos que sufren de dolor, aquellos que sufren de alguna enfermedad, recuerden que tu les estas dando permiso para que se coman todo lo físico, pero tu espíritu tiene que mantenerse intacto.

Lindo y con mucho sentido ¿verdad?

Con un libro tan controversial como éste, no me queda mas que para finalizar hablarles de lo que yo pienso que es la fe:

> *Fe es dar un paso al vacio y saber que no te caerás, es poner el pie en el primer escalón de una escalera que no puedes ver pero que sabes que construirás, es caminar siendo ciego en la oscuridad y ver mas que los que pueden mirar, es caerse mil veces y estar listo para levantarte mil veces más, sin mirar atrás.*
>
> *Fe, es hablarle a un mundo dormido que ha perdido la habilidad de creer y crear, con la certeza que algún dia mis palabras entenderán y les ayudaran a despertar. Luz*

Queridos lectores, con estas palabras por ahora me despido, pues vendrán otros libros, espero con amor que el mensaje que lleva este libro les ayude para la evolución de su alma.

Amor y Luz…

Mary Luz

Printed in the United States
By Bookmasters